강릉단오제의 사회사 연구

강릉단오제의 사회사 연구

이 규 대 지음

신구문화사

책을 내면서

그동안 필자의 강릉단오제에 대한 관심은 일종의 의무감에서 시작된 듯하다. 이 지방에서 학교를 다녔고, 뒤늦게 이곳 대학에 취직하여 생활하게 되면서 생긴 의무감이었다. 그리고 이런 의무감에 앞서 강릉단오제에 대한 내 어린 시절의 정겨운 추억도 그 계기가 된 듯하다. 단오장의 볼거리 먹거리에서 오는 즐거움도 있었지만, 그보다는 읍내에 있는 큰집에 내 어머니를 비롯해 대소가들이 모여 하루 이틀을 지내면서 단오장을 구경 다니시던 모습에서 오는 정겨움은 지금도 아련하게 남아 있다.

어린 시절에 보아 온 단오장의 기억 속에 한 단상이 늘 맴돌고 있었다. 그것은 많은 사람들이 단오장에 운집하는데 유학을 공부하셨던 할아버지는 왜 단오장에 나가지 않으시는가 하는 의문이었다. 그리고 이 아련한 단상 위에 또 하나 겹쳐지는 의문이 있었다. 그것은 이 지방의 역사적 인물로 앞세워지는 많은 학자들은 자신들의 고향에서 연행된 강릉단오제에 대한 기록을 남기지 않았는가 하는 점이었다. 강릉단오제 자료를 검색하면서 불식되지 않는 의문이었다.

아마도 여기에는 저간의 사정이 있을 듯도 보여 지는데, 그리고 저간의 사정이라는 것이 어쩌면 강릉단오제 연구의 핵심 과제가 될 수 있을 것 같다는 생각도 든다. 이제 어렴 풋 하게나마 짐작은 될 것도 같은데, 이 해묵은 의문은 내게서 여전히 과제로 남아 있다. 그리고 그동안의 해묵은 의문은 단오제의 향유층이라는 보다 구체적인 과제로 내게 돌아 올 것도 같다.

이번에는 강릉지방 사회변화와 강릉단오제의 변화를 연동시켜 이해하려는데 주안점을 두었다. 강릉단오제는 지방 공동체의 정체성을 담아내는 축제이고, 축제의 중심에는 성황제가 있다. 이러한 보편적 구조에서 지역성으로 성황제의 신체인식에 주목하였다. 이러한 신체인식은 지방의 사회안정과 발전을 모색하려는 주도세력의 성향과 무관할 수 없다고 보았다. 이런 시각에서 주도세력의 성향과 그에 상응하는 사회변화가 강릉단오제에 어떻게 투영되는가를 살피고자 하였다.

이를 통해 중앙의 정치적 동향을 예의 주시하면서 민감하게 반응하는 이 지방 주도세력의 성향을 살필 수 있었고, 한편으로 지방사회의 풍속과 관행을 앞세워 서민들의 포용하면서 자신들의 사회적 입지를 유지 강화하려는 중간계층의 성향도 살필 수 있었다. 그리고 이러한 성향은 사회 변혁기에 보다 선명하게 나타나고 있으며, 이로부터 강릉단오제가 장기 지속적일 수 있었던 동력을 파악할 수도 있었다. 전승제의가 갖는 복고적·보수적 성향에도 불구하고 격변기 마다 생성되는 새로운 변화를 살피면서 그 발전적·미래지향적 의미도 새겨볼 수 있었다. 다만 이러한 작업 과정에서 향유층의 성향과 동향을 홀시한 듯한 걱정은 여전히 남아 있다.

이번 작업에서 미타계 자료를 이용할 수 있었던 것은 행운이었다. 자료의 지평을 넓혔다는 의미도 있지만, 이 자료를 통해 이 지방의 양반세력과 호장을 비롯한 향리세력의 동향과 성향을 살필 수 있었던 점은 매우 다행스러웠다고 생각한다. 이 자료는 강릉오죽헌시립박물관에 소장되어 있으며, 이 자료를 소개해 준 당시 정항교 관장에게 감사하는 마음을 전한다.

이 책이 강릉단오제를 이해하는데 조그마한 도움이라도 되었으면 한다. 여전히 강릉단오제의 중심제의가 산신제인지? 성황제인지? 혼동이 야기되곤

한다. 이 점은 강릉단오제의 정체성과 직결되는 사안이기에 혼동이 불식되었으면 하는 바람이 있다.

이번 출판을 쾌히 응낙해 주신 신구대학교 이숭겸 총장님과 신구문화사 임미영 사장님께 감사를 드린다. 젊은 날 청진동 시절이 내게는 너무도 소중하였다는 말로 거듭 인사를 드린다. 그리고 최승복 편집부장을 비롯한 편집부 관계자 여러분께도 이 자리를 빌려 감사드린다. 집사람에게도 고마운 마음 전한다.

2016년 11월

지변동 연구실에서 이규대 씀

차례

서론

강릉단오제에 대한 연구는 일찍부터 시작되었다. 조선시대 강릉지방의 각종 읍지와 문집에서 단오제가 언급되고 있으며, 1967년 중요무형문화재 제13호로 지정되기까지 중앙대학교 임동권 교수의 정밀한 현지 탐방을 통해 이루어진 연구 성과가 있다. 그 후로 많은 민속학 전공자들에 의해 강릉단오제의 일정과 제의구조, 무악과 굿, 영신행렬, 관노가면극과 민속놀이, 음식문화 등 제의와 축제적 양상들이 구체적으로 규명되었다. 그리고 이러한 성과에 힘입어 기·예능 보유자들이 지정되어 그 전승을 위한 제도적 장치가 마련되었으며, 2005년에는 유네스코 세계 인류 구전 및 무형문화유산 걸작으로 선정되는 성과를 이루어 내었다.

이러한 성과는 강릉지방에서 면면히 이어지는 단오축제가 연행되고 있었던 상황에서 더 촉진되었다. 단오축제의 연행은 일제의 식민지 통치시기에 위기에 직면하기도 하였다. 일제의 위정자들에 의해 도시 개발이라는 미명하에 읍성이 철거되고 읍치 사회가 해체되었으며, 치제 장소였던 대성황사가 철폐되고 저들의 신사가 건립되는 상황에서 단오제의 연행은 단속적으로 전개될 수밖에 없었다. 그러나 이러한 상황에서도 단오축제에 몸담았던 기·예능 보유자들의 체험적 담론은 단오제가 재현되고 그 연구 활동이 활성화될 수 있었던 기반이 되었다.

이에 힘입어 단오제의 재현은 원활하게 수행되었고 연구자들의 연구 성과는 그 동력이 되었다. 다만 이러한 성과는 단오축제의 성공적 수행에 초점이 두어지면서 역사적 맥락은 상대적으로 미진하다는 한계가 노정되었다. 단오제의 역사적 맥락, 그것은 단오제의 전승문제이다. 단오제 전승의 실체를 규명할 수 있다면, 그것은 단오제의 사회사·지방사적 의미를 규명하는 것이고, 나아가 단오제의 보편성과 특수성을 규명하는 작업이 될 것이다. 그러나 이러한 인식에도 불구하고 그동안의 한계는 원천적으로 자료의 부족에서 비롯되었다고 할 수 있다. 시대마다 단편적인 자료가 전해지고 있지만, 단오제의 실체와 전승양태를 구체적으로 언급하기에는 자료가 부족한 형편이었다.

여기서는 이러한 자료의 한계를 극복하기 위해 먼저 실록 자료에서 파악되는 조선 초기 성황제 운영 정책을 주목하였다. 이를 통해 성리학을 건국이념으로 수용한 신왕조의 성황제 정책은 성황제를 통해 지방사회에 새로운 사회질서를 구축하려는 성향을 띠고 있었음을 이해하였다. 그리고 이에 직면하여 각 지방의 성황제가 변모하는 양상과 아울러 강릉단오제의 변모 양상을 이해하고자 하였다.

다음으로 강릉지방에서 1995년에 발견된 미타계 자료를 활용하였다. 이 자료는 1681년(숙종 7)의 향도계의 실상을 담고 있으며, 이를 근거로 조선 후기 성황제가 활성화되는 계기와 양상을 파악하고자 하였다. 특히 단오제와 미타계의 주도세력이 호장과 안일호장을 비롯한 향리세력으로 동일한 양상을 보이고 있다는 점을 주목하였고, 이에 착안하여 미타계에서 파악되는 향리세력의 성향이 조선 후기 강릉단오제에 투영되고 있음을 규명하고자 하였다.

아울러 17세기 후반의 미타계 자료에서 표방하고 있는 미타존불도를 고려시대의 향도계로 주목하였다. 이를 통해 고려시대 강릉지방 굴산사·지장선원을 비롯한 굴산문의 선승 범일·개청과 미타존불도의 단월관계를 규명하고자 하였다. 그리고 고려시대 관행이 선초 이념정책에 따라 침잠되었다가 조선 후기 미타계가 중창되면서 되살아나는 양상을 파악하고자 하였다. 아울러 이러한 동향은 미타계의 주도세력인 호장과 안일호장을 중심으로 하는 향리세력에 성향에서 비롯되는 것이었음을 규명하고자 하였고, 이로부터 향리세력이 갖는 이러한 성향과 동향이 가지는 시대적 의미를 이해하고자 하였다.

이제 이러한 시각에서 정리된 내용을 순차적으로 요약하면 다음과 같다.

먼저 '상원사와 삼화사의 국행수륙재'와 '강릉 금란반월회 계회도로 본 차

문화'에서는 조선 초기 강릉지방 불교의 존립양태와 이 지방 사림들의 성리학에 경도되어 가는 성향의 변화를 이해하고자 하였다. 이른바 숭유억불 정책으로 야기되는 지방사회 변화상을 파악하고자 하였으며, 이것은 전승제의로서 강릉단오제의 변화가 초래되는 동인으로서 주목하고자 하였다.

다음으로 강릉지방의 향도회, 미타계 자료를 주목하였다. '강릉 미타계 주도세력의 성향'에서 미타계의 주도세력으로 호장과 안일호장을 비롯한 향리집단을 주목하고 그 조직과 운영 및 성향을 파악하고자 하였다. 이에 근거하여 '명주 굴산문의 향도회, 미타존불도'에서는 자료상에 투영되는 고려시대의 향도회 모습을 검증해 보고자 하였다. 이로써 강릉단오제 주재집단의 성향과 제의의 신체인식을 이해하고자 하였다.

이어서 '강릉대도호부 읍치의 구조와 특성'을 통해 읍치에 배치된 관아와 각종 관아에 배속되는 인적자원 및 읍성 마을을 이해하고자 하였다. 이를 통해 읍치의 호장을 비롯한 중간계층의 존재양태와 역할을 이해하고, 나아가 강릉단오제의 읍치의 제의로서 특성을 이해하는데 의미를 두고자 하였다.

다음으로 '명주호족과 그 후예들의 대관령국사성황제'에서는 대관령이 갖는 제일 관문으로서의 비중과 명주호족의 사회적 입지의 재생산이라는 시각에서 성황제가 연례적으로 치제되는 강한 지속성을 파악하고자 하였으며, 아울러 이러한 성황제를 지방사회의 관행과 고례로 인식하면서 그 전승을 자임하고 나선 호장을 위시한 향리세력의 성향을 이해하고자 하였다.

'강릉 대관령국사성황제의 형성과 굴절과 재정립'에서는 강릉단오제 중심제의의 변화를 거시적 시각에서 살피고자 하였다. 이를 통해 범일국사를 신상으로 하는 제의를 강릉단오제의 원형으로 파악하였고, 조선 전기 국가의 이념정책에 영향을 받으면서 신상이 변모하고 있었고, 다시 조선 후기에 이르러 미타존불도를 인지한 향리세력의 성향이 투영되면서 범일국사를 신체로 하는 강릉단오제가 재정립되고 있음을 살피고자 하였다.

다음으로 '마을 공동체의 성장과 마을 성황제'에서는 마을 공동체가 성장하면서 마을마다 성황제가 설치되어 나가는 실태적 양상을 파악하고, 여기에는 읍치 성황제가 그 전범이 되면서 마을 성황제는 마을의 자립성과 독자성 즉 자신들의 정체성을 담아내는 제의로서 정착되고 있음을 이해하고자 하였다.

끝으로 '단오제 문화유적 탐방'에서는 강릉단오제를 문화유적으로 소개하였다. 매년 단오제를 찾는 탐방객들을 위한 배려에서이다.

제 1 장

영동지방 상원사 · 삼화사의 국행수륙재

1. 머리말

우리 사회에서 불교는 가장 긴 역사를 갖는 종교이다. 이미 삼국시대 초기에 수용된 이래로 고승 대덕의 전법활동과 민중의 신앙심을 기반으로 우리 역사에서 가장 주목받는 종교로 자리 잡아 왔다. 귀족불교·국가불교에서 민중불교·민족불교로 발전하면서 전통사회의 정치·경제·사회·문화 전반에 걸쳐 가장 영향을 많이 끼친 종교였다.

삼국시대로부터 고려시대에 이르기까지 불교는 국교였다. 중앙사회는 물론 지방사회에 이르기까지 상하대소민들은 모두 불교에 귀의하여 일상생활을 영위하였다. 자장율사의 오대산 신앙, 의상·원효대사의 낙산사, 범일선사의 사굴산문은 영동지방 불교문화의 산실이었으며,[1] 여기에 근원하여 삼화사를 비롯한 영동지역의 여러 사찰들은 오늘에 이르기까지 크고 작은 문화재를 소장하고 있으며 생활불교의 도량이 되고 있다.[2]

그러나 조선이 건국되면서 불교는 이른바 법난의 시대를 맞게 된다. 여말선초에 새로운 농법을 원용하여 생산력을 증대시켜 부를 축적한 지방사회 중소지주층들은 성리학적 소양을 기반으로 신왕조의 건국 주체세력으로 성장하였고, 이들은 사회질서를 성리학적 질서로 재편하여 국가 권력을 안정시키려는 의도에서 억불책을 단행했던 것으로 이해된다. 이 시기에 추진되었던 억불책으로 불교계는 크게 위축될 수밖에 없었고, 불교에 익숙했던 상하대소민들의 생활 양태는『주자가례』를 모범으로 삼는 생활 질서로 재편되어 가는 것으로 이해되고 있다.[3]

1) 『삼국유사』(을유문화사), 260쪽, 272쪽.

2) 이규대, 「조선 초기 불교의 사회적 실태-영동지방 사원을 중심으로-」, 『국사관논총』 56, 1994, 136쪽.

그러나 억불책에 따른 불교계의 통폐합이라는 국가 시책에도 불구하고 불교적인 생활문화는 여전히 상존하고 있었다. 비록 불교계는 크게 위축되고 있었지만 상하대소민들 사이에 깊게 뿌리 내린 신앙심은 쉽게 불식될 수 없었다. 특히 호불 군주와 왕실의 호불 성향을 기반으로 하는 사찰의 건립과 조불·조탑·사경·간경 등의 활동은 각종 천도재의 이행과 함께 이 시기 불교계의 성격을 규정하는 주요 요인이 되고 있다.[4]

조선 초기 불교를 이렇게 볼 때, 이 시기에 집중적으로 거론되는 수륙재를 어떻게 이해할 것인가? 하는 문제의식은 비교적 일찍부터 주목되었다.[5] 수륙재는 육지와 물에서 배회하는 무주고혼을 천도하여 정토에 왕생하게 하려는 천도재이다. 천도재는 인간이 생명을 다한 후 망자의 영혼이 정토에 왕생하기까지의 기간으로 중유가 설정되고,[6] 이 기간 동안에 후손들이 재를 올림으로써 망자의 영혼이 정토에 왕생하게 된다는 가능성이 열려 있는 제의이다.

불교가 국교였던 시기에 수륙재는 이 중음사상에 의거해 응당 올려졌을 것이지만, 조선 초기 억불책이 추진되던 시기에서도 수륙재는 이어지고 있었다. 그러나 불교계가 처한 정치적·사회적 환경이 변모되는 상황을 인정한다면, 수륙재의 변화 추이도 마땅히 주목되어야 할 것으로 생각한다. 더욱이 영산재·기신재·칠칠재·예수재·백일재 등의 천도재가 개인적 차원에서 망자의 영혼을 위한 의례라면, 수륙재는 불특정 다수를 위한 천도재로서 보다 사회성이 강하게 투영된다는 점에서 이 시기의 변화는 주목된다고 하겠다.

이러한 시각에서 여기서는 먼저 조선 초기 이래로 수륙재의 변화양태를

---

3) 한우근, 『유교정치와 불교』, 1993, 60쪽.
4) 한우근, 『유교정치와 불교』, 1993, 208쪽.
5) 윤무병, 「국행 수륙재에 대하여」, 『백성욱박사송구기념논총』, 1959.
6) 심효섭, 「조선전기 수륙재의 설행과 의례」, 『동국사학』 40, 2004, 1쪽.

주목하고자 하며, 이에 근거하여 삼화사의 국행수륙재를 이해하고자 한다. 특히 이 시기의 호불 성향의 왕실과 연계된 영동지방 불교계의 연망 속에서 삼화사의 국행수륙재가 갖는 지방사적 의미를 규명해 보고자 한다.

2. 조선 초기 수륙재의 변화

조선 초기 사회에서 수륙재는 일반화된 천도재였던 것으로 보인다. 왕실은 물론 서민 일반에 이르기까지 죽은 자의 혼령을 천도하기 위해 수륙재를 베풀었던 것으로 보인다. 이러한 수륙재의 보편적인 양상은 불교를 국교로 삼았던 고려 사회로부터 관행화되어 온 것이라 할 수 있겠다.

이렇듯 관행에 힘입어 보편화된 수륙재였지만, 조선 초기 이래로 변화에 직면하고 있었다. 이는 전적으로 성리학이 조선 국가의 건국이념으로 표방되는 데 따른 것이었다고 보여진다. 성리학적 사회질서를 조기에 정착시키고자 하였던 조선 조정은 본격적으로 불교계를 탄압하기 시작하였고, 한편으로 관혼상제를 비롯한 생활 질서를 『주자가례』를 모범으로 삼아 재편하고자 하였다.

조선의 불교계 탄압은 태종과 세종 때에 두드러지고 있다. 먼저 태종 때 불교계는 12종 242사로 정리되었다가 다시 7종 88사로 재편되었으며,[7] 세종 때에는 선·교 양종에 각 18사로 전체 36사로 재편되었다.[8] 물론 이 같은 종파와 사찰의 통폐합 과정에서 수많은 사찰들이 폐사지경에 이르렀고, 사전과 사노가 몰수되고, 승려가 되는 길이 봉쇄되고, 신도들이 기도행렬이 금지됨으로서 불교계는 크게 위축될 수밖에 없었다. 한편 관혼상제를 비롯한 생

7) 『太宗實錄』 卷14, 7年 12月 辛巳. "曹溪宗 24寺 天台宗 17寺 華嚴宗 11寺 慈恩宗 17寺 中神宗 8寺 摠南宗 8寺 始興宗 3寺."

8) 『世宗實錄』 卷24, 6年 4月 庚戌. "量宜置三十六寺 分隷兩宗."

활 일상에서도 그동안 친불교적 생활 질서는 부정되었고『주자가례』에 입각한 성리학적 생활 질서가 강요되어 갔다.

그러나 이러한 상황에서도 수륙재는 여전히 올려진 것으로 파악된다. 왕실은 물론 대부·사·서민들을 막론하고 수륙재를 올렸으며, 국가에서는 변란이나 정치적 사건으로 많은 사상자가 발생한 경우나 질병이 만연하여 사상자가 많이 발생한 경우 수륙재를 올려 영혼을 천도하고 사회적 민심을 달래곤 하였다. 다만 성리학적 사회질서를 지향하는 국가 시책 하에서 이러한 수륙재 역시 그 영향을 벗어날 수 없었다.

불교계의 종파와 사찰이 통폐합되는 상황에서 수륙재를 주관하였던 많은 사찰들을 상실하였고, 국가나 왕실이 주관하는 수륙재에서는 그 때마다 유신들의 반대 상소에 직면하였다. 그리고 이들의 상소는 수륙재 자체를 금지시켜야 한다거나 그 규모를 축소해야 한다는 주장이 주를 이루었고, 또한 이들의 논거는 불교 자체를 부정하거나[9] 의례절차상 예법에 벗어난다거나[10] 상장의례에서『주자가례』를 준행해야 한다는 데서 찾고 있었다.[11]

이렇듯 조선의 이념정책에 기인하여 그 존폐에 대한 상충된 견해가 상존하는 가운데 수륙재는 올려진 것으로 파악된다. 이러한 양상은 수륙재가 뿌리 깊게 자리 잡은 관행화된 의례였다는 데서 말미암는 것이었으며, 또한 국가 이념정책의 한계에서 비롯되는 것이기도 하였다. 실은 조선의 이념정책은 사회 저변으로부터의 요구에서 비롯되는 것이 아닌 위로부터의 개혁이라는 측면에서 한계를 노정하고 있었다.

이러한 상황을 염두에 두고 조선 초기 수륙재의 변화상을 주목할 때 그 변화상은 세종 때에 두드러지며, 이 점은 이 시기가 종단과 사찰의 통폐합이

---

9)『世宗實錄』卷24, 6年 5月 己丑. "諱辰水陸之設 是雖出於至誠 然水陸本是非禮之正."

10)『世宗實錄』卷24, 6年 5月 己丑. "剏設神位於下壇 甚爲褻慢."

11)『世宗實錄』卷27, 7年 1月 丙申. "今人親死 則廣設佛事 輒以無罪之父母 爲有罪而告佛與十王祈免其罪也 … 若夫無知之民 則無足道也 號爲明智者 亦惑於誑誘 畏罪慕福 而設水陸聖齋 … 凡大小人民喪制之禮 一依文公家禮 不作佛事."

두드러졌던 시기라는 점과 맞물려 있는 것으로 이해된다. 먼저 주목되는 변화는 세종 2년 8월에 왕후의 추천재와 수륙재를 합동으로 올리도록 한 조처이다.[12] 또한 동왕 2년 10월에는 선왕 선후의 기신재를 수륙재와 합동으로 올리도록 조처하고 있다.[13] 이러한 조처는 일견 수륙재가 온전하게 보전되고 있는 것으로 인식될 수 있겠으나, 그동안 각종 천도재가 독자적으로 활성화되어 있던 상황을 감안한다면 이러한 조처의 본질은 규제하려는 속성을 띠고 있다고 볼 수 있겠다.

다음으로 주목되는 점은 국행을 비롯하여 대부·사·서민 등의 수륙재의 품등이 구체적으로 규정되고 있다는 점이다. 또한 수륙재에 참여하는 인원의 정액을 규정하려 시도하고 있다.[14] 이러한 동향 역시 수륙재의 규모를 축소시키려는 의도를 갖는 것이었다고 할 수 있다.

또 주목되는 점은 세종 2년부터 수륙재에서 일상화되어 있던 법석이 폐지되고 있다는 점이다. 즉 법화·화엄·삼매참·능엄·미타·원각·참경 등 불서를 암송하였던 법석이 폐지되고 있다.[15] 법석이 수륙재의 본질적 요소였다고 할 때, 그것을 폐지하려는 시책은 불교를 탄압하려는 동향과 맞물려 있다고 할 수 있을 것이다.

다음은 이 시기의 수륙재를 산수 정결한 곳에서 올리도록 한 조처가 주목된다. 즉 세종 11년 2월에 이르러 수륙재는 산수가 정결한 곳에서 설행하되 자손 1, 2인 정도가 참여하고 그 외 잡인들의 근접은 일체 금지하였으며,[16]

---

12) 『世宗實錄』 卷9, 2年 8月 戊午. "水陸齋近於癘齋 追薦合設水陸."

13) 『世宗實錄』 卷10, 2年 10月 丙申. "禮曹啓 今國行追薦七齋 旣皆水陸詳定 自今 先王先后 忌晨齋 亦於山水淨處 以水陸行之."

14) 『世宗實錄』 卷9, 2年 8月 戊午. "遂命禮官 詳定國行 及大夫士庶人 追薦水陸齋等品 赴齋之人 亦令定額."

15) 『世宗實錄』 卷9, 2年 9月 己丑. "在前法席 誦閱法華華嚴三昧懺楞嚴彌陀圓覺懺經等佛書 今革法席."

16) 『世宗實錄』 卷43, 11年 2月 辛巳. "一. 事佛薦亡 大夫士庶人 皆就山水淨處 只設水陸齋 其供辨 除俗人 皆令僧人主之 守殯喪主外 子孫一二人往與 此外雜人 雖設齋翌日不許參與 違者禁止.

또한 법석은 일체 금지하는 것으로 정착되어 갔다.[17] 산수 정결한 곳이 수륙재의 처소가 되고 있다는 점에서 문화사적으로 그 의미가 강조될 수도 있다. 그러나 참여 인원이 규제되고 법석이 금지되고 있다는 점에서 수륙재를 간략한 예법으로 열도록 하여 축소시키려는 의도라고 할 수 있다.[18]

이상에서 살핀 바와 같이 조선 초기 수륙재는 국가의 이념 정책과 그에 따른 불교 탄압책에도 불구하고 상하대소민 사이에서 여전히 일상사가 되어 있었다.[19] 여기에는 상하대소민의 친불교적 성향과 수륙재가 갖는 종교적·사회적 기능에 기반을 두고 있었다. 특히 여기에는 호불 군주와 왕실의 호불적 성향도 크게 영향을 미치고 있었지만, 이들의 성향 또한 수륙재가 갖는 종교적·사회적 기능에 함유되는 것이었다.

다만 이러한 상황에서도 성리학적 질서를 구축하려는 조정의 시책이 일관되게 추진되면서 수륙재에서도 법석이 폐지되고 상하대소민 사이에 천도재의 품등이 차별화되었으며, 각종 천도재가 합동으로 올려지며, 산수 정결한 곳이 재소로 규정되며, 참여 인원이 규정되는 등 규제 일변도의 시책에 영향을 받고 있었다.

3. 상원사·삼화사의 국행수륙재

삼화사는 국행수륙재의 도량이었다. 이 사실은 실록자료, 태조 4년 2월 무자조에서 파악되고 있다.[20] 이 자료에 의하면 삼화사의 수륙재는 태조의 명

17) 『世宗實錄』 卷43, 11年 2月 辛巳. "一. 大夫士庶人之喪 設法席 禁止."

18) 『世宗實錄』 卷38, 9年 12月 甲戌. "上曰 …然祖宗未盡汰去之事 故從略禮行之耳."

19) 『世宗實錄』 卷27, 7年 1月 丙申. "今人親死 則廣設佛事 輒以無罪之父母 爲有罪而告佛與十王祈免其罪也 … 若夫無知之民 則無足道也 號爲明智者 亦惑於誑誘 畏罪慕福 而設水陸聖齋 …凡大小人民喪制之禮 一依文公家禮 不作佛事."

20) 『太祖實錄』 卷7, 4年 2月 戊子. "上命設水陸齋於觀音窟 見巖寺 三和寺 每春秋以爲常

〈그림 1〉 두타산 삼화사 국행수륙재 전경

에 의해 설행된 국행수륙재였으며, 당시 삼화사를 비롯해 관음굴과 현암사에서 매년 춘추에 설행되었음을 알 수 있다.[21)]

그리고 3개의 사찰에서 설행되는 수륙재는 전조 즉 고려의 왕족을 위한 것이었음을 분명히 밝히고 있다.[22)] 태조는 왕씨 일족을 위해 법화경을 금사하기도 하였지만,[23)] 이번 수륙재는 당시 3개의 사찰이 소재한 지역의 정치적 사건과 연계하여 이해되고 있다. 삼화사의 수륙재와 관련해서는 고려의 마지막 왕이었던 공양왕이 공양군으로 강등되어 삼척지방으로 귀양되었고, 이곳에서 그의 두 아들과 함께 교살된 사건이 주목되고 있다.[24)] 이로써 삼화사의 국행수륙재는 왕씨 일족을 위한 천도재로서 태조 4년부터 매년 춘추로 설행되었을 것으로 이해될 수 있다.

한편 태종 14년 2월 경술조에서는 전조 왕씨 일족을 위한 수륙도량으로 상원사가 파악되고 있다.[25)] 이 사실은 매년 2월 15일에 거행되던 수륙재를 1월 15일로 개정하여 정식할 것을 규정하는 내용에서 파악되며,[26)] 이로써 국

爲前朝王氏也."

21) 『太宗實錄』 卷27, 14年 2月 庚戌. "命李灌傳旨曰 觀音窟 津寬寺 臺山上元寺 巨濟見庵寺 每年二月十五日水陸齋 今後行於正月十五日 以爲式."

22) 『太祖實錄』 卷7, 4年 2월 戊子. "上命設水陸齋於觀音窟 見巖寺 三和寺 每春秋以爲常 爲前朝王氏也."

23) 『太祖實錄』 卷6, 3年 7月 甲寅. "上以薦王氏 命 … 金書法華經四部 分置各寺 以時把讀."

24) 『太祖實錄』 卷5, 3年 4月 丙戌. "鄭南晉等 至三陟 傳旨於恭讓君曰 … 又上書爭之 予不獲已勉從其請 君其知悉 遂絞之 及其二子."

25) 『太宗實錄』 卷2, 元年 10月 丁巳. "設水陸齋于臺山上元寺 禳天災也."

26) 『太宗實錄』 卷27, 14年 2月 庚戌. "命李灌傳旨曰 觀音窟 津寬寺 臺山上元寺 巨濟見庵寺

행수륙도량이 삼화사에서 상원사로 옮겨지고 있음을 시사하고 있다.

전조 왕씨 일족을 위한 수륙재가 상원사에서 거행되었다는 사실은 세종 6년 4월 계유조에서 다시 확인된다.[27] 즉 이 시기 전국의 사찰을 선종과 교종으로 나누어 통합하고 이어서 전국에 36본산을 지정하고 이를 중심으로 사찰을 통합하려는 시책을 추진하였다. 이에 따라 강원도에서는 선종 사찰의 본산으로 고성의 유점사, 교종 사찰의 본산으로 고성의 표훈사가 지정되면서 나머지 사찰들은 혁거 위기에 봉착하고 있었다.[28] 이러한 상황은 강원도의 각 사찰이 혁거되면서 사사노비가 각 역의 전운노비로 배정되었던 사실에서 살필 수 있다.[29]

이러한 상황에서 상원사는 국행수륙재의 도량이라는 사실이 확인되고 있다. 즉 상원사는 국행수륙의 도량으로서 혁거 대상이 될 수 없다는 주장이 제기되면서 사원전 140결에 추가로 60결이 지급되었으며, 아울러 항시 100여 분의 승려들이 수도할 수 있는 사찰로 지정되고 있다.[30]

상원사의 국행수륙재는 세종 7년에 사찰의 화재로 말미암아 국행수륙도량에서 해지되고 있음을 확인할 수 있다.[31] 이로써 영동지방에서 이행된 국행수륙재는 약 31년 동안 이행되었으며, 태조 4년 이래로 태종 14년까지 약 20년 동안은 삼화사에서 이행되었고, 이후 세종 7년까지 약 11년 동안 상원사에서 이행되었다고 정리할 수 있다.

每年二月十五日水陸齋 今後行於正月十五日 以爲式."

27) 『世宗實錄』 卷24, 6年 4月 癸酉. "禮曹啓 江原道江陵上院寺 乃水陸社 革除未便 請革敎宗屬全羅道全州景福寺 於上院寺 元屬田一百四十結 加給六十結 恒養僧一百 從之."

28) 『世宗實錄』 卷24, 6年 4月 庚戌. "擇中外堪寓僧徒之處 量宜置三十六寺 分隷兩宗 優給田地 酌定居僧之額 群居作法 俾之精修其道 … 禪宗 … 江原道高城 楡岾寺 … 敎宗 … 江原道淮陽 表訓寺."

29) 『世宗實錄』 卷23, 6年 3月 辛丑. "一. 江原道各驛轉運奴婢 以革去寺社奴婢 量數定給."

30) 『世宗實錄』 卷24, 6年 4月 癸酉. "禮曹啓 江原道江陵上院寺 乃水陸社 革除未便 請革敎宗屬全羅道全州景福寺 於上院寺 元屬田一百四十結 加給六十結 恒養僧一百 從之."

31) 『世宗實錄』 卷30, 7年 12月 甲申. "江原道水陸社上元寺災 上曰此寺水陸爲高麗王氏也 又有慶尙道見庵 此寺旣災 其革之."

한편 화재로 소실되었던 상원사는 화주들의 힘을 모아 일부 복원할 수 있었지만, 본격적인 중창사업은 호불 군주 세조의 후원으로 이루어졌다. 세조 11년 왕명으로 마련되는 경상감영의 미 500석과 제용감의 포 1,000필을 저본으로 삼고 시작된 중창의 역사는 세조가 친제한 권선문에 힘입어 종친과 재추의 출자, 그리고 대비전의 시조 500석이 이어지면서 동왕 12년에 완공을 보게 된다. 이로써 상원사는 불전과 남랑·문루·나한전·청연당·주실·승당·선당·주고 등 기둥만 56개가 소용되는 규모가 갖추어졌으며, 아울러 생활 집기류가 함께 마련되었던 것으로 보인다.[32]

이 시기부터 상원사에는 신미 스님이 주석하였던 것으로 파악된다. 스님은 성종 10년 입적하기까지 제왕의 존숭을 받으면서 선덕 사지·수미·대선사 학열·학조·연경사 주지 홍준·해초 등과 함께 불전 언해사업을 이끌었던 고승이었다.[33] 결국 신미 선사는 당대의 교종과 선종을 총섭하는 위치에서 불교계의 교세를 회복에 진력하는 위치에 있었다고 할 수 있으며, 이러한 활동의 구심적 역할이 상원사를 중심으로 이루어졌다고 할 수 있다. 더욱이 상원사가 불교계의 중심 사찰로 부상하면서 영동지역에는 강릉의 염양사·양양의 낙산사·고성의 건봉사·삼척의 삼화사 등 제 사찰이 중수되면서 가장 활발한 숭불시대를 열었다고 할 수 있다.[34]

이렇듯 상원사가 중창되면서 수륙재가 설행되었던 것으로 보인다. 예종 원년 2월에 승 학열이 상원사에서 수륙재를 올렸다는 사실이 확인된다.[35] 그런데 이 시기의 수륙재가 국행수륙재였는지는 확인할 수 없다. 즉 전조의 왕씨를 위한 수륙재를 계승한 것이었는지 분명하지 않다. 다만 영동지역의 제 사찰이 복원되면서 수륙재는 이제 보편적인 천도재로서 설행되었다고 이해

---

32) 이규대, 「조선초기 불교의 사회적 실태」, 『국사관논총』 56, 1994, 137쪽.

33) 이호영, 「僧 信眉에 대하여」, 『사학지』 10, 1976, 51쪽.

34) 이규대, 「조선 초기 불교의 사회적 실태」, 『국사관논총』 56, 1994, 138~139쪽.

35) 『睿宗實錄』 卷4, 1年 2月 庚辰. "問學悅 悅 爲書以啓曰…至上院寺設 水陸齋."

될 수 있다. 삼화사에 전승되고 있는 1547년에 판각된『천지명양수륙재의찬요』는 삼화사는 물론 영동지방 제 사찰에서 수륙재가 일반화되고 있음을 시사한다고 하겠다.[36)]

이러한 점에서 세조 때로부터 이루어지는 영동지역의 제 사찰의 교세확장은 수륙재가 보편화되는 기반이 되고 있다고 보겠다. 수륙재는 국가나 왕실과 관련된 국행수륙재, 개인적 차원에서 이루어지는 기신재나 칠칠재와 맞물린 수륙재, 각종 재해를 당하여 민심을 추스르려는 의도에서 추진되는 수륙재로 구분될 수 있다. 세조 대 이후로 영동지역에서는 이러한 유형의 수륙재가 병행되었을 것으로 추정되며, 이러한 양상은 이후 수륙재가 일반화되는 계기로 작용하였을 것으로 이해된다.

4. 맺는말

이상에서 조선 초기 수륙재의 변화를 파악하고, 이를 토대로 동해 삼화사의 국행수륙재를 이해하고자 하였다.

주지하듯이 여말선초 신진사대부들은 성리학을 지도이념으로 수용하여 조선을 건국하였다. 이에 따라 조선 국가의 건국주체세력들은 성리학적 사회질서를 표방하였고, 이에 따라 그간에 사회지도이념으로 수용되었던 불교는 위기에 직면하고 있었다. 건국 주체들의 배불책동은 이른바 '법난의 시대'라고 할 만한 것이었다.

그러나 이러한 정치적 추세에도 불구하고 불교의 사회적 기반은 온전했던 것으로 보인다. 물론 종파와 사찰의 통폐합이 추진되면서 교세는 현격하게 위축되었다고 하지 않을 수 없다. 이러한 상황에서도 상하대소민들의 신앙

36) 동해시,『天地冥陽水陸齋儀纂要』, 2007, 16쪽.

적 성향과 친불교적 생활관행은 쉽사리 불식될 성질의 것이 아니었고, 특히 정치세력의 핵을 이루는 군왕과 왕실세력의 호불 성향도 이 시기 불교의 존립을 위한 사회적 기반이 되고 있었다. 이로써 조선 초기는 건국주체들의 정치적 신념에 따른 억불정책이 지속적으로 추진되는 상황에서도 사회적으로 상하대소민들의 신불성향과 호불 성향이 공존하는 형세를 이루고 있었다고 할 수 있다.

조선 초기 수륙재는 신불과 호불 성향을 기반으로 설행되었다. 태종과 세종대를 경과하면서 억불정책이 점차로 강화되는 추세에서도 수륙재는 설행되었고, 세조대에 이르러 군주의 호불 성향에 힘입어 수륙재는 한층 성행하였다. 이렇듯 호불 성향과 억불정책이 공존하는 상황에서도 여전히 수륙재가 설행될 수 있었던 것은 상하대소민의 신불성향이라는 종교적 사회적 기반이 온존하였던 데서 비롯되는 것으로 이러한 양상은 그 자체로 조선 초기 불교의 특성으로 이해될 수 있다.

더욱이 조선 초기 수륙재는 어느 시기보다도 성행하였다는 특징을 갖는다. 중유와 중음사상에 기반을 두고 설행되는 각종 천도재가 수륙재와 합설되는 경향을 보이고 있으며, 각종 질병이나 재난에 대처하는 방안으로써 수륙재가 설행되며, 국가에서 주관하는 국행수륙재가 설행되고 있다. 이러한 양상은 불특정 다수의 천도를 기원하는 수륙재가 갖는 사회성과 왕조교체라는 과도기를 경과하면서 야기되는 사건과 사고로부터 민심을 수습하려는 사회적 요구가 맞물리면서 나타나는 것으로 이해된다.

그러나 이러한 상황에서도 수륙재는 항시적으로 유신들의 반대상소에 직면해 있었다. 유신들은 불교 자체를 좌도로 규정하고 각종 천도재를 부정하거나 수륙재의 의례를 비례로 규정하고 그 혁거를 주장하곤 하였다. 비록 수륙재는 성행하였지만 이러한 반대 논리로부터 전혀 무관할 수 없었던 것으로 이해된다. 국행을 비롯하여 상하대소민들이 설행하는 수륙재의 등품이 마련되고, 참여 인원이 규제되고, 법석이 폐지되고, 약례가 규정되고, 설행 장소가 규정되는 상황은 이와 같은 반대논리에 직면하여 정제되는 모습으로 이해될 수 있었다.

한편 삼화사의 국행수륙재는 태조 4년에 시작되었다. 당시 삼척 지역에 유폐되었던 공양군이 교살되는 정치적 사건과 관련하여 설행되는 국행수륙재였다. 매년 춘추로 설행되면서 정례화된 삼화사의 국행수륙재는 전조 왕씨는 물론 무주고혼을 위해 불법을 강설하고 음식을 베푸는 재회였으며, 아울러 정치적 격변기의 사건 사고로 인해 야기되는 지역 주민들의 경직된 삶의 자세를 위무하는 의미를 갖는 수륙재였다고 할 수 있겠다.

삼화사의 국행수륙재는 태종 14년 기록에서 치제소를 옮겨 오대산 상원사에서 설행되는 것으로 파악된다. 이 변화는 일차적으로 지역 불교계가 연동되고 있음을 시사하며, 아울러 왕실불교의 연망 속에서 이루어질 수 있었던 것으로 이해된다. 이로써 삼화사의 국행수륙재는 약 20여 년 동안 설행되었고 이후 오대산 상원사로 치제소를 옮겨 설행되었다고 하겠다.

상원사의 국행수륙재는 세종 7년에 이르러 국행수륙도량에서 해지되고 있다. 이는 상원사가 화재로 소실된 데 따른 것으로 파악된다. 이로써 상원사의 국행수륙재는 약 11여 년 동안 설행되었다고 하겠다. 그동안 상원사의 국행수륙재는 삼화사의 국행수륙재의 연장선상에서 그 종교적·사회적 역할을 이행하였으며, 특히 조정의 사찰 통폐합정책에 직면하여 사찰의 존립기반이 되었으며, 오히려 사세가 확장되는 양상을 살필 수 있었다.

상원사는 화재로 소실된 후 화주들의 원력으로 일정하게 규모를 갖추었으나, 본격적인 중창불사는 호불 군주 세조와 왕실의 후원으로 이루어졌다. 이때 상원사에는 신미 선사를 비롯하여 대선사 학열·학조 등 당대의 고승들이 주석하였으며, 이 시기에 영동지역 전역에서 사찰의 중창불사가 전개되었음을 살필 수 있었다.

이 시기에 상원사에서 수륙재가 설행되고 있음을 살필 수 있었다. 다만 이 시기의 수륙재가 전조 왕씨를 위한 국행수륙재였는가는 분명치 않다. 군왕과 왕실의 원력으로 중창불사가 이루어졌고 또한 정월에 설행되는 수륙재였다는 점에서 국행수륙재였을 것으로 짐작되지만, 이미 삼화사에서 시작된 지 70여 년이 경과한 시점이라는 점에서 오히려 수륙재 본연의 기능에 충실했다고 할 수 있으며, 이 점에서 삼화사를 비롯한 영동지역 전역에서 중창된 사찰을 중심으로 상하대소민의 수륙재가 성행하였던 것으로 이해된다.

제 2 장

강릉 금란반월회의 계회도로 본 차 문화

1. 머리말

사회사 연구에서 계문서는 주목되는 자료이다. 계문서는 통시대적으로 생성되었고, 사회경제·사상적 배경을 가지고 생성되었으며, 시대마다의 생활적 특성을 생생하게 담고 있다는 특징을 가진다. 계문서의 사료적 가치는 생활문화의 내생적 역동성일 것이다.

계의 연구 활동은 다각도의 시각에서 이루어졌다. 이를 대별하면 계의 분화와 변천을 주목하는 거시적인 시각[1)]과 하나하나의 계를 세밀하게 분석하는 사례적인 시각으로 구분될 수 있다.[2)] 전자가 계의 종류를 정리하여 유형별 인과관계를 통해 분화와 변천 과정을 발전적 시각에서 규명하였으며, 후자는 계의 사례분석을 통해 시대적·지역적 기능과 특성을 밝히는데 주안점이 두어졌다고 할 수 있다. 그리고 양자는 상호 보완적으로 영향을 미치면서 사회경제적 변화와 맞물린 사회조직으로서 계문화의 특성과 변천을 기술해 내는 성과를 이루고 있다고 하겠다.

여기서는 이러한 성과에 힘입어 강릉지방의 금란반월회를 주목하고자 한다. 이 계는 시기적으로 조선 초기에 결성되었고, 16명의 계원들이 우의와 친목을 도모하려는 취지를 가지고 있으며, 이들은 이 지방에 세거해 온 거족의 후예들이었다는 점에서 주목된다.[3)] 이 점에서 이 계를 규명하는 작업은 조선 초기 강릉지방의 사회 동향을 이해하는 지방사적 의미를 가지고 있다고

---

1) 김필동, 「계의 역사적 분화·발전 과정에 관한 시론」, 『한국의 사회조직과 종교사상』, 한국사회연구회, 1990, 54~88쪽; 『한국사회조직사연구』, 일조각, 1992.

2) 이해준, 『조선시기 촌락사회사』, 민족문화사, 1996.
이규대, 『조선시기 향촌사회연구』, 신구문화사, 2009.

3) 이규대, 「조선후기 영동지방의 향촌지배구조에 관한 연구」, 중앙대학교 학위논문, 1991, 25~28쪽.

하겠다.

이 계의 계문서로는 계회도, 시첩, 세계도 등이 전해진다.[4] 이들 문서에서 상세하게 다루고 있는 「회문」[5]과 계회도, 그리고 맹약오장은 금란반월회가 결성되었던 15세기 중반의 내용으로 이해되고 있다.[6] 또한 이러한 사실은 계원들의 묘표에서도 파악된다.[7] 그리고 시첩과 세계도 등의 문서는 후손들이 선인들의 계회를 흠모하는 뜻을 담아 작성된 것으로, 20세기 초반에 이르러 후손들이 계를 다시 중창하면서 정비된 문서로 파악된다.[8]

이들 문서를 이용하여 먼저 이 계회의 구성과 성격을 파악하고, 이를 통해 15세기 중엽에 결성되는 계회의 특성을 규명해 보고자 한다. 다음은 계회도를 분석해 보고 이를 통해 전승되는 계회도 2점의 내용구성을 파악하고자 한다. 이를 통해 계회도 2점의 공통점과 상이점이 갖는 의미를 이해하고자 한다. 다음으로 한 점의 계회도에서 묘사된 심지가 4개 꽂인 향로를 주목하고자 하며,[9] 이것이 다시에서 상용되는 '다반향초'[10]의 향초에 해당되는 다구일 수 있음을 살피고자 한다.[11][12][13]

이 지방에는 한송정[11]·경포대[12]의 차 만드는 절구와 유적지, 매월당 김시습[13]과 교산 허균의 다시[14], 선교장의 다실[15] 등 음다 문화의 자료가 전승되고 있다. 이 점에서 계회도상의 향로의 모습은 다회의 전승 실태를 보여주는

---

4) 계문서의 종류로는 『契會圖』, 『金蘭半月會詩帖』, 『三五儕記』, 『金蘭半月會世系圖』, 『金蘭世帖』 등이다.

5) 「금란반월회문」 成化丙戌重九東原寶臣識.

6) 『강릉향현사12선생행록』 춘헌 최선생. "先生修金蘭半月會 後人寫之爲圖寶藏焉."

7) 방동인 편, 『영동지방 금석문자료집』 Ⅱ. 최여림묘표. "成化丙戌 與 傑士三五儕 作金蘭半月會."

8) 문서 작성에 주역으로 활약한 朴元東은 생존기간은 1873~1949년으로 파악된다.

9) 본서 〈그림 7〉 참조.

10) 정민, 「차를 반쯤 마시고 향을 사르다」, 『새로 쓰는 조선의 차 문화』, 김영사, 2011, 419~434쪽. "靜坐處 茶半香初 妙用時 水流花開."

11) 『신증동국여지승람』 강릉대도호부. "樓亭…寒松亭…亭畔有茶泉石竈石臼."

12) 『신증동국여지승람』 강릉대도호부. "樓亭…鏡浦臺…臺畔有煉藥石臼."

13) 『매월당집』 시집 권14, 溟州日錄. "與善行鬪槚蒲戲題 …爾若不勝也 起去煎雀舌."

실증자료로서 가치가 인정되며, 이제 그 자료를 제공하고자 한다.

2. 금란반월회의 조직과 성격

(1) 금란반월회의 조직

『주역』 계사편에 “두 사람이 마음을 같이하면 그 예리함이 쇠라도 자를 수 있고, 마음이 같이하여 하는 말은 그 향기가 난초와 같다.”라고 하였다.[16] 이것은 공자의 말씀으로, 말과 행실을 삼가는 군자의 도를 담고 있다. 이것이 ‘금란지교’의 논거이며, 강릉지방 젊은 사족 16명이 군자의 도를 지향하는 모임을 결성하고 이른바 ‘금란반월회’라 명명하였다.

금란반월회의 계원들은 강릉지방에 세거해 온 자들이었다. 강릉김씨가 5명, 강릉박씨가 3명, 삼척심씨가 1명, 강릉최씨가 5명, 정선전씨가 2명이다. 이들은 고려시대 이래로 강릉의 토성이거나 여말선초에 강릉으로 이주하여 정착하여 사족반열에 올랐던 것으로 파악된다.[17] 이들이 금란반월회를 결성한 시기는 1466년(세조 12)이다.[18] 이 무렵 계원들은 11명이 생·진시에 합격하였고, 대과를 준비하는 상황에 놓였던 것으로 파악된다. 연령적으로는 41살에서부터 22살까지의 분포 양상을 보이고 있으나 대부분은 30대를 전후한 연령분포였다고 할 수 있다.[19] 그리고 창계한 이후 2년에서 20년이 경과하는 동안 7, 8명 정도가 대과에 합격하여 출사하였던 것으로 파악된다.[20]

---

14) 『惺所覆瓿藁』 시집 권2. “卽事…一帶茶烟颺竹靑.”

15) 『강원문화재대관』 국가지정편, 중요민속자료, 강릉선교장, 2006, 310~315쪽.

16) 김경탁 역, 『주역』 계사전, 394쪽. “同人 先號咷而 後笑 子曰 君子之道 或出或處 或默或語 二人同心 其利斷金 同心之言 其臭如蘭.”

17) 이규대, 「조선후기 영동지방 향촌지배구조에 관한 연구」, 중앙대학교 학위논문, 1991, 26쪽.

18) 『금란반월회 세계도』 成化丙戌臨瀛之文人三五儕.

19) 계원 중 金墀가 1425년생이고, 金潤身이 1444년생이다.

또한 계문서상에서 이들의 약력으로 다음과 같이 기록하고 있다. 즉 생·진양시에 합격한 자 1인, 현감을 지낸 자 2인, 생원이 4인, 통덕랑 1인, 훈도가 3인, 헌납이 1인, 교리가 1인, 부사가 1인, 사인이 1인, 군수가 1인 등으로 파악된다.[21]

이들은 창계하면서 강릉 오죽헌 댁의 주인인 수헌 최응현(1428~1507, 세종 10~중종 2)을 스승의 자리에 모시고 있다. 수헌은 21살 나이에 초시에 합격하여 26살에 대과에 급제하였고, 50여 년의 관직생활을 정승 반열에서 마감하였다.[22] 그는 출사 초기에 한사코 경직을 사양하였다. 미관말직이라도 고향 가까운 곳을 희망하여 홀로 되신 어머니를 지근에서 돌보려는 효심이었다.[23] 이런 생활을 무려 27년 동안 고수하였으니 그의 효심을 짐작하고도 남는다. 훗날 성종 임금은 '효자 가문에서 충신이 난다'는 고사를 인용하면서 그의 효행을 높이 평가한 바 있다.[24]

수헌 최응현이 금란반월회의 사석을 수락하면서 남긴 글은 "금란반월회문"으로 전승된다.[25] 그는 여기에서 친구 사귀는 도리를 강조하고 있다. 즉 친구에는 심우와 면우가 있다. 심우는 선하면 기뻐하고 허물이 있으면 꾸짖으며, 귀천을 하나같이 하고, 환난을 당하여 변하지 않으며, 분개하고 욕되는 곳에서 참을 것을 생각하는 자이다. 현명하면 미워하고 과오가 있으면 떠벌리고, 술자리에서는 형제같이 하고 이해관계에서는 오월같이 대하고, 귀

---

20) 계원 중 沈家甫가 1468년에 대과에 등제하였고, 朴始文이 1486년에 대관에 등제하였다.

21) 『文人傑士三五儕記』 참조.

22) 관동대학교 영동문화연구소, 『영동지방금석문자료집』 1, 「최응현신도비」, 1984, 71쪽. "以宣德戊申四月三日生 公生而聰慧 早知讀書 不好戲嬉 嶄然異群兒 …戊辰中司馬兩試 景泰甲戌擢乙科一人."

23) 위의 책, 72쪽. "補承文院副正字 公以大夫人 在鄕不就京職 常補江陵訓導 例陞著作博士成均館典籍 皆謝恩 卽還求補教授 屢徵不赴…拜成均司成 又不就 成化庚子丁內憂 廬墓三年 一不到家."

24) 위의 책, 72쪽. "教曰 古語云 求忠臣於孝子之門 惟卿種學蓄財 不求榮進 惓惓愛日 回翔郡寄者 垂二十年 能盡孝其不能盡忠乎 玆予眷卿有加無替 卿宜體予 悉心圖報."

25) 『금란반월계회도』 금란반월회문.

한 자는 후하게 대하고 천한 자는 박대하는 자가 면우이다. 친구를 맺음에는 심우가 있을 뿐, 어찌 면우와 함께하겠는가! 아! 이제 자네들이 믿음을 갖자고 하면서 누가 면우가 되고자 할 것이며, 자네들이 불신하고자 하면서 누가 심우가 되고자 하겠는가! 원하건대 자네들은 각자가 명심하도록 하라.[26]

금란반월회는 규약으로 맹약오장을 가지고 있다. 즉 길흉경조, 양진강호, 과오면책, 오령속금, 고행삭적 등으로 계규를 마련하여 운영하였다.[27] 그리고 각 조항에는 간단한 세칙을 마련해 두었다. 먼저 길흉경조의 항목에서는 계원들 중에서 입신양명하는 자에게는 술과 안주로서 축하하고,[28] 사상과 환난에는 각각 곡물 5되로 부조한다고 하였고, 다음 양진강호 항목에서는 사계절마다 좋은 날에 함께 모여서 강론함을 즐긴다 하였고,[29] 과오면책 항목에서는 덕행을 훼손하는 자는 각자가 술을 가지고 그 대문에 이르러 책망한다고 하였고,[30] 오령속금 항목에서는 각종 계령을 어긴 자는 벌칙으로 벌주와 벌전을 내며 다시 범하는 자는 한 등급을 올려 벌한다고 하였으며,[31] 고행삭적 항목에서는 세 차례에 걸쳐 잘못하거나 면책을 지키지 아니한 자는 삭적한다고 하였다.[32]

한편 이러한 금란반월회의 운영을 위해서는 계수와 유사가 정해졌을 것으로 보이나 기록상에서는 파악되지 않는다. 다만 계의 규칙에서 정기적인 모

---

26) 방동인 편, 『영동지방 금석문자료집』 I. 契會圖. "金蘭半月會文 翁曰 友之道 有心友焉 有面友焉 善則喜之 過則責之 貴賤如一 患難不易 惟於忿辱處忍之者 心友也 賢已則惡 過惡則揚 塤篪於杯酒 胡越於利害 貴者厚賤者薄者 面友也 結友惟其心而已 其可與面友者哉 噫子欲信 孰肯爲面友 子欲不信 孰肯爲心友乎 願諸子各自敬之."

27) 『삼오제기』 맹약오장. 一. 吉凶慶弔 一. 良辰講好 一. 過惡面責 一. 忤令贖金 一. 故行削籍.

28) 吉凶慶弔, "凡我同盟 有仕宦揚名者 慶以殽酒 有死喪患難者 各賻粒五升."

29) 良辰講好, "紅杏綠楊黃菊白雪 四個良辰 酌彼金罍 同唫伐木 以講歡好."

30) 過惡面責, "酒色罵詈 虧損德行者 各持酒盞 造其門責之."

31) 忤令贖金, "迴牒留滯者 期會不參者 徵罰失期者 出物過限者 無故先出者 罰酒錢直一器 再誤者加一等."

32) 故行削籍, "三度忤令者 面責不悛者 卽削盟籍 惟迴牒留滯者 不在此限."

임에 불참하는 자나 회첩을 유체하는 자에 대한 벌칙이 있는 점으로 보아 그 운영을 위한 인적조직이 있었던 것은 분명하지만, 기록상에서는 분명하게 파악되지 않는다. 짐작하건대 계원들이 전원 참여하는 정기 모임에서 임원진이 선정되었을 것이고, 일정하게 임기를 두어 임원진이 교체되었을 것으로 보여진다.

(2) 금란반월회의 성격

금란반월회는 계의 이름인 금란(金蘭)에서 시사되듯 계원들 간의 우의를 돈독히 하려는데 취지를 두고 있다. 계규인 맹약오장에서 이러한 취지를 살려가기 위한 규칙으로서 의미를 가진다. 계원들의 경·조사에 함께 축하하고 함께 부의를 전하고, 사계절에 한 차례씩 정기 모임을 가지면서 술잔을 기울이면서 함께 깊은 우정을 읊조리면서 환호하였다. 그리고 이러한 취지에 거슬리는 행위들에 규제를 가하고 면전에서 힐책하였으며, 급기야는 삭적하는 규정을 두고 있다.

그런데 금란반월회 계원들은 창계 당시 일부 생·진시에 올랐을 정도였고, 대부분 초시와 대과를 준비하는 과정에 놓여 있었다. 이 점에서 이들은 과거와 학풍의 동향에 관심을 두지 않을 수 없었고, 시세의 변화에 무관심할 수 없었다고 보겠다. 이러한 점들은 금란반월회의 성격으로 이해될 수 있을 것이다.

이와 관련하여 계원인 송헌 최여림(松軒 崔汝霖)의 묘표가 주목된다.[33] 그는 성장하면서 경사(經史)를 폭넓게 섭렵하였고, 전적으로 실학에 뜻을 두고

33) 관동대학교 영동문화연구소, 『영동지방금석문자료집』 2, 최여림묘표. "公資性醇厚 自幼究學 稍長博古經史 聞見日進 旁治擧業 旣而專意實學 潛究性命之原 尤着力於朱子書 孜孜不已 嘗出入于佔畢金文忠公之門 期詡特深與寒喧一蠹 諸賢講論經義 頗有不得之妙 以經行薦."

성리의 근원을 잠구(潛究)하면서 특히 주자서를 탐독하였다고 하였다. 이른바 주자서의 탐독으로 숙지하는 성리학을 실학으로 규정하여 깊이 천착하고 있음을 볼 수 있다. 이른바 선초의 실학을 엿보게 되는 대목이다. 그리고 그는 점필재 김종직(佔畢齋 金宗直)의 문하에 출입하였다고 하였다. 이 기간 동안에 한훤당 김굉필(寒暄堂 金宏弼), 일두 정여창(一蠹 鄭汝昌) 등 제현들과 경의(經義)를 강론하였다고 하였다고 하였다. 이른바 영남사림과 교유하고 있음을 보여준다.

이와 관련하여 금란반월회 사석에 있었던 수헌 최응현(睡軒 崔應賢)의 신도비가 주목된다. 현전하는 신도비 비문은 율곡 이이가 지었다.[34] 율곡은 외현손(外玄孫)으로 현조(玄祖) 최응현의 신도비 비문을 지었다. 1564년(명종 19) 외할머니의 간병을 위해 강릉에 머물렀던 율곡은 외가 쪽의 요청으로 비문을 지었다.[35] 수헌이 사망한 지 57년이 지나는 시점이었다.

그러나 율곡 이전에 수헌의 신도비는 있었다. 당초의 신도비 비문은 진산 강혼(晉山 姜渾; 1464~1519, 세조 10~중종 14)이 지었다.[36] 이 신도비는 최응현의 셋째 아들인 참판공이 친히 각자하였다고 하였으나 실화로 망실되었고 비문은 확인할 길이 없다.[37] 다만 강혼이 비문을 지었다는 점에서 그가 점필재 김종직(1431~1492, 세종 13~성종 23)의 문인이었다는 사실이 주목되며,[38] 이 점은 수헌 최응현 역시 영남사림과 교류가 있었음을 반영한다고 보겠다.

이러한 사실은 개인의 학문적 수학 과정이나 인간적 교유 과정에서 나타

---

34) 방동인 편, 『영동지방 금석문자료집』Ⅰ. 崔應賢神道碑. "外玄孫崇政大夫議政府右贊成兼弘文館大提學藝文館大提學知經筵春秋館成均館事 李珥撰."

35) 위의 책, "嘉靖甲子冬 珥省外王母 在臨瀛."

36) 위의 책, "叔父參判公 曾爲祖考 救銘于晉山姜渾 親刻于石功 未半而歿 文又失火."

37) 위의 책, "叔父參判公 曾爲祖考 救銘于晉山姜渾 親刻于石功 未半而歿 文又失火."

38) 『연산군일기』 卷30, 4年 7月 27日. "李宗準, 崔溥, 李黿, 李胄, 金宏弼, 朴漢柱, 任熙載, 康伯珍, 李繼孟, 姜渾等俱以宗直門徒, 結爲朋黨, 互相稱譽, 或譏議國政, 謗訕時事, 熙載決杖一百, 流三千里, 李胄決杖一百, 極邊付處, 宗準, 崔溥, 李黿, 宏弼, 漢柱, 伯珍, 繼孟, 姜渾等, 決杖八十, 遠方付處."

나는 양상이라고 하더라도 이들이 학문적 성향은 금란반월회의 계원들이 공유할 수 있었다고 보여진다. 금란반월회의 집회를 통해 영남사림의 학풍은 물론 과거의 경향성도 계원들은 공히 전망할 수 있었을 것이다.[39] 그리고 그것은 전대의 사장학(詞章學)에 비해 상대적으로 경사류(經史類)와 성리학을 실학으로 평가하였고,[40] 여기에 경도되어 갔던 학문적 성향은 영남사림과의 교류를 통한 학문적 성향으로 볼 수 있을 것이다.

이처럼 금란반월회 회원들은 영남사림들과 교류를 하고 있었다. 회원들은 물론 사석에 있었던 수헌 최응현의 신도비에서 보듯 영남사림들과의 교류는 시대를 조금 더 거슬러 올라갈 수 있을 것으로 보인다. 이러한 양상은 과거 응시를 앞둔 회원들이 각자의 입장에서 학계의 동향과 과거의 경향을 민감하게 교감하면서 학문적 소양을 심화시켰을 것이고, 이를 기반으로 과거를 통해 관직에 출사하였다고 할 수 있다. 〈표 1〉은 회원들의 출자와 출사 행적을 보여준다. 회원들은 모두가 초시에 합격하였고, 이들 중 7명이 대과에 합격하였다. 그리고 회원 중 10명이 출사한 경력을 가진 것으로 파악된다.

〈표 1〉 文人傑士三五儕記[41]

이름	자/호	경력	기타
崔玉淵	字 澄源, 號 北堂	00人, 生進兩試	
沈家甫	字 世臣, 號 門巖	江陵人. 文 縣監	
金爾謙	字 世珍, 號 門巖	江陵人, 生員	
全長孫	字 孟胤, 號 祖谷	旌善人, 通德郎	
金 堀	字 子升, 號 崛山	江陵人, 訓導	
金 臺	字 登可, 號 淸渠	江陵人, 文 獻納	
崔自霑	字 子洽, 號 槐軒	江華人, 文 校理	시조 文漢, 강릉최씨
朴永楨	字 幹父, 號 梨亭	江陵人, 訓導	

39) 이들 계원들 중 8명이 대과에 합격한 사실도 이를 반영한다고 보겠다.

40) 주 18) 참조.

41) 방동인 편, 『영동지방 금석문자료집』 I . 三五儕記, 216쪽.

이 름	자/호	경 력	기 타
崔 濂	字 希聖, 號 竹齋	全州人, 生員	시조 立之, 강릉최씨
全 彝	字 伯倫, 號 龜軒	旌善人, 生員	
金晉錫	字 安國, 號 圓巖	江陵人, 文 府使	
崔汝霖	字 景說, 號 松軒	全州人, 訓導	시조 立之, 강릉최씨
朴文華	字 子英, 號 鼎村	江陵人, 生員	
崔 洙	字 道源, 號 春軒	全州人, 文 縣監	시조 立之, 강릉최씨
金潤身	字 德叟, 號 槐堂	江陵人, 文 舍人	
朴始文	字 子昭, ○ ○○	江陵人, 文 郡守	
崔應賢	字 寶臣, 號 睡軒	江陵人, 文 參判	師席, 시조 必達, 강릉최씨

한편 이들의 행적을 통해 성향을 이해하여 보고자 한다. 회원인 춘헌 최수는 1470년(성종 6) 임금이 충언을 구하였을 때 작성된 상서가 전해진다.[42] 이 상서는 당시로서는 매우 민감한 사안을 언급하고 있다는 특징을 가진다. 즉 하나는 노산군의 예우 문제였다. 그는 강원도 감사로 하여금 노산군의 유해를 수습하여 장사지낼 것과 그 지방 수령으로 하여금 세시에 제사하도록 하자는 주장을 펴고 있다.[43]

또 하나는 세조의 총애를 받으며 강원도 상원사에 주석하였던 승(僧) 학열(學悅)의 처사를 탐욕에서 비롯된 것으로 규정하고 처단해야 한다는 논지를 펴고 있다. 이것은 당시 강원도 영동지역의 사회 현안으로 부각되었던 사안이다. 즉 1466년(세조 12) 세조가 상원사에 행차하였을 때, 세조는 강릉지방의 산산제언(蒜山堤堰) 일대의 농지를 상원사에 보시하였다.[44] 그런데 이를 빙자하여 승 학열은 제언을 파헤쳐 경작하도록 하여 불공의 비용으로 거두어 들였다는 것이고, 이로 말미암아 제언의 물을 농수로 이용하였던 많은 농민

42) 강릉향현사, 『신속 강릉향현사지』 춘헌 최선생행록, 174쪽.

43) 위의 책, 174쪽. "令其道監司 收遺骨而改葬 其官守令 因歲時而致祭 則是轉禍爲福之一段也."

44) 『성종실록』 卷117, 11年 5月 17日 丙申條. "(崔)漢候又啓曰…世祖特許之 其時守令 竝奪民田 而量給之."

들의 경작이 어려워지면서 원성이 일어나고 있다는 것이었다. 아울러 승 학열은 남도로부터 면포 수백여 동을 싣고 와서 한 필의 값을 二石 8, 9두~二石 5, 6두의 비싼 값으로 영동지역 주민들에게 강매하여 원성을 사고 있으며, 상환하지 못하는 자들에게는 한 필의 이자를 8, 9석, 一石의 이자를 5, 6석으로 강제 징수함으로써 주민들의 원성이 극에 달하고 있음을 상세히 피력하고 있다.[45]

이에 대하여 그는 승 학열을 처단하고, 제방의 땅은 다시 환속시켜 주민들이 경작하도록 해야 할 것이며, 염양사(艶陽寺)에 비축된 곡식은 관부에 귀속시켜 군량미로 활용할 것을 주창하고 있다.[46]

이상에서 금란반월회 회원인 춘헌 최수의 상서를 살펴보았거니와, 이 사안은 전대의 세조와 밀접하게 관련된 민감한 사안이 아닐 수 없었다. 노산군의 예우문제와 승 학열의 탐욕문제 역시 세조의 치세와 밀접한 관계를 갖는 성질의 사안이 아닐 수 없다. 이 점에서 비록 강원도 도내의 현안으로 한정시키려는 대안책의 제시에도 불구하고 그 이면에는 숭불책과 같은 세조의 치세에 대한 부정적 인식이 내재되어 있다고 보아야 할 것 같다.

이러한 인식은 금란반월회 회원들 간에 보편적인 성향이었다. 특히 승 학열의 민간침탈을 규탄하는 상소가 연이어지고 있다. 1469년(예종 원년)에는 먼저 선략장군 남윤문·생원 김윤신 등의 상소가 있었고,[47] 이어서 전직 주부상서 최소남을 비롯한 10여 인의 상소가 있었다.[48] 여기서 생원 김윤신이 금란반월회 회원이라는 점에서 보면 몇몇 회원들의 동참이 있었을 것으로 짐작

45) 강릉향현사,『신속 강릉향현사지』춘헌 최선생행록, 175쪽. "府北二里許 艶陽寺稼庫 歲在乙酉年間 綿布數百餘同 自南道年年載來."

46) 위의 책, 175쪽. "下命有司 斬學悅之頭 以答邱民之望 然後堤堰之地 復修儲水 吾民之田許令自耕 艶陽寺民怨所聚之穀 收納州倉 以補軍需 則人心和而天地和應矣."

47)『예종실록』卷3, 元年 2月 乙卯條. "江原道江陵人 宣略將軍南允文·生員金潤身等作書付府人全崙以進."

48)『예종실록』卷3, 元年 3月 丁亥條. "江陵人前尙瑞主簿崔召南等十餘人上書 陳貢案不便事及僧學悅 假託因緣 專事殖貨等事."

해 볼 수 있다.

이상에서 정리한 것처럼 금란반월회 회원들은 영남지방의 학문지풍·성리지풍과 중앙의 과거지풍을 민감하게 교감하면서 유교적 정치이념의 수용을 통한 입신출사와 향촌사회 내적으로 유교적 윤리규범을 다져가고 있었으며, 비록 지방사회의 현안에서 비롯된다고 하더라도 노산군의 개장(改葬)이라는 주장에서 보듯 세조의 치세에 대해서는 비교적 부정적인 인식을 가졌다는 성향을 보이고 있다고 하겠다.

3. 계회도의 구성과 차 문화

(1) 계회도의 구성

강릉지방에는 금란반월회의 계회도가 두 점이 전해지고 있다. 하나는 강릉원주대학교 박물관 소장본으로 컬러판 원본이고,[49] 하나는 자료집에 수록된 흑백으로 복사된 복사본이다.[50]

여기에서 보는 것처럼 두 점의 계회도는 그 구성면에서 동일하다. 이 계회도는 가로 37cm 세로 94cm 크기의 한지 한 장에 그렸다. 한지 한 장을 세로로 4등분하여 최상단에 가로 37cm 세로 23cm 크기에 계회 정경을 그렸으며 그 아래로 금란반월회문, 맹약오장, 문인걸사삼오제로 나누어 배치하였다. 다만 상단의 계회 정경은 두 그림의 내용이 다르다. 다만 〈그림 3〉의 원본은 채색본이었을 것으로 추정된다.

이 계회도의 작성 시기는 명확하지 않다. 〈그림 2〉와 〈그림 3〉의 금란반월회문에서 그 작성 시기가 1466년(세조 12)으로 확인되며, 〈그림 3〉의 맹약

49) 강릉원주대학교 박물관 소장본.

50) 방동인 편, 『영동지방 금석문자료집』 I. 계회도, 241쪽.

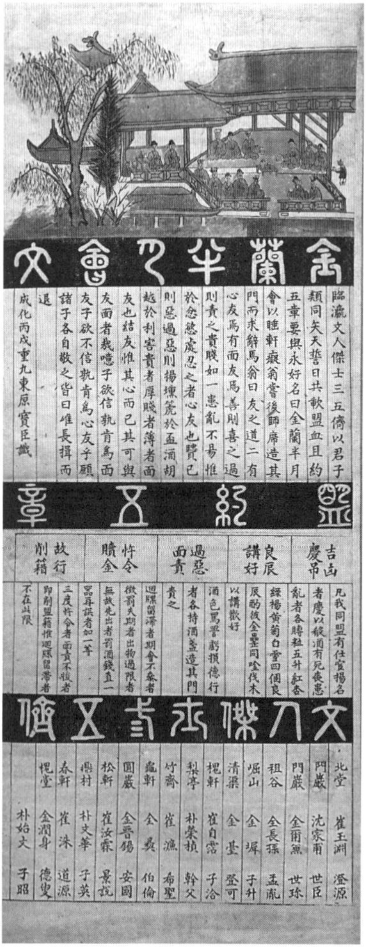

〈그림 2〉 금란반월회 계회도

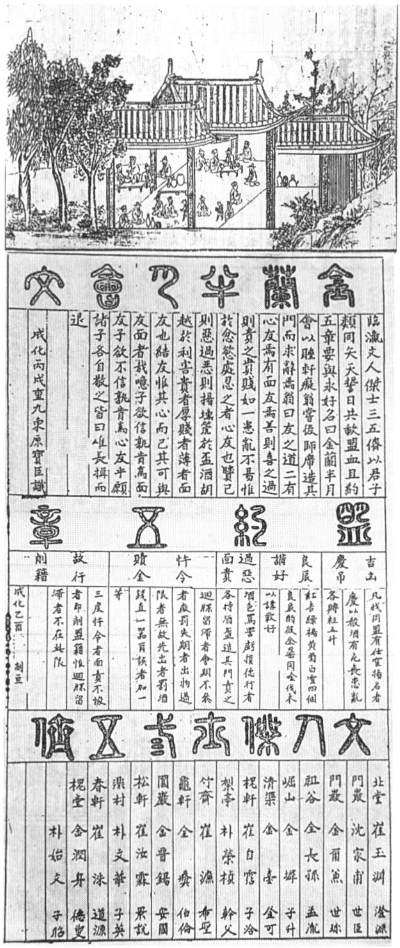

〈그림 3〉 금란반월회 계회도

오장에서 규칙이 만들어진 시기로 1465년(세조 11)이 확인된다. 그런데 이 시기는 금란반월회가 결성되는 양상과 관련된 시기일 뿐 계회도가 작성된 시기로 보기는 어렵다. 계회도의 작성 시기와 관련하여 다음 기사가 주목된다. 즉 회원이었던 춘헌 최수(春軒 崔洙)가 금란반월회문을 편수하였는데, 후인들이 모사하여 도면을 만들어 보장하였다고 하였다.[51] 이로써 본다면 이 두 점의 계회도는 창계 당시에 그려진 것으로 보기는 어렵다. 그렇다고 계회도의 성격상 창계 회원들의 사후에 그려진 것으로 보기는 더욱 어렵다. 이러한 점에서 보면, 이 계회도에서 〈그림 2〉는 창계 회원들이 지방사회의 주역으로 활약하던 시기인 15세기 말엽이나 늦어도 16세기 초엽 정도에 작도된 것으로 볼 수 있을 것 같다. 이렇게 보는 것은 계회도의 구도가 먼 산을 배경으로 작도되던 상황에서 계회장면을 중시하는 구도로 바뀌어 가는 양식의 변화와도 걸맞는 것으로 볼 수 있다.[52]

다음으로 두 작품에서 계모임의 장소는 어느 집 별당인지? 호숫가 정자인지? 분명치 않으나 누정의 형상은 분명하다. 〈그림 2〉는 지붕 용마루 끝에 유연하게 솟은 용머리 형상의 취두(鷲頭)가 이채로우며, 이 집 저 집의 지붕이 원근에 겹쳐 있는 것을 보면 호숫가에 혼자 서 있는 정자는 아닌 듯싶다. 〈그림 3〉은 추녀가 날렵한 팔작지붕 용마루 양쪽에 치미(鴟尾)가 우뚝 솟았고, 호숫가에 세워진 한 채의 정자로 볼 수 있을 것 같다. 그런데 지붕의 형상에서 〈그림 2〉는 면으로 처리하였으나, 〈그림 3〉은 기왓골이 선명하다. 또한 〈그림 2〉는 원채에다 자그마한 별채를 좌측으로 연이은 형상이고, 〈그림 3〉은 팔작지붕을 가운데 두고 양쪽으로 지붕을 덧붙인 형상이다.

그리고 〈그림 2〉는 왼쪽 추녀와 사나(蛇羅)를 가리면서 우뚝 솟아 휘늘어진 버드나무와 짙푸른 침엽수의 형상으로 보아 호수나 연못을 누정의 전면에 두고 있을 법도하다. 아마도 어느 사대부가의 부속 건물로 언덕배기에 자리잡은 누정에서 계회를 열고 있는 모습으로 보인다. 〈그림 3〉은 누정의 오른쪽이 언덕이요 왼쪽은 열린 공간으로 보인다. 오른쪽 언덕은 정자 앞에 작은 잡목들이 늘어섰고, 뒤쪽으로 갖가지 꽃나무들이 솟아 원근감을 주고 있다.

---

51) 박원동, 『강릉향현사십이선생행록』, 춘헌 최선생, 昭和 6년. "先生修金蘭半月會 後人寫之爲圖寶藏焉."

52) 안휘준, 「고려 및 조선왕조 문인계회와 계회도」, 『고문화』 20, 한국대학박물관협회, 1982, 13쪽.

왼쪽으로 정자 앞쪽에는 능수버들과 함께 거목 세 그루가 정자보다 높게 솟았다. 아마도 언덕배기에 세워진 누정으로 오른쪽 언덕을 등지고 왼쪽의 열린 공간을 조망할 수 있는 위치로 이해된다.

두 작품의 누정은 사면이 탁 트인 개방형이다. 〈그림 2〉는 나무마루를 놓은 바닥의 전면 가장자리로 평난간을 둘렀으나, 〈그림 3〉은 바닥을 공간처리만 하였을 뿐 장식은 없다. 〈그림 2〉에서 누정의 실내 공간은 전후로 양분하여 전면을 한 단 낮춘 형상으로 원근감을 묘사하였고, 그 경계상에 놓인 찻상을 기준으로 뒷부분에 8명과 앞부분에 7명으로 모두 15명의 계원들을 배치하였다. 〈그림 3〉에서 누정의 실내 공간은 3개의 면으로 우측부터 차례로 한 단계씩 낮아지는 형상으로 처리하였고, 계원 16명을 4명씩 모여 앉은 형상으로 중간 공간에 12명과 세 번째 공간에 4명을 배치하였다.

두 작품 모두 계원들은 유복(儒服)인 청금(靑衿)을 입고 있으며, 계원들 중 반반 정도로 유건(儒巾)과 사모(紗帽)를 쓰고 있는 것으로 보인다. 다만 〈그림 2〉는 계원들은 모두 공수(拱手)하고 앉아 있는 정적인 형상으로 자못 진중한 분위기가 연출되고 있으며, 〈그림 3〉에서 계원들은 공수하거나 아니면 마주한 상에서 식음하는 동적인 형상으로 보다 율동적이고 자유스러운 분위기가 연출되는 것으로 보인다.

이상에서 살펴 본 두 작품은 공통점과 상이점을 뚜렷이 가지고 있다. 먼저 이들이 계회 장소를 사면이 탁 트인 누정으로 삼고 있으며, 계회에 참석한 자들이 유복인 청금을 입고 유건이나 사모를 착용하고 있다는 점을 공통점으로 들 수 있다. 아마도 두 작품의 제작시기가 동일한 계절이었던 데서 비롯되는 형상으로 이해된다. 다음으로 두 작품은 계회의 장소, 참석 인원, 좌정한 모습이 각각 다르다는 상이점을 가지고 있다. 이 점은 두 작품의 작도 시기가 달랐던 데서 비롯되는 형상이라고 이해된다.

(2) 계회도상의 차 문화

여기서는 차 문화와 관련하여 계회도상의 반상을 주목하고자 한다. 위의 두 점 계회도에서 계원들은 소교자상(小交子床)을 가운데 두고 모여 앉았다. 소교자상, 즉 작은 사각형 교자상을 사용하고 있다. 이 점은 현전하는 여타의 계회도에서 구성원들의 각각에게 독상이 사용되고 있는 점과 비교된다. 예컨대 임오사마방회첩(壬午司馬榜會帖),[53] 촉석루연회도(矗石樓宴會圖)[54] 등에서 보이는 독상과 구분되는 점이다. 아마도 계원들의 수가 많은 데서 오는 영향으로 보인다.

먼저 〈그림 2〉에서는 소교자상 2개가 보인다. 하나는 가운데 놓였고 하나는 왼쪽 가장자리에 다모가 있는 곳에 준비되어 있다. 가운데 놓인 상에는 둥근 용기가 2개 올려 있고, 다모 옆에 있는 상 곁으로 3개의 크고 작은 둥근 용기가 놓여 있다. 여기서 가운데 둔 상 위의 두 개의 용기를 좀 더 살피고자 한다.

〈그림 4〉에서 보는 것처럼 상 위에는 둥근 모양의 두 개의 용기가 있다. 조금 큰 용기에는 향 심지 4개가 꽂혀 있다. 즉 향로인 것이다. 그렇다면 곁에 작은 둥근 용기는 향 심지를 담아 두는 향병으로 보아 무리 없을 것으로 본다. 즉 계원들이 둘러 앉은 자리의 가운데에 놓인 소교자상 위의 용기는 향을 피운 향로와 향 심지를 보관하는 향병으로 이해된다.

그리고 〈그림 4〉를 살펴보면, 이들 중 가운데 찻상 가까이 자리 잡은 두 분은 앞에 문부를 내려놓고 손에는 붓을 들은 형상이다. 아마도 계회의 유흥에 앞선 강회이거나 일반 서무를 처결하는 상황일 것으로 보인다. 이렇게 보면 계회의 강회에서 향을 피우는 형상이 될 것이다.

다음으로 〈그림 5〉에서는 작은 교자상 3개가 놓였다. 하나는 가운데 놓였

53) 국립춘천박물관, 『삼척죽서루』 촉석루연회도, 2015, 56쪽.

54) 국립춘천박물관, 『삼척죽서루』 임오사마방회첩, 2015, 112쪽.

〈그림 4〉 소교자상과 향로

고, 다른 두 개는 각각 계원들이 둘러앉았다. 여기에서 중앙에 놓인 상에는 계원들이 둘러앉지 않았으며, 상 위의 둥근 용기가 다른 것에 비하여 제법 크다고 할 수 있다. 이 점에서 이 상은 계원들에게 음식을 제공하기 위해 음식을 마련해 둔 용도의 것으로 보여진다. 그리고 나머지 상들은 계원들이 직접 음복하는데 사용하는 용도의 상으로 구분된다. 그리고 오른쪽으로 별도의 공간에 둥근 용기 3개가 보인다. 이 또한 음식을 제공하기 위한 용도일 것으로 보여진다.

그런데 〈그림 5〉에서는 분향하는 형상은 보이지 않는다. 작은 교자상에 올려진 용기들의 형태로 보아 음주를 위한 술병이 아닐까 싶다. 더욱이 4명

〈그림 5〉 금란반월회 계회도

〈그림 6〉 금란반월회 계회도

씩 짝을 지어 모여 앉은 계원들의 형상은 회식을 위한 좌석배치라고 보이는 것도 이들 둥근 용기가 주연을 위한 술을 담은 용기 정도로 보여진다. 어디에서도 분향을 연상하게 하는 장면은 찾아지지 않는다.

〈그림 6〉에서 보는 것처럼 가운데 상에 올려진 3개의 용기는 크고 작은 술독 2개와 술병 1개 정도로 이해되며, 오른쪽에 모여 앉은 자들의 상에는 술병 2개와 안주 용도로 1개의 용기가 놓였다고 하겠고, 왼쪽 뒤편에 모여 앉은 자들의 상에는 작은 술독 하나와 술병 1개 안주용 용기 1개가 놓였다고 할 수 있으며, 앞쪽 바닥에 모여 앉은 자들의 자리에는 2개의 술병과 안주 용기 1개가 놓인 것으로 볼 수 있을 것이다. 그리고 오른쪽 끝부분에 큰 술병 1개와 큰 주전자 1개, 제법 큰 안주 용기 1개가 놓였다고 할 수 있다.

이상에서 살핀 바와 같이 〈그림 2〉에서는 계회에서 분향하는 사례로 주목된다고 하겠다. 다만 〈그림 3〉에서 보듯 매번 계회에 분향 사례가 있었는지는 확인되지 않는다. 또한 당시의 모든 계회에서 분향 사례가 있었는지도 확인되지 않는다. 오히려 분향 사례를 찾기 어려운 계회도가 더 많은 것으로 볼 수 있다.[55] 그렇다고 하더라도 '금란반월회 계회도'에서 확인되는 분향 사례

〈그림 7〉 추사의 다반향초 글씨

는 분명하다고 보겠다. 이것을 어떻게 보아야 할까?

이 분향 사례는 차를 달여 마시는 관행과 연결되는 것으로 보인다. 찻상 위에는 두 개의 다구가 놓여 있는 것으로 볼 수 있다. 하나는 향 심지가 꽂인 향로요, 하나에는 향 심지가 담긴 향병일 수 있다. 사가정 서거정(四佳亭 徐居正)은 찻 자리에서 향을 피운다고 하였다.[56] 심지 4자루의 향이 꽂인 향로의 의미도 이와 다를 바가 아닐 것으로 보인다. 허균은 「누실명(陋室銘)」에서 "작다반구 소향일주(酌茶半甌 燒香一炷)"라고 하였다.[57] "차를 반쯤 따라 놓고, 향 한 심지를 살라보네"라고 하였다. 계회의 분향이 선명하고, 개방된 공간이기에 심지 4자루를 피웠을 것이다.

추사 김정희가 일지암 초의선사(草衣禪師)에게 보낸 족자가 전해지며, 〈그림 7〉이 그것으로 국립중앙박물관에 소장되어 있다.[58] 여기에서 이른

55) 안휘준, 「고려 및 조선왕조 문인계회와 계회도」, 『고문화』 20, 한국대학박물관협회, 1982. 여기에서도 계회도와 분향 사례에 관한 언급은 파악되지 않는다.

56) 서거정, 『사가집』 시집보유 1. "曉吟, 短屛孤枕一殘釭 茶椀香爐復酒缸; 獨坐, 香爐縈細霧 茶鼎咽晴江."

57) 허균, 「누실명」, 『성소부부고』. "房闊十笏 南開二戶 午日來烘 旣明且煦 家雖立壁 書則四部 餘一犢鼻 唯文君伍 酌茶半甌 燒香一炷 偃仰栖遲 乾坤今古 人謂陋室 陋不可處 我則視之 淸都玉府 心安身便 孰謂之陋 吾所陋者 身名竝朽 廬也編蓬 潛亦還堵 君子居之 何陋之有."

바 '다반향초(茶半香初)'가 보인다. "차를 반쯤 마시고 향을 사르다"는 의미이다.[59] '수류화개(水流花開)'와 '다반향초'는 대구를 이룬다. 강물은 흘러가고 꽃이 피듯이 차를 마시고 나면 향을 살라 마음을 차분히 가라앉힌다고 하였다.[60] 이렇게 보면 찻 자리에서 차와 향은 늘 함께하는 물건이었을 것이다.

〈그림 2〉의 향로와 향병은 차와 짝을 이루었던 향을 사르는 관행에서 연유하는 것으로 볼 수 있다고 하겠다. 이로써 〈그림 2〉의 실외 공간의 좌우에는 시동과 다모가 시중을 드는 모습일 수 있다. 오른쪽 남자 아이는 차를 나르는 형상이고, 왼쪽에 앉은 자세의 다모 곁에는 또 다른 찻상과 다호가 놓여 있는 것으로 볼 수 있다.

그러나 〈그림 2〉에서 다회에 필수적인 다양한 다기가 보이지는 않는다. 어쩌면 분향만 설치하고 회의가 진행되었을 수도 있다. 그리고 회의를 마치면 주작으로 이어졌을 가능성도 있다. 그럼에도 향로와 분향이 주목되는 것은 이로부터 다회의 모습이 연상되기 때문이다. 다만 이후 조선시대 양반 사족의 계회에서 향로와 분향이 등장하는 사례는 찾기 어렵다. 아마도 이러한 양상은 전시대 즉 고려 말엽의 관행에서 비롯되는 것으로 짐작된다. 이 점에서 이 관행은 조선 초기의 특성으로 이해될 수 있다고 본다.

물론 계회에는 당연히 술과 안주가 수반되었다. 입신양명한 사람에게 주효로서 축하하고,[61] 계절마다 한 차례씩 모여 주연을 마련하였고,[62] 잘못을 저지른 자에게는 벌주가 있었다.[63] 계회에는 주연이 뒤따랐음을 보여준다. 다만 후대에 이르면서 주연에서는 향음주례가 준행되었을 것으로 보며, 이

---

58) 정민, 「차를 반쯤 마시고 향을 사르다」, 『새로 쓰는 조선의 차 문화』, 김영사, 2011, 421쪽.

59) 위의 책, 419~434쪽. "靜坐處 茶半香初 妙用時 水流花開."

60) 위의 책, 419~434쪽. "靜坐處 茶半香初 妙用時 水流花開."

61) 『금란반월회 계회도』 맹약오장. "凡我同盟 有仕宦揚名者 慶以殽酒."

62) 『금란반월회 계회도』 맹약오장. "四個良辰 酌彼金罍 同唫伐木."

63) 『금란반월회 계회도』 맹약오장. "罰酒錢直一器."

것은 주연에서 지키는 예법으로서 학덕과 연치를 앞세우는 예절을 생활 속에 정착시키려는 노력이었다고 보겠다.[64]

이렇게 볼 때, 15세기 말엽의 계회도로 추정되는 〈그림 2〉에서 본 다회 모습은 계회의 의례 절차로서 의미를 가진다고 본다. 적어도 계회의 주연에 앞서 시행된 의례였다고 보여진다. 그리고 다회의 모습은 비록 그 편린에 불과한 것이지만, 계회도에서 확인되는 분향의 사례는 그동안 주목받지 못한 사실이라는 점에서 의미를 가진다. 이러한 양상은 금란반월회의 사석에 오죽헌의 주인이었던 수헌 최응현이 있다는 점에서 적어도 고려 말엽의 관행에 그 연원을 두고 조선 초기에까지 지속되는 양상으로 볼 수 있을 것이다.

4. 맺는말

금란반월회는 1466년(세조 12)에 강릉지방에서 결성된 문인계이다. 계의 구성원은 나이 30대를 전후한 16명의 선비들이었다. 이들은 이 지방에서 세거해 온 각 성씨의 후예로서 서로간의 우의와 친목을 다지려는 목적을 가지고 계를 결성하였다. 이러한 취지는 당시 이 계의 사석에 있었던 수헌 최응현의 회문에서 분명하게 나타난다. 그는 이 지방 오죽헌 댁의 주인으로 학덕과 연치를 겸비하였던 인물로 평가되었고, 계원들의 요청을 받아 사석을 수락하면서 지은 회문에서 심우와 면우를 대비하여 계원들의 돈독한 우의를 격려하는 데서 이 계의 취지가 극명하게 드러난다.

금란계 계원들은 과거를 통한 출사를 지향하였다. 이들의 학문적 성향은 경사류를 섭렵하면서 성리의 근원을 잠구하였다는 특성을 보인다. 이들은

64) 강릉지방에서 향음주례는 '금란반월회'보다 늦은 시기인 1603년경에 출범하는 향약계에서 강조되는 모습을 볼 수 있다. 이규대, 「17세기 초반 강릉지방 율곡향약의 성격」, 『율곡사상연구』 27, 2013 참조.

점필재 김종직을 필두로 하는 영남사림과 교류하면서 학문과 과거의 경향에 민감하게 교감하면서 사림의 성향을 견지하고 있다.

그리고 이들은 지방사회의 현안에 대해 적극적으로 대처해 나갔다. 이들은 세조의 상원사 사원세력의 비호에 비판적이었으며, 노산군의 개장(改葬)을 건의하고 사원세력의 민간에 대한 횡포와 비행을 규탄하는 상소와 상서를 주도해 나갔다. 이러한 양상은 계원들의 사림으로서 성향과 아울러 현실 비판적인 성향을 반영하는 것이었다.

금란반월회의 계회를 묘사한 두 점의 계회도가 전승되고 있다. 하나는 채색본이고, 하나는 흑백으로 복사본이다. 두 점 공히 한지 전지를 이용하였고, 세로로 4등분하여 계회 광경, 회문, 계칙, 계원 명단 순으로 배치되었다는 구성상의 특징을 가지고 있다. 두 작품은 창계원들의 당대인 15세기 중엽에서 16세기 초반에 작도되었으며, 계회 광경이 각기 다르게 나타나고 있어 다른 시기에 작도되었을 것으로 보았다. 아울러 계회 장소인 누정과 계원들의 모습이 클로즈업되었다는 특징을 보이고 있다.

두 작품에서 계회는 사방이 탁 트인 누정에서 열렸으나 장소는 각기 다른 곳이었고, 계원들은 유복인 청금을 입었고 유건이나 사모를 썼으며, 주변의 환경으로 보아 봄철 계회였다는 공통점을 갖는다. 다만 채색본은 상을 가운데 두고 공수(拱手)한 계원들이 둘러앉은 형상으로 조금은 정적인 분위기가 연출되며, 복사본은 4명씩 무리지어 식음하는 형상으로 조금은 동적인 분위기가 연출되고 있다.

채색본에서 계회 가운데 놓인 상 위에는 심지가 4개 꽂힌 향로와 향호가 놓였다. 계회에서 향을 사르는 이채로운 형상이다. 향을 피워서 계회의 분위기를 정갈하게 하려는 형상이다. 이것은 찻 자리에서 차와 향이 함께하였던 다도의 관행에서 비롯되는 것으로 이해되었다. 누정 밖 뜰에서는 차를 나르는 시동과 또 다른 다구와 찻상을 앞에 놓고 노작하는 다모의 모습이 파악된다.

이것은 조선 초기의 계회 양상이다. 여말선초에서 향을 피우고 차를 마셨다는 다시들에 근거를 두면, 계회에서 향로에 향을 피우는 모습은 이전 시대의 유풍을 잇는 것으로 이해되었다. 이 점에서 계회에서 거행되는 분향사례는 이 지방의 음다 문화의 실체이면서 선초 선비문화의 한 양상으로 주목되며, 아울러 조선 후기 다반향초의 관행을 연결짓는 실증자료로서 의미를 가진다.

제 3 장

명주 굴산문의 향도회, '미타존불도'

1. 머리말

청정한 산사의 모습은 항시 이상향을 지향하지만, 여기에 시대적 현실이 맞물리면서 시대마다 이루고자 하는 사회 모습이 그려지게 된다. 지역 사회에 산재해 있는 유·무형의 불교유적들은 이상적 세계를 염원하면서 자신들의 삶을 일구어 온 이 지역 사람들의 생활과 사회 모습이 구체적으로 투영되고 있다고 보겠다.

강릉지역에서 통효 범일 선사와 그에 의해 창건된 굴산사는 일찍부터 주목되어 왔고,[1] 요즈음은 전통문화에 대한 이해가 제고되면서 한층 관심이 고조되는 경향을 보이고 있다. 근년에 강릉단오제가 유네스코의 '인류구전 및 무형유산 걸작'으로 등재되면서 '대관령국사성황제'의 주신으로서 통효 범일 선사가 새삼 주목받고 있으며, 굴산문과 지역 사회의 발전이라는 시각에서 다양한 연구과제가 설정되면서 그 외연이 확장되고 있다.

굴산문과 통효 범일 선사에 대한 그간의 연구동향은 통일신라 말엽의 사회변화와 관련하여 주목되어 왔다.[2] 신라 말엽 호족의 사상적 기반으로 선종불교가 주목되고, 이 시기 산문은 호족세력을 기반으로 성장하였음을 입증하는 사례로서 '명주호족'과 '사굴산문'의 상호관계는 일찍부터 주목되어 왔다. 그리고 이 같은 역사 일반의 이해의 연장선상에서 사굴산문의 사상적 특성과 그 산문의 계보가 불교사적 시각에서 주목되었으며, 사찰·불상·불화·불납·탑비 등의 미학과 특성이 정리되어 왔다.

---

1) 영조 때 편찬되는 강릉 읍지인 『臨瀛誌』 참조.
2) 최병헌, 「신라하대 선종구산파의 성립」, 『한국사연구』 7, 1972.
신천식, 「한국불교사상에서 본 범일의 위치와 굴산사의 역사성 검토」, 『영동문화』 1, 1980.
김두진, 「신라하대 굴산문의 형성가 그 사상」, 『성곡논총』 17, 1986.
김흥삼, 「나말여초 사굴산문과 정치세력의 동향」, 『고문화』 50, 1997.

그러나 이러한 성과에도 불구하고 지역사적인 시각에서 다루어진 연구 성과는 아직은 일천한 형편이다. 예컨대 명주호족과 통효 범일 선사의 단월 관계는 일찍부터 주목되어 왔지만, 그로부터 파급되었을 지역 사회의 변화상을 규명하는 작업은 그리 주목받지 못하였다. 아울러 굴산사와 그 변천문제를 비롯해 동해안은 물론 강원도 일원의 제 사찰과 굴산사의 관계를 규명하는 작업도 여전히 과제로 남아 있는 실정이다. 이러한 실정은 일차적으로 지방사에 대한 인식의 부재에서 비롯되는 것이었으며, 여기에 현전하는 자료의 한계와 연구 인력이 부족하다는 상황이 겹쳐지는 점도 한 요인이 되고 있다고 하겠다. 이 점에서 요즈음 발의되고 있는 굴산사 사역의 정밀조사 및 발굴 작업 관한 논의는 주목된다고 하겠다.

이러한 시각에서 여기서는 나말여초의 향도회를 주목하고자 한다.[3] 이 시기 향도회는 기불단체로서의 성격이 중심이었으며, 탑상·범종·사찰 조성의 주도집단으로 이해되고 있다. 이러한 향도회를 주목하려는 것은 전적으로 자료에 따른 것으로, 수년 전 강릉지역에서 발굴된『미타계좌목』에서 '미타존불도'라는 나말여초의 향도조직이 언급되는 데 의거한다. 이 시기는 강릉지역에서 굴산사와 지장선원이 개창되는 시기였으며, 이 점에서 '미타존불도'는 이들 사찰과 연계되는 향도조직일 것으로 추정되기 때문이다. 더욱이 이들 사찰은 '명주도독', '명주장군' 등 이 시기 강릉지역의 유력 집단과 연계되어 개창되었다는 점에서 '미타존불도' 또한 이들과 일정하게 연계되어 있을 것으로 추정되기 때문이다.[4]

---

3) 이태진, 「예천 개심사석탑기의 분석」, 『역사학보』 53·54, 1972.
이해준, 「매향신앙과 그 주도집단의 성격」, 『김철준박사화갑기념 사학논총』, 지식산업사, 1983.
김필동, 「삼국-고려시대의 향도와 계의 기원」, 『한국전통사회의 구조와 변동』, 지식산업사, 1986.
채웅석, 「고려시대 향도의 사회적 성격과 변화」, 『국사관논총』 2, 1989.
이태진, 「17~18세기 향도조직의 기능분화와 두레 발생」, 『진단학보』 67, 1989.

4) 이규대, 「조선후기 강릉 미타계의 분석적 고찰」, 『인문학보』 29, 강릉대학교 인문과학연구소,

이러한 점이 논증될 수 있다면 이 지역 지역민들의 신불성향과 '명주호족', 그리고 굴산문과의 이른바 단월관계를 구체적으로 파악할 수 있을 것이며, 이로부터 '미타존불도'의 성격을 규정할 수 있을 것으로 기대한다. 더욱이 나말여초는 전환기적 특성을 갖는 시기이고, 이 시기에 '명주호족'과 굴산문의 단월관계는 자기 수호를 위한 지역민의 자구적인 노력의 산물일 수 있으며, 그러기에 이로부터 파급되는 사회변화는 강한 지역성을 띠고 있다고 할 수 있으며, '미타존불도'는 이러한 사회상을 규명하는 단초를 제공할 것으로 기대한다. 다만 자료의 한계로 유추적 해석과 논리의 비약이 있었음을 밝혀 두고자 하며, 이를 보완하는 작업을 앞으로의 과제로 삼고자 한다.

2. 『미타계좌목』의 자료적 가치

『미타계좌목』은 미타계의 계첩이고, 미타계는 강릉 보현사의 기불단체로서 조선 후기에 중수되는 향도회이다.[5] 이 자료에서 보현사는 나말여초에 낭원대사에 의해 개원된 지방선원의 맥을 잇는 것으로 파악되며, 낭원대사는 명주 굴산사를 개창한 통효대사 범일의 법제자로서 명주호족과 단월관계를 유지하였던 것으로 파악된다.[6]

이러한 사실은 미타계가 비록 조선 후기의 향도회이지만, 굴산사의 법맥을 잇는 보현사의 향도회라는 점에서 명주호족과 그 후예들의 수행적 자세와 무관하지 않음을 시사하고 있다.[7] 이러한 점은 미타계가 '미타존불도'의

2000.

5) 『彌陀契座目』 己亥序文. "契中之人 各出米菽 裒儲于普賢僧舍."

6) 『嶺東地方金石文資料集』 I, 國師朗圓大師悟眞塔碑. "爰有當州慕法弟子閔規閼湌 欽風志切 慕道情深 早侍禪扉 頻申勤款 仍捨普賢山寺 請以住持 大師對曰 深感檀那有緣則住 逡巡移入便副禪襟 廣薙丘原遐通道路 又以高修殿塔 迥啓門牆 來者如雲 納之似海."

7) 이규대, 「江陵 國師城隍祭와 鄉村社會의 變化」, 『역사민속학』 7, 1998.

전통계승을 표방하면서 조선 후기에 중수되었고, '미타존불도'는 나말여초에 구성된 것으로 파악되는 데서 뒷받침된다.[8] 이로써 『미타계좌목』은 미타계의 실체는 물론 이 실체를 통해 나말여초의 '미타존불도'의 모습을 유추해 볼 수 있는 자료라는 점에서 그 사료적 가치는 매우 크다고 할 수 있다.

미타계는 강릉 보현사의 향도조직이다. 현전하는 미타계 관련 자료는 3책으로 18세기와 20세기 초반에 작성되었다. 이 자료들은 명안, 선안 등으로 좌목이 주를 이루고 있으며, 여기에 서문과 추서, 별록, 계칙 등이 수록되어 그 변화상을 보여주고 있다.

이로써 이 자료는 일차적으로 성리학 사회에서 불교문화를 이해할 수 있는 희소적 가치를 가지며, 사찰의 연기설화·승려들의 행적·법회의 의식 등을 비롯해 강릉지역에 산재해 있는 불교문화와 관련된 유물유적의 개별적 사실을 규명할 수 있는 단서를 제공할 수 있다는 사료적 가치를 갖는다. 그리고 이 자료는 17세기 이후에 편찬된 것으로서 일차적으로 당대의 지역민들의 신불성향과 시대상을 보여주고 있지만, 나아가서는 나말여초 이래로 이 지역의 향도조직과 사회상을 유추할 수 있는 단서를 제공하고 있다는 점에서 그 사료적 가치는 매우 주목된다고 하겠다.

이렇듯 미타계 자료는 일차적으로 향도조직의 계기적 변천을 규명할 수 있다는 점에서 평가되지만, 이와 맞물린 향촌사회 제 세력의 동향과 성향을 파악할 수 있는 단서를 제공한다는 점에서도 의미를 갖는다. 선초 국가의 이념정책에 직면하여 향도회에 대한 향촌사회 제 세력의 성향과 동향이 어떻게 나타나고 있는가? 그리고 이들의 성향과 동향은 후기사회의 향도계에서 어떻게 반영될 수 있는가? 하는 과제를 규명하는 단서를 제공한다. 이들의 성향과 동향의 변화는 향촌사회의 주도적 입지를 염두에 둔 역학구도 하에서 전개됨으로써 향도조직의 문제는 지역 사회의 변화를 총체적으로 살필 수 있

---

8) 『彌陀契座目』 己亥序文. "彌陁之契盖古也 粤自羅代以來 本邑之上下大小 齊心應響合作一契 名之曰彌陀尊佛道也."

는 잣대로도 활용될 수 있다. 이로써 향촌사회 변화의 역동성과 그 문화의 특성을 이해하는 문헌자료로서 그 사료적 가치는 매우 주목된다고 하겠다.

3. 굴산문의 법맥을 승계한 보현사

강릉시 성산면 보광리 보현산 기슭에 이 지역의 유서 깊은 산사 보현사가 자리 잡고 있다. 문헌에서 보이는 보현사의 전신은 지장선원이다. 물론 지금의 보현사의 위치가 지장선원의 위치와 동일한 곳인지는 분명하지 않다. 오랜 세월이 흐르면서 여러 차례의 중창의 불사가 있었고, 현전하는 사찰은 조선 후기에 중창된 것으로 파악된다는 점에서 그러하다. 그러나 미타계 자료에서 보현사는 지장선원을 계승하는 것으로 인식되고 있다. 미타계는 나말여초 "미타존불도"의 계승을 표방하면서 결성된 보현사의 향도조직이라는 점에서 그러하다. 또한 이 점은 이 지역의 각종 읍지에서 보현사의 전신은 지장선원이라는 사실이 적기되고 있다는 점에서 살필 수 있다.

보현사는 지장선원을 계승하고, 지장선원은 낭원대사에 의해 개창되었다. 이 사실은 이 사찰에 건립되어 전승되고 있는 '낭원대사오진탑비'의 비문에서 살필 수 있다.

> 이때 명주의 모법제자인 민규 알찬이란 사람이 스님을 흠모하는 마음 더욱 간절하고 도를 사모하는 뜻 또한 돈독하였다. 그는 일찍부터 선비를 후원하면서 사주 찾아가 친견하고 법문을 들었으므로 이에 보현산사를 희사하여 주지하도록 청하였더니, 스님께서는 단나에 대한 감사함을 깊이 느끼고, 인연이 있어 이루어진 것으로 가서 주석하리라 하고 받아들여 종래로 주지를 하지 않겠다고 한 마음을 바꾸어 곧 그곳으로 나왔다.[9]

그리고 낭원대사는 굴산사의 큰 스님 통효 범일 선사의 법제자이다. '낭원대사 오진탑비'의 비문에서 낭원 스님이 큰스님 통효 범일 선사를 찾아뵙는 장면을 다음과 같이 기록하고 있다.

> 부지런히 참선하고 있던 중 홀연히 어떤 노인이 나타났다. 쳐다보고 있는 동안 갑자기 선객으로 변하였는데, 그는 선풍도골로서 찬란함이 마치 옥광을 발하는 듯, 또한 흰 서리를 드리운 듯하였다. 대사에게 이르되 "스님은 마땅히 빨리 이 길의 끝까지 가되 먼저 굴령을 찾아가시오. 거기에는 시대를 타고 출세한 도인이 있으니, 그는 신인이며 능가보월의 마음을 깨달았고, 인도제천의 종성을 모두 통달하였다"라고 하였다. 대사는 그 길로 불원천리 오대산에 이르러 통효대사를 친견하게 되었다. 대사가 말씀하되 "어찌 그리 늦었는가. 오랫동안 너를 기다렸다" 하면서 뜰 앞으로 다가옴을 보고 곧 입실을 허락하였다.[10)]

또한 같은 비문에서 낭원대사가 큰 스님의 법통을 승계하고 있음을 다음과 같이 기록하고 있다.

> 법을 구하는 마음이 깊고 돈독하여 스님을 극진히 모시면서 한결같이 곁에서 정진하였으니, 계명의 계절이 여러 번 지나갔다. 그리하여 심인을 전해 받고 항상 계주를 보호하여 산에서 나오지 아니하였으며 오직 운수에서 서지하였다. 대사의 나이가 이미 모기에 이르렀으므로 극히 권태로운 일은 맡을 수 없었을 뿐만 아니라, 학인을 지도하는 일도 할 수 없었다. 개청 스님이 찾아오는 학인들에게 선을 가르치니 법주와 같이 섬겼으며 부지런히 학도를 제접하였으니, 우두는 상묘의 향공양을 받았고, 주미는 현담의 말자루를 대신하

---

9) 李智冠, 『校勘譯註 歷代高僧碑文 高麗篇 1』, 1994, 149~150쪽.
10) 李智冠, 『校勘譯註 歷代高僧碑文 高麗篇 1』, 1994, 146~147쪽.

였다.[11)]

이상에서 살핀 바와 같이 낭원대사는 굴산사의 큰스님 통효 범일 선사의 법통을 계승하는 법제자였으며, 적어도 명주지역에서 큰스님의 법통은 낭원대사에 의해 승계되었고, 낭원대사는 큰스님이 입적하신 후 모법제자 민규 알찬의 요청을 받아들여 지장선원을 개창하고 주석하였음을 살필 수 있었다. 그리고 지장선원은 개창된 이래로 적어도 고려시대 전 기간 동안 전승되었을 것으로 보이며, 앞서 살핀 바와 같이 '보현 산사'로도 불렸을 것으로 보인다.[12)] 다만 조선 초기 법난의 시대를 경과하면서 상당히 퇴락하였던 것으로 파악되며, 조선 후기에 이르러 중창되면서 지금의 보현사로 거듭났다고 할 수 있겠다. 이곳에 전승되는 '낭원대사오진탑비'는 이러한 사실을 담지하고 있다고 하겠다.

이로써 통효대사가 개창한 굴산사와 낭원대사가 개원한 지장선원은 명주지역의 굴산문이란 범주에서 이해될 수 있으며, 이 점은 보현사의 향도조직인 미타계가 나말여초 '미타존불도'의 계승을 표방하면서 결성되었다는 점은 적어도 명주지역에서는 굴산문의 법맥이 보현사로 이어지는 것으로 인식되고 있음을 시사한다고 보겠다.

4. 미타존불도의 지역공동체적 성격

위에서 제시한 『미타계좌목』을 통해 미타계는 숙종 7년(1681)에 보현사의 향도조직으로 결성되었고, 그것은 나말여초에 결성되었던 '미타존불도'의 계승을 표방하면서 중수되는 것으로 파악되었다. 여기서 나말여초의 '미타존불

11) 李智冠, 『校勘譯註 歷代高僧碑文 高麗篇 1』, 1994, 147~148쪽.

12) 李智冠, 『校勘譯註 歷代高僧碑文 高麗篇 1』, 1994, 149쪽.

도'라는 향도조직이 확인되고 있으며, 이 시기 명주지역에서는 통효대사 범일에 의해 굴산사가 개창되고 이어서 낭원대사에 의해 지장선원이 개원되는 시기였다는 점에서 '미타존불도'는 곧 이 굴산문의 향도조직이었다고 이해되는 것이다.

여기서 주목되는 '미타존불도'는 나말여초에 결성되어 고려시대 전 기간 동안 활동하였던 향도조직으로 이해된다. 이 점은 일차적으로 고려시대가 전적인 불교사회였다는 사실에 근거하며, 보다 구체적으로는 조선 초기에 이르러 이 지역의 사대부들이 불교를 좌도로 규정하고 '미타존불도'의 승계를 방치함으로써 일반 서민들 중심으로 그 명맥이 유지되어 왔다는 점이 지적되는 데 따른 것이다. 이러한 상황은 조선 초기에 신왕조의 건국이념이 성리학으로 설정되면서 나타나는 지역 사회 지배층의 동향을 반영한다고 보겠다. 이로써 '미타존불도'와 미타계는 연계선상에서 파악되고 있으며, '미타존불도'는 적어도 고려시대 전 기간 동안 존속되어 온 이 지역의 향도조직으로 이해될 수 있겠다.

이제 '미타존불도'의 조직에 대해 살펴보고자 한다. 나말여초, 이 시기는 강릉지역에서는 지역의 중심 세력이 선종을 사상적 기반으로 삼고 이른바 '명주호족'으로 성장하였던 시기이다. 보다 구체적으로 언급하자면 명주도독 김공이 통효 범일 선사를 모시고 굴산사를 개창하였으며,[13] 이어서 아찬 민규와 명주장군 김순식이 낭원대사를 모시고 지장선원을 개원하여 굴산문의 법맥을 이어가던 시기였다고 할 수 있다.

여기서 '명주도독'과 '명주장군'이란 직위는 이 지역의 행정·군사적 역할을 이행하는 최고의 직임이었음을 의미한다. 그리고 알찬 민규 역시 알찬을 신라의 아찬으로 이해하면 골품제에서 6등급에 해당하는 고위 신분이라 할 수 있다. 이렇듯 명주호족의 중심 인물들이 굴산문의 단월로 파악되고 있으

---

13) 동국대학교 부설 동국역경원, 『한글대장경 祖堂集』, 1986, 243쪽.

며, 이 점은 이들과 '미타존불도'가 무관할 수 없음을 시사한다고 하겠다. 앞서 살펴 본 조선 초기 이 지역의 사대부들이 '미타존불도'의 승계를 포기하는 경향을 보이고 있었다는 점도 역설적으로 이 지역의 중심 인물들이 '미타존불도'와 관련을 맺고 있었음을 시사한다고 하겠다.

이와 관련하여 현재 보현사의 사역에 보존되고 있는 '낭원대사오진탑비'의 비음기를 주목하고자 한다. 아래에 제시한 원문은 이 비음기의 내용으로서 이 탑비의 건립주체를 확인시켜 준다.

> ① 원주승 : 순예, 전좌승 : 석초, 도유나 : 영적, 사승 : 홍신
>
> ② 당주도령좌승 : 왕예, 집사낭중 : 준문, 집사낭중 : 관육, 원외 : 김예, 색집사 : 인열·순충[14)]

'낭원대사오진탑비'가 940년에 왕명에 의해 건립되었으니, 위 기사는 그 주도적 역할을 한 사람들을 소개하는 것으로서, ①의 내용은 승명과 그 직책들을 소개하는 것이고, ②의 내용은 세속인들과 그 직책을 밝힌 것이라 할 수 있다. 여기에서 배열형식은 곧 서열순서로 보이며, 선승 4명과 세속인 5명으로 건립주체가 구성되고 있다고 하겠다.

여기서 주목되는 ②의 "당주도령좌승"에서 '당주'는 곧 명주일 것이다. 그리고 ①의 "원주승"의 '원' 역시 이 지역의 굴산문을 상징하는 것으로 보인다. 이 점은 명주지역 출신으로 태조의 왕비가 된 자를 '대명주원부인'으로 명명되는 데서 유추해 볼 수 있다. 그리고 이들은 왕명으로 건립되는 이 탑비의 건립에서 가장 중심 인물로 파악될 수 있을 것이고, 이 점은 탑비의 건립이 당시 명주지역의 주도적 역할로 추진되었음을 의미한다고 하겠다. 당시

---

14) 許興植, 『高麗佛敎史硏究』, 1993, 665~669쪽. 院主僧 : 純乂, 典座僧 : 釋超, 都維那 : 靈寂, 史僧 : 弘信. 當州都令佐丞 : 王乂, 執事郎中 : 俊文, 執事郎中 : 官育, 員外 : 金乂, 色執事 : 仁悅 順忠.

명주지역에서 탑비의 건립을 정부에 요청한 사실이 파악되는 점도 이를 뒷받침한다고 보겠다.

그런데 이 탑비 건립의 주체는 당시 명주지역의 통치조직과 연계되고 있다고 보여진다. 이러한 점은 "당주도령" 왕예가 이 비음기에 실려 있다는 점에서 유추된다. 왕예는 당초 명주지역의 토호로서 김씨 성을 가졌으나 왕씨로 사성된 인물이며, 그의 딸자식은 고려 태조의 왕비 즉 '대명주원부인'이 되었다. 이로써 왕예는 이 지역의 토호세력의 중심적 인물로 평가될 수 있으며, 이 점에서 위의 조직은 곧 명주지역의 통치조직과 연계되어 있다고 할 수 있을 것이다.

다음으로 이러한 사실은 그 직명을 살핌으로서 보다 분명해 질 수 있을 것으로 본다. 주지하듯이 고려 정부는 성종 2년 지방사회 통제책의 일환으로 향직을 정비하였다. 이때의 이직 개편에서 당대등과 대등은 호장과 부호장으로, 낭중과 원외랑과 집사는 호정과 부호정과 사로 개편되었다.[15] 이에 근거하여 살펴보면, 비음기에서 파악되는 직명은 중앙 정부의 향직 개편 이전의 것으로서 이른바 '명주호족'의 독자적인 통치조직으로서 의미를 갖는다. 여기서 적어도 '집사낭중', '원외', '색집사'는 명주호족의 독자적인 통치조직의 직제로서 이들이 탑비의 건립주체를 겸임하고 있다고 보여진다.

이러한 점이 인정된다면 이들은 당시 '읍사'를 주도하는 주도세력이었다고 할 수 있으며, 이들이 다름 아닌 탑비의 건립주체가 되고 있음을 의미한다. 이로써 '읍사'의 주도세력은 어떤 형태로든 '미타존불도'라는 향도조직과 연계되고 있었다고 할 수 있을 것이다. 이와 관련하여 '미타존불도'의 계첩이 '부사'에 보관되고 있었다는 지적은 시사하는 바가 크다고 보겠다.[16] 즉

15) 『高麗史』卷75, 選擧 3, 鄕職. "改州府郡縣吏職 以兵部爲司兵 倉部爲司倉 堂大等爲戶長 大等爲副戶長 郎中爲戶正 員外郎爲副戶正 執事爲史 兵部卿爲兵正 筵上爲副兵正 維乃爲兵史 倉部卿爲倉正."

16) 『彌陀契座目』己亥序文. "余年老多病 窮蟄邑之城東 而參聽古老之語 搜披府司之藏 則宛然一冊朱紅畵間 列書契員之姓名 閱覽一遍 未嘗不曠感而歎也."

계첩이 '부사'에 보관되어 전승되었다고 하는 것은 그 향도조직의 주도세력이 다름 아닌 읍사의 주도세력이었던 데서 비롯되는 것이라 할 수 있다. 그리고 조선 후기에 이 지역에서 '미타존불도'를 표방하면서 결성된 미타계에서 '부사'가 계의 주인으로 설정되고 있으며,[17] 또한 이 시기에 새로이 작성되는 계첩 중 1부가 다시 '부사'에 보관되고 있다는 사실은 이전 시기의 이러한 상황을 인식하고 있었던 데서 비롯되는 것이었다고 할 수 있겠다.

이러한 상황은 '명주호족'과 그 후예들의 존재양태에서 비롯되는 것으로 보인다. 즉 이 지역의 독자세력으로 군림해 왔던 호족과 그 후예들은 성관 분정과 향직 개편 등 고려 정부의 대 지방정책에 직면하여 일부는 상경하여 종사함으로써 재경관인이 되었고, 그대로 토착한 토성은 '읍사'를 중심으로 상급 향리층을 구성하여 군현의 지배세력이 되었던 데서 비롯되는 것으로 이해된다.[18] 이러한 점에서 비음기에 나타나는 조직은 '읍사'를 주도하는 상급 향리세력과 직접적으로 연계되어 있으며, 이 '읍사'의 주도세력은 결국 당시 향도조직인 '미타존불도'의 주도세력이었다고 할 수 있겠다. 다만 비음기에 나타나는 조직이 그대로 향도조직의 직제였다고 보기는 어렵다고 생각된다. 이 조직은 보다 통치조직의 성격을 띠고 있다고 보여지며, '미타존불도'의 조직은 별도로 갖추어져 있었을 것으로 보여진다. 이 점에서 조선 후기 미타계의 직임조직으로 파악되는 계주인, 계수, 공원유사, 승유사, 속유사 등은 '미타존불도'의 직임조직을 이해하는 준거로써 의미를 갖는다고 하겠다.

다음으로 '미타존불도'는 그 제호에서 시사되듯 미타신앙에 기반을 두고 있다고 하겠다. 미타신앙은 신라 통일기로부터 유행하였던 서민들의 신앙이었나. 이 신앙은 불교의 교리를 터득하지 못하였더라도 아미타불에 귀의한다는 나무아미타불을 외는 염불만으로 족하고, 이로써 아미타불이 주재

---

17) 『彌陀契座目』 己亥契則. "此契設立 在於府司 契案流在於府司 己過累千年 則府司之爲此契主人可知也."

18) 이수건, 『한국중세사회사연구』, 1984, 7~8쪽.

하는 서방정토 즉 극락에 왕생할 수 있다는 주장이다. 그리고 여기에는 빈부귀천의 차별이나 남녀노소의 구별 없이 일체중생은 평등하게 구제받을 수 있다는 것으로 정토신앙의 매력이 있다.[19]

이 점에서 '미타존불도'에는 이 지역의 남녀·노소·상하·대소민이 함께 참여하였던 것으로 파악된다. 조선 후기에 결성되는 미타계 역시 회원 가입에서는 다양한 신분층에게 개방적이었던 사실은 '미타존불도'의 개방적 성향을 반영하고 있다고 보여진다. 이로써 극락왕생을 희원하는 일체중생들이 동참하는 향도조직, 그것이 나말여초의 '미타존불도'이고 여기에 '읍사'를 주도하는 상급 향리층이 향도조직의 지도층을 형성함으로써 '미타존불도'는 곧 지역공동체적 성격을 띠고 있었다고 하겠다.

그리고 이러한 향도조직의 구성적 특징은 나말여초에 결성된 '미타존불도'가 적어도 고려 전 기간 동안 존속될 수 있었던 생명력이었다고 보여진다. 조선 후기에 미타계가 중수되면서 '미타존불도'를 이 지역의 전통이요 습속으로 평가하고 있는 점도 이러한 향도조직의 특성을 시사하는 것이라 하겠다.

끝으로 이 지역 주민들에게 폭넓게 신앙되었던 미타신앙은 결국 교화승들의 역할에 힘입은 것이 아닐 수 없다. 이 점에서 나말여초의 이 지역 서민들이 미타신앙에 매료될 수 있었던 것은 굴산문의 교화승들의 활동이 전제되고 있음을 의미한다. 이로써 이 지역 서민들이 비로소 자기 종교에 대한 분명한 의식을 갖게 된다는 점이 주목되며, 그것은 일반 서민들의 생활 질서의 기반이며 나아가 그것은 지역공동체 질서 창출의 모태가 되고 있다. 이 점은 굴산문의 교화활동이 갖는 지역사적 의미가 될 것이다.

19) 최병헌, 「불교사상과 신앙」, 『한국사특강』, 1990, 331~332쪽.

5. 맺는말

이상에서 수년 전에 발굴된 『미타계좌목』에서 파악되는 '미타존불도'에 대해서 살펴보았다.

'미타존불도'는 강릉지역에서 나말여초에 결성되었고, 이 시기의 강릉지역에서는 '명주호족'이 지역 세력으로 성장하였고 이들은 굴산문의 선종불교를 그 사상적 기반으로 삼고 있었다. 이로써 '미타존불도'는 굴산문의 향도조직으로서 불상·불탑·사찰의 조성을 비롯하여 각종 법회시주 등의 신앙행위를 이행하였을 것으로 이해될 수 있다.

이 시기의 굴산문은 명주도독 김공의 지원을 받은 통효대사 범일이 개창한 굴산사에서 아찬 민규와 명주장군 김순식의 지원을 받은 낭원대사가 개원한 지장선원으로 사세가 확장되고 있었다. 여기서 주목되는 것은 '명주도독 김공', '아찬 민규', '명주장군 김순식' 등은 '명주호족'의 핵심세력으로서 굴산문과 단월관계를 이루고 있으며, 이들은 '읍사(邑司)'의 주도세력이었다고 할 수 있다. 이 점에서 이들은 '미타존불도'의 지도층으로 이해될 수 있었다.

현재 보현사에 보존되고 있는 '낭원대사오진탑비'의 비음기에 실린 선승 4인과 세속인 5인은 이 탑비의 건립주체이다. 여기의 선승은 굴산문의 지도층으로 이해될 수 있으며, 세속인은 지역 사회의 유력층이면서 '읍사'의 통치조직과 연계되고 있었다. 이 점도 '읍사'의 주도세력이 '미타존불도'의 지도층을 이루는 것으로 이해되는 대목이었다. 그리고 이러한 양상은 조선 후기에 이르러 '미타존불도'의 계승을 표방하면서 중수되는 미타계에서 계의 주인으로 '부사'가 설정되는 배경이 되고 있다고 이해되었다.

그리고 '미타존불도'에는 지역 주민들이 구성원으로 동참하고 있었다. 이들의 동참은 향도조직의 명호에서 시사되듯 미타신앙에 기반을 둔 것이었다. 즉 이 시기의 미타신앙은 아미타불에 귀의한다는 나무아미타불을 외는 염불만으로도 서방정토 극락에 왕생할 수 있다는 주장이며, 이 정토신앙의 매력은 남녀노소나 빈부귀천의 차이 없이 일체중생이 평등하게 구제받을 수 있다는 데 있었다. 이러한 점에서 지역 주민들의 동참은 보다 개방적이었다고 할 수 있겠다.

일반 서민들의 이러한 신앙 형태는 결국 교화승들의 역할에 힘입은 것이었다고 이해되며, 이로써 지역 주민들은 이제 자기 신앙에 대한 분명한 의식을 갖게 된다는 점에서 의미를 갖는다. 이 점은 굴산문이 갖는 지역사적 의미라고 할 수 있을 것이다. 그리고 정토신앙에 기반을 둔 지역 주민들의 신앙활동은 그 자체로 생활 질서였으며, 이들이 동참하는 '미타존불도'는 지역의 유력층이면서 '읍사'를 주도하는 세력들이 지도층을 이루고 있다는 점에서 거군적인 것이었다. 이 점에서 그 운영질서는 곧 지역공동체적 질서로써 성격을 띠고 있다고 하겠다.

그리고 '미타존불도'는 고려 말엽까지 존속되었던 것으로 파악되며, 이는 선초에 이르러 이 지역 사대부들이 신왕조의 건국이념에 영향을 받으면서 불교를 좌도로 규정하고 향도조직의 승계를 포기하였다는 점에서 살필 수 있었다. 이러한 '미타존불도'의 장기적인 지속성은 '읍사'의 주도세력이면서 향도조직의 지도층을 이루었던 이 지역 유력 호장층의 일관된 성향과 아울러 미타신앙에 기초한 서민들의 동참이 자발적이고 개방적이었다는 데서 비롯되는 것으로 이해될 수 있었다. 이로써 '미타존불도'의 조직적 특성과 그로부터 비롯되는 지역공동체적 성격, 그리고 그 장기 지속성은 지역사적 의미를 갖는다고 할 것이다.

제 4 장

강릉 미타계 주도세력의 성향

1. 머리말

조선 후기 향촌사회는 양반사족 중심의 지배체제가 동요하면서 새로운 변화에 직면하고 있었다. 이러한 변화의 기저에는 생산력의 발전과 가중되는 부세수탈에 따른 신분질서의 동요와, 이에 따른 민의 의식의 성장과 저항이 그 동인으로 작용하고 있었다. 이로써 향촌사회 지배구조상의 변화는 양반사족 중심의 향권과 향리 중심의 읍권이 분리되는 추세를 보이면서 수령-향·이족이 연계된 운영체제가 중심축으로 정립되어 갔으며,[1] 이러한 변화에 편승하여 향촌사회 제 세력은 계·회·사 등의 사회조직에 기반을 두고 자신들의 이해를 관철시키려는 집단적인 행동양식을 보이고 있었다.[2]

조선 후기 향촌사회에서 결성되는 계·회·사 등의 사회조직은 향촌 민들의 자의적인 성향으로 결성되며, 아울러 사회변화에 대한 자구책으로서 의미를 갖는다. 이러한 사회조직의 연구는 일차적으로 향촌사회 제 세력의 동향과 이들 간의 역학관계를 규명하고, 나아가 이에 기초한 향촌사회의 변화상을 이해하는 단서를 마련할 수 있다는 점에서 주목된다. 조선 후기 면리체제가 부세 단위로 운영되면서 나타나는 동계 등의 활동과[3] 동족의식에 기초한 양반사족 중심의 족계[4]의 기능은 이러한 시각에서 규명된 연구 성과라 할

---

1) 高錫珪, 「19세기 前半 鄕村社會 支配構造의 성격-守令-吏·鄕수탈구조를 중심으로-」, 『外大史學』 2, 1989.

2) 金弼東, 『韓國社會組織史硏究』, 1992; 李海濬, 『조선시기 촌락사회사』, 1996.

3) 金俊亨, 「18세기 里定法의 展開-村落의 기능강화와 관련하여-」, 『震檀學報』 58, 1984; 拙稿, 「19세기 洞契와 洞役」, 『조선후기 향약연구』, 1990; 李海濬, 「朝鮮後期 洞契·洞約과 村落共同體組織의 性格」, 『조선후기 향약연구』, 1990.

4) 李海濬, 「朝鮮後期 長興傍村의 村落文書-호남지방 한 同族部落의 組織-」, 『邊太燮博士華甲紀念史學論叢』, 1985; 拙稿, 「朝鮮後期 門中書院의 建立과 鄕戰의 樣相-江陵地方 '河南齋是非'를 중심으로-」, 『人文學報』 25, 1998.

것이다.

이러한 시각에서 근간에 강릉지방에서 발견된 미타계 즉 향도계를 주목하고자 한다.[5] 주지하듯이 기불단체로서 향도조직은 선초 이래로 그 기능과 조직이 변질되거나 해체되었던 것으로 이해되며, 이러한 양상은 전적으로 국가의 배불 정책과 성리학 일변도의 관주도적 이념정책의 영향으로 규명되고 있다.[6] 이로써 변형된 형태의 향도조직은 농경사회의 변화와 맞물리면서 그 기능이 다양하게 파악되고 있다. 먼저 국가의 배불 정책 하에서도 불식될 수 없었던 기층민의 신불성향을 담아내는 기제로서 그 재정적·수행적 기능은 사찰을 보존할 수 있었던 기반으로 규명되고 있으며,[7] 또한 농업기술의 발달에 따른 자연촌락 중심의 향도조직과 그 기능 분화에 따른 공동 노동조직으로써 두레의 발생이 규명되고 있다.[8]

그러나 이러한 연구 성과는 주로 연대기적 자료에 의존함으로써 기불단체로서 향도계 내지 사찰계의 주도적 역할을 수행한 사회세력의 실체를 규명하는 작업은 여전히 과제로 남아 있다. 이러한 점에서 향도계의 구체적 실상을 파악하기 위한 사례연구가 요구되며, 이러한 과제를 규명함으로써 그 사회사적 의미를 규명하는 단서를 마련할 수 있을 것이다. 즉 조선 후기 향촌사회 지배구조의 변화를 불러온 사회세력의 동향과 연계하여 그 주도세력의 실체

---

5) 이 자료는 현재 강릉시립박물관에 원본이 소장되어 있다. 1995년 8월에 강릉지방에서 수집한 것으로 확인된다. 그리고 강릉시 城山面과 王山面 일대의 일부 주민들을 중심으로 미타계는 현재까지 이어지고 있다. 그렇게 활발한 운영은 아니지만, 先親의 遺業을 계승한다는 계원들의 의식과 契田·畓이 보존되어 그 경제적 기반이 일정하게 확보될 수 있었던 점에 힘입어 그 명맥이 이어지고 있다. 아울러 계원들의 집회장소였던 寶光里 하천변의 盤石도 여전히 보존되고 있다. 그러나 계원들의 진술에 의하면 선친의 유업을 계승해야 할 후손들의 승계의식이 엷어지면서 참여하는 계원들의 수는 줄어드는 추세에 놓여 있는 형편이다.

6) 李海濬, 「埋香信仰과 그 主導集團의 성격」, 『金哲埈 博士 華甲紀念 史學論叢』, 1983; 李海濬, 「朝鮮時代 香徒와 村契類 村落組織」, 『역사민속학』 1, 1991.

7) 韓普光, 「信仰結社의 類型과 그 役割」, 『佛教學報』 30, 1993; 韓相吉, 「朝鮮後期 寺刹契의 研究」, 『佛教史研究』 2, 1998.

8) 李泰鎭, 「醴泉 開心寺 石塔記의 分析-高麗 前期 香徒의 一例-」, 『歷史學報』 53·54 합집, 1972; 李泰鎭, 「17·8세기 香徒 조직의 分化와 두레 발생」, 『震檀學報』 67, 1989.

를 파악함으로써 향도계 내지 사찰계의 사회사적 의미를 검증할 수 있을 것으로 기대한다.

이러한 시각에서 강릉지방 향도계로서 미타계를 분석하고자 한다. 먼저 근간에 발굴된 미타계 관련 자료의 사료적 가치를 파악하고, 이어서 미타계의 창계될 수 있었던 사회적 배경을 살펴보고 그 실태를 추정해 보고자 한다. 다음으로 미타계의 계칙을 이용하여 그 조직과 운영의 실태를 파악하고자 하며, 끝으로 미타계의 주도세력을 설정하고 그들의 성향을 추적하고자 한다. 이로써 조선 후기 사회에서 미타계가 조직화될 수 있었던 동인을 그 주도세력과 관련하여 파악함으로써 미타계가 갖는 지방사적 의미를 규명해 보고자 한다.

2. 미타계 자료의 사료적 가치

미타계는 강릉지방에서 결성되었던 기불단체로서 보현사의 향도계이다.[9] 대관령 기슭에 위치한 보현사는 나말여초에 낭원대사에 의해 중창된 것으로 파악되며, 그는 명주 굴산사를 개창한 통효대사 범일의 법제자로서 명주호족과 단월관계를 유지하였던 것으로 파악된다.[10]

이러한 사실은 미타계가 비록 조선 후기의 향도계이지만, 굴산사의 법맥을 잇는 보현사의 사찰계라는 점에서 명주호족과 그 후예들의 수행적 자세와 무관하지 않음을 시사하고 있다.[11] 이는 미타계가 미타존불도의 전통계승을 표방하고 있고, 미타존불도는 나말여초에 시원을 두고 있다는 점에서도 뒷

---

9) 『彌陀契座目』己亥序文. "契中之人 各出米菽 裒儲于普賢僧舍."

10) 『嶺東地方金石文資料集』Ⅰ, 國師朗圓大師悟眞塔碑. "爰有當州慕法弟子閔規閼湌 欽風志切 慕道情深 早侍禪扉 頻申勤款 仍捨普賢山寺 請以住持 大師對曰 深感檀那有緣則住 逡巡移入便副禪襟 廣薙丘原遐通道路 又以高修殿塔 迥啓門牆 來者如雲 納之似海."

〈그림 8〉 미타계좌목

받침된다.[12] 이로써 현전하는 관련 자료는 조선 후기 미타계의 실체와 아울러 나말여초 이래로 그 연속선상에서 변화상을 파악할 수 있는 사료적 가치를 갖는다.

현전하는 자료는 필사본으로 모두 3책으로 구성되어 있다. 그 하나는 ① 숙종 45년(1719)의 『미타계좌목』이고,[13] 다음은 ② 순종 2년(1908) 『미타계원사조열록』이고,[14] 다음은 ③ 순종 2년(1908) 『미타계선안』이다.[15] ①은 18세기 전반과 그 이전의 상황을 수록하고 있으며, ②와 ③은 20세기 초반을 전후한 시기의 상황을 반영하는 자료이나, ②에서는 영조 34년(1758)에 작성된 서문이 포함되어 있다.[16] 또한 ②와 ③은 ①을 모본으로 삼고 있다. 즉 ②와 ③은 ①의 내용을 포함하고 있으며, 각각 그 이후의 상황이 추록되고 있다. 이로써 ①은 미타계의 본래의 모습과 성격을 파악할 수 있는 귀중한 사료적 가치를 갖는다.

①의 『미타계좌목』은 가로 26.5cm, 세로 27.2cm이며, 다섯 바늘구멍에 실선으로 우측을 묶었다. 감청색 저지의 표지에는 "미타계좌목"이라는 제목과

---

11) 拙稿, 「江陵 國師城隍祭와 鄕村社會의 變化」, 『역사민속학』 7, 1998.

12) 『彌陀契座目』 己亥序文. "彌陁之契盖古也 粤自羅代以來 本邑之上下大小 齊心應響合作一契 名之曰彌陀尊佛道也."

13) 『彌陀契座目』 己亥序文. "萬曆紀元後三己亥七月下澣臨瀛後人 前巡將 崔東嶙序 臨瀛後人 崔翊東書."

14) 『彌陀契員四祖列錄』 彌陀契序文. "隆熙二年戊申正月日臨瀛后人幼學崔泰集書."

15) 『彌陀契選案』 追序. "隆熙二年戊申正月日臨瀛后人前教員崔誠集撰."

16) 『彌陀契選案』 戊寅序文. "乾隆二十二年戊寅月日."

함께 기해년에 겉장을 고쳐 묶었다는 사실을 부기하였다. 이 계첩의 전체 분량은 60장 120쪽이며, 매 쪽마다 10칸의 붉은 선을 정교하게 긋고 서문·계칙·계원의 명단 등을 수록하였다. 그 내용을 좀 더 살펴보면, 처음 7쪽(2~8)의 내용은 숙종 7년(1681) 산유서문이다.[17] 다만 서문의 지은이가 분명치 않다. 다음 75쪽(10~84)의 내용은 을해년에 전만이 다시 작성한 좌목으로,[18] 여기에는 전체 750명의 계원이 등재되어 있다. 아울러 이 기해좌목은 뒷부분에서 글씨체가 현격하게 차이를 보임으로써 이후 명단이 추가된 것으로 추정되며, 이 명안(名案)은 당시까지의 전체 계원의 규모를 짐작케 한다.

다음 5쪽(85~89)의 내용은 전순장 최동린이 짓고 임영후인 최익동이 쓴 숙종 45년(1719) 기해서문이다.[19] 이어지는 8쪽(89~96)의 내용은 8개 항목으로 기해년에 규정된 계칙이며, 이어지는 9쪽(97~106)의 내용은 89명의 계원의 명안으로 기해년 당시의 기해좌목이다. 그리고 이 부분의 내용 즉 서문·계칙·좌목 등은 미타계의 실상을 이해할 수 있는 결정적인 단서를 제공하고 있다는 점에서 주목된다. 다음 3쪽(106~108)의 내용은 순조 19년(1819)의 계원들의 명안인 기묘좌목이며,[20] 여기에는 26명이 수록되어 있다. 이어서 4쪽(109~112)은 순조 28년(1828)의 무자좌목으로 전체 30명이 수록되어 있으며,[21] 그 말미에 공원, 속유사, 승유사로 그 직임과 명단이 기재되어 있다.[22] 다음 5쪽(112~116)의 내용은 헌종 13년(1847)의 정미좌목으로 전체 42명이 수록되었으며,[23] 그 말미에 역시 공원, 속유사, 승유사로 그 직임의 명안이 기

17) 『彌陀契座目』 辛酉序文. “康熙二十年辛酉六月日.”
18) 『彌陀契座目』 乙亥座目. “乙亥四月日 改書人 公事員 全曼 謹寫.”
19) 『彌陀契座目』 己亥序文. “萬曆紀元後 三己亥七月下澣 臨瀛後人 前巡將崔東嶙序 臨瀛後人 崔翊東書.”
20) 『彌陀契座目』 己亥座目. “嘉慶二十四年己卯 七月初七日 入錄.”
21) 『彌陀契座目』 戊子座目. “道光八年戊子 六月初六日 入錄.”
22) 『彌陀契座目』 道光八年 六月. “公員 洪文龜, 有司 朴光碩, 僧有司 普訓.”
23) 『彌陀契座目』 丁未座目. “道光二十七年丁未五月十一日入錄.”

재되어 있다.[24)]

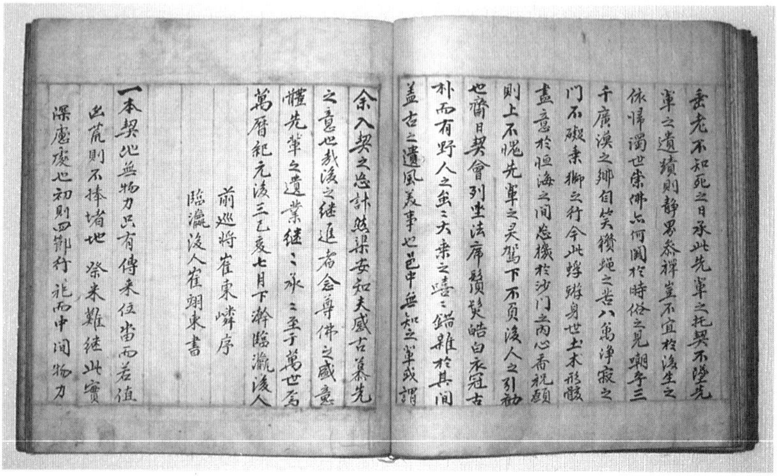

〈그림 9〉 미타계좌목 서문과 계칙

②의 순종 2년(1908)『미타계원4조열록』은 가로 25cm, 세로 35cm이며, 전체 134장 268쪽이다. 그리고 매 쪽마다 붉은 선으로 10칸을 긋고 정리하였다. ②의 내용으로 처음 6쪽(1~7)은 철종 5년(1854)에 참봉 신백령이 지은「미타계서문」이고, 이어서 4쪽(7~10)은 순종 2년(1908) 유학 최태집이 쓴 계중답과 불량답의 규모를 밝히는「계중각답고질기」와 계 재산의 변통책이 정리되어 있다.[25)] 다음의 258쪽(11~268)은 계원과 그들의 4조의 명안이다. 즉 계원과 그들의 부, 조, 증조, 외조를 순차적으로 기록하고 품계가 있는 경우 그것을 밝혀 놓았다.[26)] 그러나 모든 계원의 4조가 밝혀진 것은 아니다. 청신녀의

24) 『彌陀契座目』道光二十七年五月十一日. “公員 金遇聲, 有司 朴尙喆, 僧有司 載謙.”

25) 『彌陀契員四祖列錄』癸亥九月日契中各畓鹿記. “一栗田月字五十二畓伍負, 橫山霜字五十二畓柒負柒束, 龍淵男字百五畓拾參負貳束, 已上合結卜貳拾柒負貳束, 大昌畓一石落卜租伍石伍斗, 凡坪畓十斗落卜租拾石拾斗, 合三石十斗落拾玖石拾斗, 已上契中畓, 石回翔字百四十七畓拾負伍束, 龍淵男字百五畓陸負, 北坪畓一石落卜租陸石陸斗, 新里畓下邊一石落卜租伍石伍斗, 合二石落卜租拾壹石拾壹斗, 已上佛糧畓.”

경우 부와 가부가 밝혀질 뿐이며,[27] 곤명의 경우 역시 부와 가부가 밝혀질 뿐이다.[28] 그리고 비구니의 경우는 그 부만이 기재되고 있다.[29]

③의 『미타계선안』은 가로 25cm, 세로 35cm이며, 전체 74장 148쪽이다. 그리고 매 쪽마다 붉은 선으로 10~12칸을 작성하여 사망한 계원들의 명안을 작성하였다. 먼저 첫 장에는 "미타계축"으로 축문이며,[30] 다음 5쪽(2~6)의 내용은 영조 34년(1758)에 작성된 무인서문이다.[31] 다음의 3쪽(7~9)은 숙종 45년(1719)에 전순장 최동린이 짓고, 공사원 최익동이 쓴 서문이며, 이어서 6쪽(10~15)은 당시의 계 규칙 11개 조항이 정리되어 있다. 다음의 5쪽(16~20)은 순종 2년(1908)에 전 교원 최성집이 짓고, 공원 전달해가 쓴 "추서"이며,[32] 이어서 3쪽(20~22)은 공원 홍규섭과 김효경이 작성한 7개 조항의 계칙이 "별록"으로 정리되었다.[33] 다음으로 126쪽(23~148)은 미타계의 선안이며, 붉은 선으로 12칸을 작성하고 계원들의 성명을 기재하였다. 여기서는 대부분이 그 이름만을 밝히고 있으나, 특기할 사항이나 사망일이 확인되는 경우 그 이

---

26) 『彌陀契員四祖列錄』. 嘉善 金載福, 父資憲大夫 富榮, 祖嘉善大夫 得哲, 曾祖學生 守一, 外祖通政大夫 洪祿.

27) 『彌陀契員四祖列錄』. 淸信女 洪氏接蓮, 父中樞府事 成逸, 家夫 金洙鼎.

28) 『彌陀契員四祖列錄』. 坤命 宋氏, 父學生 相弼, 家夫 金泰成.

29) 『彌陀契員四祖列錄』. 比丘尼 惠利, 父學生 柳氏.

30) 『彌陀契僊案』 彌陀契祝.

維歲次某年某月某朔某日　　　敢昭告于

彌陀之靈日道果己圓靈光旋放

文殊石舡 普賢慈(舟兀)　恒河濟衆 法天極樂　禍福主張 吉凶眷係　蟠據名山 爲人尊崇　繩頭日月 紙骨乾坤　冥鑑昭垂 信息如聞　蚊眶浮生 蟻芥殘命　吉日修契 三生發願　揷香龍堂 引燈蓮榻　道場高潔 世界廣漠　精魄周遊 壽福荐降　百怪遁避 六通洞開　寄命琉畦 掛名笠완(口元)　債酬念佛 禊深參禪　年年此日 載沐載戎　飯薦香積 紙補蠅鑽　烏巢登席 魚山侑祭　八萬淨界 呵噤不祥　靈亦有知 庶幾來格

伏惟饗.

31) 『彌陀契僊案』 戊寅序文. "乾隆二十二年戊寅 月 日."

32) 『彌陀契僊案』 追序. "隆熙二年戊申正月日 臨瀛後人前敎員崔誠集撰 旌善後人公員全達海書."

33) 『彌陀契僊案』 別錄. "南陽後人公員洪圭燮 江陵後人時公員金孝卿."

름 아래쪽에 부기하였다.[34)]

이상에서 살핀 바와 같이 미타계는 보현사의 사찰계로서 강릉지방에서 결성된 향도 조직이다. 현전하는 미타계 관련 자료는 3책으로 18세기와 20세기 초반에 작성되었다. 이 자료들은 명안, 선안 등으로 좌목이 주류를 이루고 있으며, 여기에 서문과 추서, 별록, 계칙 등이 수록되어 그 변화상을 보여주고 있다.

이 자료는 일차적으로 성리학 사회에서 불교문화를 이해할 수 있는 희소적 가치를 가지며, 아울러 사찰의 연기설화·승려들의 행적·법회 의식 등을 비롯해 강릉지방에 산재해 있는 불교문화 관련 유물유적의 개별적 사실을 규명할 수 있는 사료로서 가치를 갖는다. 그리고 이 자료는 18세기 이후에 편찬된 것으로서 이 시기의 향촌 민들의 신불성향을 담긴 향도조직의 실상을 반영하며, 아울러 나말여초의 향도조직과 그 이래의 변화상이 수록됨으로써 그 변화실태를 연속선상에서 파악할 수 있는 사료로서 가치를 갖는다.

이러한 사료적 특성은 향도계의 계기적인 변천은 물론 이와 맞물린 향촌사회 제 세력의 동향과 성향을 파악할 수 있는 단서를 제공한다는 점에서 의미를 갖는다. 즉 선초 국가의 이념정책에 직면하여 향도계에 대한 향촌사회 제 세력의 성향과 동향이 어떻게 나타나고 있는가? 그리고 이들의 성향과 동향은 후기사회의 향도계에서 어떻게 반영될 수 있는가? 하는 과제를 규명하는 단서를 제공한다. 아울러 이들의 성향과 동향의 변화는 향촌사회의 주도적 입지를 염두에 둔 역학구도 하에서 전개됨으로써 향도계를 둘러싼 지방문화의 특성을 이해할 수 있을 것이다. 이로써 향촌사회 변화의 역동성과 그 문화의 특성을 이해하는 문헌자료로서 그 사료적 가치는 매우 주목된다고 하겠다.

---

34) 『彌陀契偲案』. "月巖堂大師尙黙 甲寅正月十八日仙 以出舍利靈珠合十五介 以成塔居."

3. 미타계 결성의 사회적 배경

미타계는 숙종 45년(1719)에 작성된 『미타계좌목』에 의해 그 실체가 밝혀진다. 그렇다고 이 시기에 미타계가 창계되는 것은 아니다. 이 자료상에서 파악되는 미타계는 이미 그 이전 시기에 창계되었고, 이 시기에 이르러 영가책이 정비되고[35] 운영 계칙이 새롭게 마련됨으로써[36] 미타계가 중수되는 양상을 보이고 있다. 이로써 미타계의 창계 시기는 분명치 않으나, 다음의 기사는 그 시기를 추정하게 하는 것으로 주목된다.

> 미타계는 오래되었다. 저 신라시대 이래로 본 읍의 대소상하민이 합심하고 응향하여 하나의 계를 합작하니 미타존불도이다. … 풍속이 유전하여 고례로 준수하고, 자식이 아비의 뜻을 잇고 손자가 할아비의 유업을 이었으니, (미타존불도)는 일찍이 기백세가 되었는지 알 수 없음이라. 다만 중년에 이르러 사부들이 모두 불교를 좌도로 규정하여 추가로 가입하는 자들이 끊어졌으나, 무릇 서민들 중에 남아 있는 자들이 오히려 성의를 폐하지 아니하였으니 또한 하나의 성사였다.[37]

여기에서 미타계는 신라시대에 창립된 미타존불도의 연장선상에서 인식되고 있으며, 미타존불도는 강릉지방의 대소상하민이 동참하였던 향도조직으로 인식되고 있다. 그리고 미타존불도는 중년에 이르러 사족들에 의해 불교가 좌도로 규정되면서 그들의 승계가 단절되었고, 이러한 상황에서 남아

---

35) 『彌陀契座目』 己亥序文. "…而偶於閭家搜得一裒 謄寫以新之."

36) 『彌陀契座目』 己亥序文. "玆與我同志之人 追入契案改粧冊後 余之微見 條列于左耳."

37) 『彌陀契座目』 辛酉序文. "彌陁之契盖古也 粤自羅代以來 本邑之上下大小 齊心應響 合作一契 名之曰 彌陀尊佛道也…流傳成俗 遵守古例 子繼其父之志 孫踵乃祖之武 曾不知其幾百世也 逮至中年 士夫皆以爲近於左道 而絶無追入之人 凡民之餘存者 猶且不廢誠 亦一盛事也."

있는 서민들에 의해 그 명맥이 계승된 것으로 인식되고 있다.

이로써 미타존불도의 실체를 인정할 때, 그것은 재지사족들에 의해 불교가 좌도로 규정되는 중년 즉 선초에 이르기까지 승계되었던 것으로 파악될 수 있다. 그리고 조선시대의 미타계는 사족들의 승계가 단절되는 상황에서 미타존불도의 계승을 표방하면서 결성된 향도조직으로 이해할 수 있으며, 그것은 남아 있는 서민들 즉 기층민들에 의해 주도된 보현사의 향도조직이었음을 시사한다.[38]

이 점에서 미타계는 선초에 명맥이 유지되었고, 그것은 조선 국가의 이념정책 하에서 전개되는 향촌사회의 변화상을 배경으로 하고 있음을 의미한다. 주지하듯이 조선 국가의 주체세력은 성리학을 건국이념으로 수용하면서 불교를 배척하였고,[39] 민간신앙도 음사로 규정하여 그 사신행위를 크게 억압하였다.[40] 조선 국가의 이러한 이념정책으로 지방사회에서 성행하였던 그간의 사신행위를 비롯한 관행은 크게 영향을 받으면서 변모되는 것으로 파악되고 있다.[41]

불교를 좌도로 규정하였던 재지사족의 성향은 여말선초 즉 왕조교체기의 이들의 동향을 시사한다. 이들은 미타존불도의 향도였으며, 적어도 그 사회적 입지로 보아 향도조직의 중심 세력이었을 것으로 추정된다. 이러한 입장에서 불교를 좌도로 규정하는 성향은 이들이 신왕조의 이념정책에 민감하게 반응하는 자세를 시사한다. 즉 이들은 신왕조의 지도이념이었던 성리학을 수용하면서 새로운 체제에 편승하였으며,[42] 이로써 국가의 배불 정책에 편승하여 불교를 좌도로 규정하면서 그간에 자신들이 주도해 온 미타존불도에 대한 승계와 가입을 포기하였던 것으로 파악된다.

---

38) 『彌陀契座目』 辛酉序文. "寫爲兩本 一則藏諸普賢 一則寘諸府司."
39) 韓沽劤, 『儒教政治와 佛教-麗末鮮初 對佛教施策-』, 1993.
40) 주 6)의 1991 참조.
41) 拙稿, 「朝鮮初期 佛教의 社會的 實態」, 『國史館論叢』 56, 1994.
42) 拙稿, 「朝鮮初期 江陵府 在地士族의 排佛性向」, 『人文學報』 18, 1994.

한편 미타존불도의 승계를 표방하였던 소위 민지여존자의 성향은 민의 동향을 시사한다. 여기서 소위 민지여존자는 신불성향을 견지한 사회세력으로 볼 수 있으며, 이들은 배불성향을 견지하였던 재지사족을 제외한 보다 기층민 중심의 세력이었을 것이다. 그리고 이들이 국가의 배불 정책과 여기에 편승한 재지사족의 성향전환에도 불구하고 미타계의 명맥을 이었다면, 그것은 이들의 신불성향이 강고한 것이었으며 아울러 국가의 이념정책과 재지사족의 성향에 반발하는 자세를 반영한다고 할 것이다.

또한 기층민들의 미타계 결성은 당시 국가 이념정책과 재지사족의 배불성향이 갖는 한계로 지적될 수 있을 것이다. 당시 재지사족은 향촌사회의 지배세력이었지만, 이들이 견지한 배불성향은 자신들의 입장 정리에 국한되었던 것으로 보인다. 즉 미타존불도의 승계를 포기하였을 뿐 그것의 해체를 적극 주도한 것은 아니었다. 이러한 양상은 미타존불도의 재산으로 위답이 미타계로 계승된 데서 살필 수 있다.[43] 그리고 재지사족의 배불성향의 한계는 일차적으로 그간에 자신들이 향도조직을 주도하였던 사실과 보다 초보적일 수밖에 없었던 성리학적 소양에서 오는 것일 수 있으며,[44] 나아가 상대적으로 기층민들의 강고한 신불성향에 기초한 반발 자세에서 비롯되는 것으로 볼 수 있을 것이다.

이상에서 살핀 바와 같이 미타계는 선초의 국가 이념정책 즉 배불 정책에 따른 향촌사회 제 세력의 성향변화를 배경으로 재편성되는 것으로 이해되었다. 즉 미타존불도의 실체를 인정할 때, 강릉지방은 고려시대 이래로 미타존불도로 명명된 향도조직을 중심으로 사회세력이 결속되어 온 것으로 이해될 수 있다. 그리고 선초에 이르러 신왕조의 이념정책 즉 배불 정책이 추진되면서 사회세력이 분화되는 양상을 보이고 있다. 즉 국가의 이념정책에 민감하게 편승한 재지사족 중심의 배불성향을 견지한 사회세력과 여전히 전대 이

43) 『彌陀契座目』 己亥契則. "本契他無物力 只有傳來位畓."
44) 주 42) 참조.

래의 신불성향을 견지하였던 기층민 중심의 사회세력으로 분화되고 있었다. 이러한 사회세력의 분화양상은 미타계가 재편성되는 사회적 배경으로 이해되었으며, 미타계는 보다 기층민을 중심으로 미타존불도의 계승을 표방하면서 선초에 결성된 것으로 파악되었다.

한편 미타계의 재편성과 그 사회적 배경은 이와 같이 이해되지만, 여전히 자료의 한계로 선초의 미타계의 조직과 활동을 구체적으로 파악하기는 어렵다. 다만 전대의 미타존불도의 조직과 활동에 비해 상대적으로 크게 위축되고 제한적이었을 것으로 추정해 볼 수 있다. 비록 초기 단계에서 국가의 이념정책이 갖는 한계에도 불구하고 배불 정책은 지속적으로 강화되어 갔고, 여기에 편승한 재지세력의 성리학 일변도의 성향도 후대에 이르면서 심화되어 갔다.[45] 이러한 상황에서 미타존불도의 승계를 표방한 미타계였지만, 그 조직의 규모와 활동은 제약적일 수밖에 없었을 것이다.

미타계의 이러한 양상을 미타존불도의 성격을 추정하여 그것과 비교해 보고자 한다. 고려시대의 미타존불도는 지역공동체적 성격을 띠었을 것으로 추정된다. 이러한 추정은 이미 고려 전기 향도조직의 지역공동체적 성격이 규명된 바 있거니와,[46] 미타존불도의 계안 즉 영가책이 부사에 보관되었다는 사실에 근거한다. 여기서 부사는 호장이 집무하는 사무실이고, 호장은 읍치를 장악한 세력의 대표적 존재로서 지방사회의 실질적인 주도세력을 상징하는 것으로 볼 때,[47] 계안이 부사에 보관되었다는 사실은 이 지방의 주도세력이 미타존불도를 주도하였거나 적어도 그러한 이미지를 담고 있었음을 시사한다. 따라서 읍치의 주도세력이 미타존불도를 주도하고 여기에 상하대소민이 동참하였다면 그것은 지역공동체적 성격을 갖는 향도조직으로 보아 무리 없을 것으로 본다.

---

45) 주 42) 참조.

46) 주 8)의 1972 참조.

47) 李純根, 「高麗初 鄕吏制의 成立과 實施」, 『金哲埈華甲紀念史學論叢』, 1983.

또한 미타존불도는 보현사의 향도조직이었다는 점도 이 조직이 지역공동체적 성격을 띠고 있음을 시사한다. 즉 보현사는 낭원대사에 의해 중창되었고, 낭원대사는 굴산사를 창건한 범일선사의 법맥을 잇고 있다.[48] 그리고 범일은 명주호족을 단월로 굴산사를 창건하였고, 명주호족의 이러한 역할은 낭원대사로 이어지고 있다.[49] 이러한 점은 명주호족의 단월로서 역할이 보현사로 귀착되고 있음을 보여준다. 이로써 보현사의 미타존불도는 명주호족을 중심으로 하는 향도조직으로 이해할 수 있으며, 여기에 이 지방의 대소상하민이 동참하였다면 그것은 자연스럽게 지역공동체적 성격을 갖는 것이었을 것이다.

그러나 미타존불도의 실상을 규명하는 작업은 여전히 과제로 남는다. 다만 고려시대는 불교적인 사회질서가 성황을 이루었고, 이 시기의 강릉지방 토호세력은 여전히 명주호족과 그 후예들이었다는 점에서 미타존불도가 갖는 지역공동체적 성격은 유지되었을 것으로 추정해 볼 수 있다.[50] 이러한 점은 선초에 이르러 재지사족이 미타존불도의 승계를 외면하는 양상은 역으로 이 시기까지 재지세력이 미타존불도에 동참하였던 사실을 반영하는 것으로 이해할 때, 이 또한 미타존불도의 지역공동체적 성격을 시사하는 것으로 볼 수 있을 것이다.

이로써 미타존불도의 지역공동체적 성격을 인정할 때, 선초의 미타계는 비록 그 승계를 표방하고 있지만 이러한 성격을 유지할 수는 없었을 것이다. 무엇보다 불교를 좌도로 규정하고 나선 재지세력의 승계가 단절된 상황이었고, 성리학 일변도의 성향을 견지한 재지사족이 선초 지방사회의 향권과 읍권[51]을 주도해 가는 상황에서 그 잔여세력으로서 결속된 미타계가 지역공동

48) 주 10) 참조.
49) 주 11) 참조.
50) 주 11) 참조.
51) 金仁杰, 「朝鮮後期 鄕權의 推移와 支配層의 動向-忠淸道 木川縣 事例-」, 『韓國文化』 2, 1981.

체적 성격을 유지하였다고 보기는 어려울 것이다. 이로써 미타계는 서민들 중에서 뜻을 함께하는 자들을 중심으로 운영되는 결사체적 성격을 띠었을 것으로 볼 수 있다.[52] 그리고 이러한 결사체적 성격은 그 자체로 미타계의 기능과 활동이 위축되고 있음을 시사한다. 현재까지의 전승되는 자료에서 조선 전기 미타계의 활동양상이 분명하게 검증되지 못하고 있는 점은 이러한 시대적 상황을 반영하는 것으로 이해될 수 있을 것이다.

요컨대 미타계는 조선 초기에 기층민들의 신불성향에 기반을 두고 결성된 향도조직이었으며, 이 시기에 이르러 불교를 좌도로 규정한 재지사족에 의해 단절 위기에 봉착한 미타존불도의 계승을 표방한 보현사의 향도조직이었다. 그리고 조선 국가의 배불 정책과 여기에 편승한 재지사족의 성리학적 성향, 아울러 초기 단계에서 보다 철저할 수 없었던 국가의 이념정책과 재지사족의 성리학적 성향의 한계는 미타계가 재편성될 수 있었던 사회적 배경으로 이해될 수 있었다.

이로써 미타계의 재편성은 인정되지만, 그 조직과 활동은 국가의 배불 정책과 재지사족의 성리학적 성향이 강화되는 상황에서 전대의 미타존불도와 비교해 상대적으로 크게 위축되고 제약적이었을 것으로 추정되었다. 그리고 이러한 양상은 미타존불도의 지역공동체적 성격과 미타계의 결사체적 성격으로 대비될 수 있었다. 그러나 미타계는 결사체적 성격을 견지하면서 전대 이래의 향도조직의 명맥을 잇는 기제였으며, 여전히 기층민들의 신불성향을 담아내는 기제로서 의미를 갖는다고 하겠다.

52) 『彌陀契座目』 辛酉序文. "逮至中年 士夫皆以爲近於左道 而絶無追入之人 凡民之餘存者 猶且不廢誠 亦一盛事也."

4. 미타계의 조직과 운영

> 내가 나이 들고 잔병이 많아 읍성 동쪽에 칩거하였을 때, 노인들의 얘기를 듣고 부사의 창고에 들어가 조사하여 한 책을 찾았는데, 그 책은 주홍색으로 간격을 짓고 계원들의 이름을 기록한 것이 완연하였고, 한번 열람함에 크게 감탄하지 않을 수 없었다. 선배들의 명적 수택이 그중에 상존하였고, 후세 자손들의 무식으로 동각에 방치되었었음을 느낄 수 있었다. …이에 내가 뜻을 같이하는 사람들과 더불어 계안에 추가로 가입하고 이전의 책을 새롭게 단장한 후 나의 보잘것없는 견해를 부기하였다. …읍중의 무지한 자들이 혹 내가 입계하는 것을 두고 망계라 하나, 그들이 어찌 대저 감고모선의 뜻을 알겠는가![53]

위의 인용문은 숙종 45년(1719) 전순장 최동린이 작성한 기해서문에서 발췌한 것으로, 몇 가지 사실이 주목된다. 먼저 이 시기에 이르러 영가책이 발견됨으로써 미타존불도를 새롭게 인식하는 계기가 되고 있다는 점이다. 영가책은 미타존불도의 계안으로서 2부 작성되어 부사와 승사에 각각 1부씩 보관되었던 바,[54] 이 시기에 이르러 발견된 영가책은 재지사족의 승계가 단절되었던 선초 이래로 부사에 방치되었던 것으로 보여진다. 그리고 향노들이 전하는 얘기에 힘입어 영가책을 발견함으로써 전순장을 비롯한 동지들에게서도 미타존불도와 영가책은 잊혀져 있었음을 시사하고 있다. 이로써 영가책의 발견은 미타존불도를 새롭게 인식하는 계기가 되고 있다고 보겠다.

다음은 이 시기에 이르러 전순장 최동린을 비롯한 동지들이 새로이 미타

---

53) 『彌陀契座目』 己亥序文. "余年老多病 窮蟄邑之城東 而參聽古老之語 搜披府司之藏 則宛然一冊朱紅畵間 列書契人之姓名 閱覽一遍 未嘗不曠感而歎也 先輩之名蹟手澤 尙存於其中 而後世子孫之無識等棄於東閣之間…玆與我同志之人 追八契案 改粧前冊後 余之微見 條列于左耳…邑中無知之輩 或謂余入契之忘計 然渠安知夫感古慕先之意也哉."

54) 주 38) 참조.

계에 추입하고 있다는 점이다. 이 점은 그간에 운영된 미타계는 이들과 무관할 수 있으며, 미타존불도를 인식하게 되면서 이들이 미타계에 입계하고 있음을 보여준다. 이로써 이들은 선초 이래로 미타계를 운영해 온 소위 '민지여존자'와는 다른 새로이 입계하는 사회세력으로 구분될 수 있다고 하겠다. 다음으로 전순장 최동린을 비롯한 동지들에 의해 새로운 계칙이 마련되고 있다는 점이다. 이러한 사실은 먼저 이 시기에 이르러 미타계의 조직과 운영이 정비되고 있음을 의미하며, 이러한 조직과 운영을 위한 근거로서 마련되는 계칙이 이들에 의해 마련됨으로써 이들은 다름 아닌 미타계의 새로운 주도세력으로 등장하고 있음을 시사한다.

이러한 사실에 의거할 때, 미타계는 조선 후기에 이르러 조직과 운영이 정비되고 있으며, 전순장과 안일호장을 중심으로 새로이 입계한 세력이 그것을 주도하고 있었다. 그리고 부사에서 발견된 영가책은 이들이 미타존불도를 새롭게 인식하는 계기가 되었고, 이러한 인식을 토대로 미타계에 입계하여 그 계칙을 새롭게 마련하면서 조직과 운영을 정비한 것으로 파악된다.

이로써 조선 후기 미타계의 조직과 운영을 이해하기 위해 계칙을 주목하고자 한다. 미타계의 계칙은 앞서 언급한 숙종 45년(1719)의 기해계칙과 『미타계선안』에 수록된 순종 2년(1908)의 "별록"과 같은 책에서 기해서문과 함께 수록된 영조 34년(1758)의 무인계칙이 있다.[55] 따라서 기해계칙과 무인계칙의 내용을 분석함으로써 조선 후기 미타계의 조직과 운영의 실태를 파악해 보고자 한다.

먼저 숙종 45년의 기해계칙과 영조 34년의 무인계칙을 비교해 보면, 무인

55) 純宗 2년(1908)에 작성된 『彌陀契僊案』에는 동시기의 계칙으로 "別錄"과 肅宗 45년의 己亥序文을 등재하면서 또 하나의 계칙이 수록되어 있다. 그런데 이 계칙은 己亥契則을 준용하면서 몇 가지 내용이 첨삭됨으로써 숙종 45년 이후의 변화상을 반영하고 있으며, 이러한 변화상은 이 契帖의 첫머리에 英祖 34년(1758)의 戊寅序文이 등재되고 있다는 점에서 이 시기의 운영상으로 이해될 수 있다. 이로써 이 계칙은 본서에서 戊寅契則으로 표기하고자 한다.

계칙은 기해계칙을 준용하면서 다만 몇 가지 내용이 첨삭되고 있을 뿐으로, 그 실태는 〈표 2〉와 같다. 즉 숙종 45년의 기해계칙은 ① 행사, ② 계안작성, ③ 서문 개록, ④ 행재, ⑤ 벌칙, ⑥ 계안보관, ⑦ 계수 신차례, ⑧ 계 전답 등 8개 항목이며, 영조 34년의 무인계칙은 전자에서 ⑧을 제외한 내용을 답습하면서 4개 항목이 추가되어 전체 11개 항목으로 구성되어 있다. 즉 ① 행사, ② 계안 작성, ③ 서문 개록, ④ 행재, ⑤ 벌칙, ⑥ 계안 보관, ⑦ 계수 신차례, ⑨ 신입계원, ⑩ 계수 차정, ⑪ 예목, ⑫ 부지 등이 그것이다.

이로써 숙종 45년의 계칙은 비록 몇 가지 항목이 추가됨에도 불구하고 영조 34년까지 준용되었으며, 이러한 양상은 조선 후기 미타계의 조직과 운영이 일정하게 관행성을 갖고 있음을 보여준다고 하겠다. 이제 그 실상을 좀 더 구체적으로 살펴보고자 한다.

먼저 〈표 2〉에 의거해 미타계의 직임조직을 살펴보면, 그 직임은 계수·속유사·사유사·공원유사로 구성된다. 계수는 계회를 통해 계원들의 첨의로 계원 중에서 선출되었으며 계사 전반을 총괄하였을 것으로 파악된다.[56] 그리고 유사의 선출방식은 분명치 않으나 속유사는 일반계원 중에서, 사유사는 보현사의 승려 중에서, 공원유사는 계원인 공사원 중에서 선출되었다.[57] 이러한 유사의 역할은 계재와 계첩의 관리, 행사·행재의 주관 등 미타계의 운영의 전반에서 실무적 역할을 수행하였을 것이다.[58] 다만 이들 유사들 사이에는 일정한 역할이 분화되어 있었던 것으로 보인다. 즉 속유사와 사유사는 행사와 행재를 주관하고, 공원유사는 부사와 미타계의 관계에서 중간역할이 부여되었을 것이다. 공원유사는 계수의 차정 과정에서 일정하게 역할을 하

---

56) 『彌陀契座目』 己亥契則. “契首有故 則以契員中年高可堪者 從僉議望差.”

57) 『彌陀契遷案』 戊寅契則. “此後 則自契中僉議望定後書望記 公員有司持納同宅 則此乃契令依此施行.”

58) 『彌陀契座目』 己亥契則. “契員身故之後 行先王齋 書灵駕冊云 此乃死後修道之意也 豈不感哉 然行齋時 主管者誰也 此非等閑看過者 聞喪翌日 有司進往寺中與寺有司 眼同看檢行事 毋至向隅之歎焉.”

였던 것으로 파악되며,[59] ⑩에서 보듯이 부사가 미타계의 설립주체로 설정되면서 이를 상징하는 호장과 계수의 관계가 규정되는 데서 공원유사의 역할이 추정된다.[60]

다음으로 미타계 운영의 중심 기구는 계회였다. 계수를 비롯한 직임의 선출이 계회를 통해 이루어졌고, 또한 계회는 존불의식으로서 제사의 장이었다. 여기에 계원들의 참여가 강요되는 것도 계회의 기능이 갖는 중요성에서 비롯되는 것이었을 것이다.[61] 계회를 통해 구현되는 봉불(奉佛)을 위한 행사(行祀)는 시대별로 차이는 있으나 연중 3~5차례 개최되었으며, 이러한 차이는 행사를 위한 물력에 영향을 받은 것으로 보인다.[62]

〈표 2〉 계칙의 변화

		처음(A)	중간(B)	현재(A)	추후(D)
①	行祀	1년 四節 行祀	1년 2차 行祀	1년 5차 行祀	1년 3차 行祀
②	契案	錄身死契員姓名	〃	〃	錄存契員姓名 生·卒年은 懸註
③	序文		序文의 改·添錄을 지적		序文은 별도로 작성
④	行齋	契員死後 行先王齋→書靈駕冊	〃	〃	俗·寺有司가 주관

59) 『彌陀契座目』 戊申契則. “契首若身故 … 此後 則自契中僉議望定後書望記 公員有司持納同宅 則此乃契令依此施行 且此契設立 在於府司 契案流在於府司 已過屢千年 則府司之爲此契主人可知也 契中或有難處事 則契首往府司 與戶長相議變通 俾嚴契令焉.”

60) 『彌陀契僊案』 戊寅契則. “且此契設立 在於府司 契案流在於府司 已過屢千年 則府司之爲此契主人可知也 契中或有難處事 則契首往府司 與戶長相議變通 俾嚴契令焉.”

61) 『彌陀契座目』 己亥契則. “此後契會時 若有雜亂失體者 極施重罰 甚者決杖黜契 且契會之日 或多闕到之人無嚴甚矣 此後無輩子不到者徵罰二錢 三不參者黜契 以嚴契令焉.”

62) 『彌陀契座目』 己亥契則. “本契他無物力 只有傳來位畓 而若値凶荒 則不捧堵地 祭米難繼 此實深慮處也 初則四節行祀 而中間物力爻殘 改而一年兩次 奉供之意旣已定規 則今爲五次行祀者 未知何故耶 凡契物有裕然後 契威嚴契令行矣 此契若無位畓 則安知有至今日而來乎 先輩之買畓流傳 可爲萬世不破之計 感歎感歎 然目下契力漸潰 若不保朝夕 所見憫矣 如不及今変通 則其爲見敗 可立而待也 自今爲始 四月初八日 十月二十四日 齊會普賢 佛前奉供 三月三日中程行祀 則此爲一年三次聚會也 尊佛之道盡矣 用穀之方有節 依此遵行焉.”

		처음(A)	중간(B)	현재(A)	추후(D)
⑤	罰則				契會時 雜亂失體者→重罰, 甚者→決杖黜契, 不到者→徵罰二錢, 三不參→黜契
⑥	契案保藏			현재 계안을 보장할 櫃가 없으니, 이번 新入契員 禮木으로서 櫃를 新造한다. 錄案은 有司가 開閉한다.	
⑦	契首新差禮	계수에 新差되면 米十斗를 納契한다.			일후에는 계에서 酒盃를 갖추어서 위로하는 예를 취한다.
⑧	契財		契位畓의 文記가 昔年에 消盡됨	書錄을 상고하여 부록으로 싣는다.	
⑨	契員新入				僧人은 당연히 入契, 僧俗을 막론하고 風力있고 마땅한 자를 勸入
⑩	契首差定			自契中從僉議望定	自契中僉議望定後書望記 公員有司持納同宅 契令施行. 府司가 本契의 主人. 契中難處事는 契首가 府司를 방문하여 戶長과 상의하여 變通한다.
⑪	禮木				僧契員과 他別異의 入契에는 禮木을 特減하고 약간의 酒盃를 進呈하고, 俗契員追入은 禮木 壹兩을 納契하고 酒盃를 進呈
⑫	賻紙				契首는 三卷, 凡契員은 二卷

미타계의 물적 기반은 신입계원들이 납부하는 예목과 총 43복27속의 위답에서 확보되는 복정미 12석이었으나, 전적으로 위답의 도조에 의존하였던 것으로 보인다.[63] 그러나 복정미는 당해 연도의 풍흉에 따라 일정하게 확보

---

63)『彌陀契座目』己亥契則.

古谷崑字二十畓九卜四束 ─┐
　　　百二十六畓二束 　　└─ 二十斗落只卜定米二石

되기 어려웠으며, 예목 또한 고정적으로 확보될 수는 없었다. 이로부터 야기되는 물력의 성쇠에 따라 계회로 구현되는 행사의 횟수는 가변적이었다. 그리고 계회 즉 행사를 위한 집회의 장소는 봉불의식의 특성상 주로 사찰이 그 장소였으며, 사찰이 위치한 계곡의 반석과 그 측면의 암벽에서 "나무아미타불 미타회장"으로 글자를 새긴 유적이 발견됨으로써 때로는 이곳을 집회의 장소로 이용하였던 것으로 파악된다.[64]

이처럼 계회는 미타계의 중심 기구였지만, 계회의 자율성은 한계를 갖는 것으로 파악된다. 즉 앞서 살핀 바와 같이 숙종 45년 기해계칙이 당시 새로이 입계한 전순장 최동린에 의해 작성되었고,[65] 이 계칙은 영조 34년 무인계칙에서도 그대로 준용되고 있다.[66] 더욱이 무인계칙에서는 부사가 미타계의 계 주인으로 설정되고 있으며, 아울러 신임 계수의 차정을 부사의 호장에게 요청되는 상황이 전개되고 있다.[67] 이러한 상황에서 계회가 계칙제정을 위한 자율성을 확보하였다고 보기는 어렵다.

이러한 양상은 계회는 분명 미타계 운영의 중심 기구였지만, 그 자율성

百二十九畓三卜二束 ──┘

普賢稱字百二十畓	十二卜二十斗落	卜定米二石
別谷員加畓	二卜七束十斗落	卜定米一石
揖山霜字五十一畓	七卜七束一石落只	卜定租三石
石回翔字百四十七畓	十卜五束二十斗落只	卜租四石

64) 현재 普賢寺 입구의 계곡에 위치한 암벽에 세로로 "南無阿彌陀佛"과 그 아래로 연결하여 가로로 "彌陀會狀"을 刻字하였다. 그 하단에 祭壇이 마련되어 있고, 그 아래에 盤石이 있어 이곳을 집회의 장소로 이용하였음을 알 수 있다. 이 유적은 깊이 5cm로 암벽을 깎아 내고 陰刻으로 刻字하였으며, 전자는 가로 33cm 세로 85cm이고 후자는 가로 51cm 세로 15cm의 규모이다.

65) 『彌陀契座目』 己亥序文. "始有慨然于 玆與我同志之人 追入契案改粧冊後 余之微見 條列于左耳."

66) 『彌陀契座目』 己亥契則. "且此契設立 在於府司 契案流在於府司 已過屢千年 則府司之爲此契主人可知也 契中或有難處事 則契首往府司 與戶長相議變通 俾嚴契令焉."

67) 『彌陀契座目』 己亥契則. "契首若身故 則其代自契中從僉議望定者 乃是通行大節 而近來請差於府司 云是何言也 專由於無識而然矣 此後 則自契中僉議望定後書望記 公員有司持納同宅 則此乃契令依此施行."

은 일정하게 제한적이었음을 시사한다. 즉 계회의 주요 기능인 계수를 비롯한 직임의 차정과 계칙의 제정은 전순장과 안일호장을 중심으로 하는 새로이 입계한 세력에 의해 주도되었으며, 후대에 이르러 부사가 계 주인으로 설정되는 상황에서 이러한 역할은 부사를 장악한 호장을 중심으로 하는 향리세력에 의해 주도되었다고 볼 수 있다. 이로써 계회는 미타계 운영의 중심 기구였다고 하더라도 그 자율적 성향은 향리세력의 영향을 받으면서 일정하게 제한되었을 것으로 볼 수 있다.

이상에서 정리한 것처럼 미타계는 그 직임으로는 계수와 유사로 이어지는 조직을 갖추었으며, 유사의 기능은 분화되어 있음을 살필 수 있었다. 그리고 미타계의 계수를 비롯한 직임의 차정은 계회를 통해 계원의 첨의에 따르도록 규정함으로써 적어도 표면적으로는 그 자율적 운영이 확보되는 듯하다. 그러나 그 이면에서 미타계의 계 주인으로써 부사를 설정하고 이에 근거하여 부사의 호장과 계수의 관계가 규정됨으로써 그 자율성은 부사를 주도한 향리세력에 의해 제한될 수 있음을 드러내고 있다. 이러한 점은 그 조직과 운영이 향리세력에 의해 크게 규제될 수 있음을 시사하는 것으로, 향리세력의 입장은 계수와 공원유사를 중심으로 하는 직임조직과 계칙의 제정을 통해 반영되었음을 보여준다.

이러한 운영구조 하에서 미타계는 조직상 몇 가지 특성을 보이고 있다. 먼저 미타계의 계안에는 남녀, 반상, 승속이 함께 등재되고 있어 이들이 함께 계원으로 활동하고 있음을 보여준다.[68] 물론 앞서 살핀 바와 같이 공사원과 안일호장, 전순장 등 향리를 비롯한 중인과 상민들이 다수 계안에 올라

---

68) 『彌陀契員四祖列錄』. "淸信女 金氏願蓮·淸信女 都氏法心·淸信女 姜氏法說…" 등을 비롯하여 "崔氏尙功·鄭氏阿只·南氏采鳳, 坤命崔氏·坤命尹氏·坤命宋氏…" 등 여성 계원이 다수 등재되어 있으며, "參奉洪文龜·參奉金遇聲·尹榮道 曾祖禮曺佐郎 東夏·禦侮將軍行忠武衛副司果崔大紀 曾祖通政大夫工曹參議 東鍵·通禮院引儀洪秉景·嘉善大夫同知中樞府事兼五衛將朴道臣·李熙秀 曾祖嘉善大夫同知中樞府事 應漢…" 등 양반신분의 계원이 확인되고 있다.

있다. 이러한 양상을 〈표 2〉의 ⑨ 즉 승려를 비롯하여 풍력이 있는 자는 입계하도록 권장하며, 다만 어리석고 무식한 자들의 함부로 가입하는 것을 제한하는 계칙[69]과 관련지을 때, 미타계의 계원 구성은 남녀, 반상, 승속 모두에게 개방되어 있었으며, 그 승입과 추입은 개방적으로 운영되었음을 살필 수 있다.

다음으로 계안 기재양식의 변화이다. 계안은 〈표 2〉의 (A)②에서 보듯이 영가책은 계원의 사후에 성명을 등재하고 이들의 극락왕생을 염원하는 성격을 띠고 있었다. 그러나 〈표 2〉의 (D)②에서는 계안의 기재양식이 생존계원의 성명을 기재하는 것을 근간으로 하고 생·졸 연대를 부기하는 양식으로 바뀌고 있음을 볼 수 있다.[70] 이러한 변화는 계원의 실체를 소상히 밝혀 이후에 점고하는데 어려움이 없도록 하고, 나아가 계원들의 결속을 도모하여 그 조직의 결속을 강화하려는 데 목적을 두고 있다고 보겠다. 순종 2년(1908) 계원의 4조를 등재하는『미타계원사조열록』이 작성되는 것도 이 같은 차원에서 이해될 수 있을 것이다.

다음으로 계수의 위상과 역할의 변화이다. 〈표 2〉의 (A)⑦에서 보듯이 미타계의 계수에 차정되면 신임 계수는 미10두를 납부하는 것이 관행화되어 있었다. 이러한 신차례가 무엇을 의미하는지는 분명하지 않지만, 그간의 관행이었다는 점에서 미타존불도의 관행을 계승하는 것으로 이해된다. 그러나 이러한 관행은 〈표 2〉의 (D)⑪에서 보듯이 납부에 관한 규정은 삭제되고 계내에서 주배를 마련하여 새로이 차정된 계수에게 예의를 갖추는 것으로 개

69) 『彌陀契遷案』 戊寅契則. “此契專爲尊佛奉公 則僧入之當入契員者 不欲參契 究厥其本 萬萬不可 今番契會時 當入契員三四僧 招出勸入使之入契 此後契員 若不實 則勿論僧俗 有風力當入者 依此勸入 而至於愚蠢無識之輩 不必雜入 一切防塞 遵守契令焉.”

70) 『彌陀契座目』 己亥契則. “昔年錄案未知如何 而近觀府司所在冊子 則只錄身死契員姓名 此何故耶 人之死後 懸錄此案者 顧何益哉 勿論前例有無 揆以事理萬萬不可 故今番改粧冊爲始時 存契員姓名列書 其下生年懸註 死後某年身死懸註 則契案消詳 後考不難 依此施行 追入契員錄案及懸註 一款 有司次知奉行焉.”

정되고 있다.[71] 이로써 계수의 위상과 입지는 강화되는 추세에 있었음을 살필 수 있거니와 이러한 추세는 〈표 2〉의 ⑦, ⑩, ⑫를 연계하여 이해할 때, 즉 그 선출절차가 정형화되고 부의에서 일반계원과 차별화되는 데서도 살필 수 있다.[72] 이처럼 적어도 계 내에서 계수의 위상과 입지가 강화되는 추세는 그 조직을 정비하려는데 의도를 둔 변화라 할 것이다.

한편 계수의 위상과 관련하여 〈표 2〉의 ⑩을 보면, 계수는 부사의 호장에게 종속되고 있음을 살필 수 있다. 계수는 계중의 첨의에 따라 선출됨으로써 계 내에서 그 조직과 운영을 총괄하는 위상이 확보되고 있지만, 계 운영에서 난처한 일에 대해서는 부사에 나아가 호장과 상의하여 변통하도록 규정하고 있다.[73] 이러한 규정은 계수의 활동이 호장의 영향을 받고 있다고 하겠으며, 이는 계수의 위상이 호장으로 대표되는 읍치를 장악한 향리세력에게 종속되고 있음을 보여준다. 그리고 이 같은 양상은 비록 계수는 계중에서 첨의로 선출하는 것으로 정형화되고 있지만, 그 이전에 이미 미타계에서 신임 계수를 부사에서 선출해 줄 것을 요청하고 있었던 점에서 분명해진다고 하겠다. 아울러 계칙상에서 부사가 미타계의 계 주인으로 설정되고 있다는 점에서 계수와 향리세력의 역학관계를 짐작할 수 있다고 하겠다.

이상에서 살핀 바와 같이 조선 후기 미타계의 조직과 운영은 읍치의 주도세력으로서 호장을 중심으로 하는 향리세력의 영향력 하에 놓여 있었다. 이들 향리세력은 조선 후기에 들어서 새로이 입계한 세력이었으며, 이들은 미

---

71) 『彌陀契座目』 己亥契則. "聞契首新差 則米十斗納契云 此宗令人可笑之事也 契首有故 則以契員中年高可堪者 從僉議望差 則自契中酒盃慰問猶或可也 而納米等說 誠是意外 此乃無識行規 日後契首新差 則自契略備酒盃 別爲慰禮以表契義焉."

72) 『彌陀契遷案』 戊申契則. "契首若身死 則異於凡契員 出喪賻紙三卷致奠 若凡契員身死 則賻紙二卷式致奠焉."

73) 『彌陀契遷案』 戊寅契則. "契首若身故 則其代自契中從僉議望定者 乃是通行大節 而近來請差於府司 云是何言也 專由於無識而然矣 此後 則自契中僉議望定後書望記 公員有司持納同宅 則此乃契令依此施行 且此契設立 在於府司 契案流在於府司 已過屢千年 則府司之爲此契主人可知也 契中或有難處事 則契首往府司 與戶長相議變通 俾嚴契令焉."

타존불도의 영가책이 부사에서 발견된 사실에 근거하여 계칙의 제정권을 확보하였고, 나아가 부사를 미타계를 설립한 주체 즉 계 주인으로 설정하면서 미타계의 조직과 운영을 주도한 것으로 파악되었다.

이러한 역학구도 하에서 미타계는 내적으로 계원 구성은 남녀, 반상, 승속에 개방적으로 운영되었으며, 계중 첨의로 선출되는 계수를 비롯한 속유사, 승유사, 공원유사로 이어지는 직임조직을 갖추었고, 계원의 총의가 수렴되는 장이면서 봉불의식의 장이었던 계회를 중심 기구로 운영되었다. 아울러 이 시기의 조직과 운영상의 특성으로 계수의 위상과 입지가 내적으로 강화되는 추세였으며, 계 외적으로 부사의 호장에게 종속되는 양상을 보이고 있었으며, 계안의 기재양식은 생존계원을 중심으로 정식화되어 갔다. 이러한 특성은 미타계의 조직과 운영을 강화하려는 성향을 반영하는 것이었으며, 이러한 양상은 미타계에 집착하였던 향리세력의 성향과 맞물린 변화로 파악될 수 있었다.

5. 미타계의 주도세력과 그 성향

앞서 조선 후기에 미타계의 조직과 운영이 호장을 중심으로 하는 향리세력에 의해 주도되었음을 살펴보았다. 이제 그 향리세력의 실체를 규명하고 이들이 미타계에 집착하였던 성향을 파악해 보고자 한다.

> (A) 종이 관리자 이일래, 종이 마름하는 자 신후길, 인쇄 제본 담당자 황승선[74)]
>
> (B) 주간하는 자 공사원 동원 최륜[75)]

---

74) 『彌陀契座目』 辛酉序文. “措紙者 李日來, 執觚者 辛後吉, 印行而裝衣者 黃承善.”

75) 『彌陀契座目』 辛酉序文. “主幹者 公事員 東原 崔崙.”

(C) 주간하는 자 공사원 홍춘관, 장무 김덕주[76)]

(D) 임영후인 전순장 최동린, 임영후인 안일호장 최익동[77)]

위의 기사는 『미타계좌목』에 수록된 숙종 7년(1681)과 동왕 45년(1719)의 서문에서 발췌하였다. (A), (B), (C)는 계안을 정비하는 과정에서 일정하게 역할을 이행한 인물이며, (D)는 숙종 45년의 서문을 작성한 인물이다. 이들이 당시 미타계를 재정비하는 과정에서 주도적 역할을 이행한 인물들이며, 그 중에서 (B), (C), (D)의 인물은 공사원·전순장·안일호장 등으로 그 직임이 밝혀짐으로서 이들이 향리신분이었음을 알 수 있다. 다만 (A)의 3인이 향리신분이었는지는 분명치 않으나, 그 역할은 공사원과 유사하게 파악된다.

이처럼 미타계를 주도한 세력의 중심 인물은 역시 (D)의 최동린과 최익동이 주목된다. 이들은 숙종 45년 전순장과 안일호장의 위치에서 미타계의 기해서문을 지음으로써 당시 미타계를 중수하는 향리세력의 중심 인물로 부각된다. 물론 계원 중에는 양반신분이 있어 신분상 우위가 인정되지만, 이들은 대부분 여자들이었던 점에서 그 중심적 활동을 하였다고 보기는 어렵다. 전순장 최동린은 자신이 미타계에 가입한 사실을 두고 망계로 치부하는 자들의 비난을 감수하면서까지 감고모선하는 뜻을 관철하여 입계하고 있으며,[78)] 미타계를 중수하는 과정에서 일정하게 물적 재원을 지원하였던 것으로 파악된다.[79)] 더욱이 그는 순장직에서 물러난 직후 미타존불도의 영가책이 부사에 보관되어 있을 것이라는 향로들의 전언을 좇아 그것을 수색하여 확보하였던 인물이다.[80)] 이러한 활동으로 보아 기해서문을 지은 전순장 최동린과 안일호

76) 『彌陀契座目』 辛酉序文. "主幹者 公事員 洪春寬, 掌務 金德柱."

77) 『彌陀契座目』 己亥序文. "臨瀛後人 前巡將 崔東嶙, 臨瀛後人 安逸戶長 崔翊東."

78) 『彌陀契座目』 己亥序文. "邑中無知之輩 或謂余入契之忘計 然渠安知夫感古慕先之意也哉."

79) 『彌陀契座目』 辛酉序文. "玆余若干協謨."

80) 『彌陀契座目』 己亥序文. "余年老多病 窮蟄邑之城東 而參聽古老之語 搜披府司之藏 則

장 최익동은 미타계를 중수하는 과정에서 중심적 인물로 보아 무리 없을 것이다. 이들은 당시 좌목에서 첫머리에 등재되고 있는 점도 그 중심적 입지를 시사하는 것으로 볼 수 있다.[81)]

이제 이들의 가계 분석을 통해 그 실체의 규명에 접근해 보고자 한다.

〈표 3〉 최익동의 가계도[82)]

15世	旭(戶長)(江陵派)	
16世	鶡	
17世	永浩(貢生)	
18세	孟敏 - 孝敏	
19세	山壽　獻景	
20세	德立　崇立(無后)	
21세	命吉(貢生, 同知)	
22세	師銑(僉知)	
23세	一弘(僉知) –	起弘
24세	守東(僉知) - 載東(僉知) - 翊東	贊雄 - 贊重 - 贊東

宛然一冊朱紅盡間列書 契人之姓名 閱覽一遍未嘗不曠感而歎也 先輩之名蹟手澤 尙存於其中 而後世子孫之無識等矣."

81) 『彌陀契座目』 己亥座目. "崔聖復 乙亥, 崔東嶙 丙戌 辛丑二月仙, 崔聖得, 崔翊東 丙午 …."

82) 이 표는 『臨瀛崔氏世譜』에서 정리하였음.

먼저 최익동의 가계를 『임영최씨세보』[83] 즉 정조 7년(1783)에 편찬된 계묘보를 통해 살펴보면, 〈표 3〉에서 보듯이 그는 강릉을 본관으로 하는 강릉지방의 토성향리로서 강릉최씨 24세손이다. 그의 10대조 욱은 호장, 8대조 영호와 3대조 명길은 공생으로 파악된다.[84] 이로써 그의 가계는 선초 이래로 향리의 직역을 이행하는 토성향리 가문이었음을 살필 수 있다. 그리고 21~24세손에 이르면서 이전에 없었던 동지·첨지와 같은 품직이 제수된 사실이 파악되고 있다. 이 또한 향리의 직역을 이행하는 과정에서 수여된 것으로 이해할 때, 24세손인 안일호장 최익동의 대에 이르면서 토성향리 가문의 활동이 활발하였던 것으로 파악될 수 있다.

다음으로 『임영최씨세보』 즉 계묘보에 의거해 전순장 최동린의 가계를 살펴보면 〈표 4〉와 같다. 전순장 최동린은 강릉을 본관으로 하는 토성향리로서 강릉최씨 21세손이다. 그의 4대조 즉 17세손 기정과 기학, 그리고 최동린과 같은 항렬인 21세손이 모두 공생으로 파악되고 있다. 이로써 최동린의 가계 또한 강릉지방의 토성향리 가문이었음을 살필 수 있다.

최동린의 가계에서는 18세손 이후로 두 가지의 뚜렷한 동향이 파악된다. 그 하나는 그의 증조인 승원은 감영에 파견된 향리로서 인조 6년(1628)에 역승 담화를 포착한 공로로 영사종훈권과 가선대부의 품직이 제수되었으며, 또한 이와 관련하여 숙종 11년(1685)에는 가의대부로 가자되었다.[85] 이러한 사실은 영조 연간에 편찬된 이 지방의 읍지인 『임영지』의 향평·인물편[86]에

83) 『臨瀛崔氏世譜』는 正祖 7년(1783)에 편찬된 筆寫本으로 현재 강릉최씨 宗中에 보관되어 있다.

84) 조선 후기 貢生은 "鄕吏子孫稱以貢生"으로 향리의 자손으로 이해되고 있다(李勛相, 『朝鮮後期의 鄕吏』, 1990, 236쪽 참조).

85) 『臨瀛誌』 卷4, 鄕評. "鄕吏 崔承源 崇禎戊辰 逆僧曇華亡命 別關各道 跟捕之際 以當番營吏 自願出捕 仍爲居士 轉乞諸處 行道春川 路逢一僧 敬對談話 極其和順 其僧許心通以本名 卽誘至保安驛捉納 參寧社從勳超嘉善 肅廟乙丑 以九十歲陞嘉義."

86) 『臨瀛誌』 卷1, 人物. "崔承源 本邑吏也 崇禎戊辰 逆僧曇華亡命 承源以入番營吏 自願跟捕 變服色 到黃海道遇一僧 知其爲曇華 誘至春川 仍捉納 得參寧社勳券 授嘉善."

등재되고 있으며, 향리신분으로서 읍지의 향평과 인물조에 등재된 사례는 이것이 유일한 것으로 파악된다.

〈표 4〉 최동린의 가계도[87)]

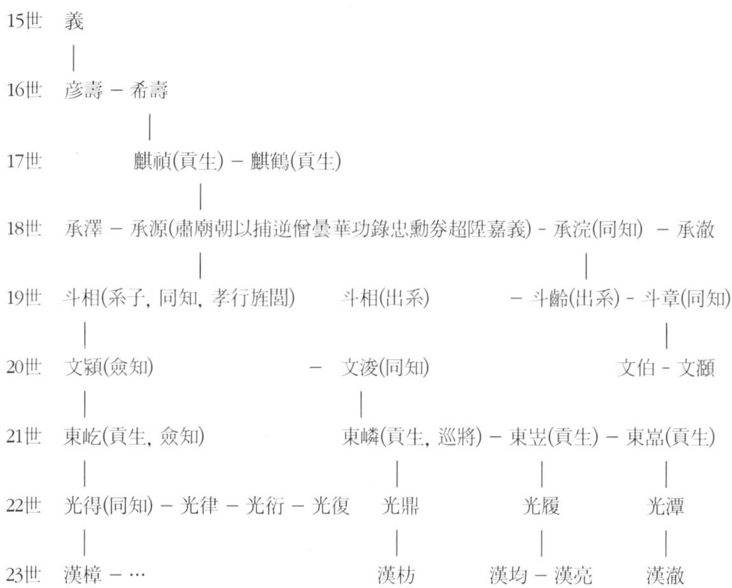

다른 하나는 최동린의 향리가문은 대를 이어 효자를 배출하고 있다는 점이다. 역승을 포착하여 국가에 공훈을 세운 승원을 비롯해 그의 부와 백부인 기학·기정 형제의 효행이 이미 향리에 회자되었고,[88)] 최동린의 조부인 두상은 어사 오명준에 서계로 숙종 33년(1707)에 정문입석되었다.[89)] 또한 최동

87) 위와 같음.

88) 『臨瀛誌』 卷4, 鄕評. "鄕吏 崔承源…嘗爲父斷指得效 父 犭其鶴兄弟 亦皆爲父斷指得效 世代忠孝可尙 而其子斗相之褒旌."

89) 『臨瀛誌』 卷4, 孝子. "鄕吏 崔斗相 性行廉謹 誠孝出天 爲其生養父母 盡孝盡誠 … 肅廟朝丙戌 御史吳命峻 別單書啓 丁亥春 旌門立石."

린의 조카인 광득·광률 형제는 모친의 상장을 거행한 뒤 회갑년을 맞이하여 다시 3년복을 이행하였으며, 최동린의 4촌 손자인 한방은 그 효행으로 정조 9년(1785)에 부임한 현백 심명덕에 의해 정려되었다.[90] 이로써 최씨 일가는 5대에 걸쳐 효자를 배출한 향리가문으로서 평가되었으며, 국가로부터 정표된 사실이 이 지방의 읍지인『임영지』의 효행·향평·인물편에 등재되었고, 그것은 향리신분으로서 읍지에 등재된 유일한 사례였다.

이처럼 최동린의 가문은 18세손에서 23세손에 이르는 시기에 당대의 최고의 가치덕목인 충효가 두드러진 향리가문으로 파악되고 있다. 그의 가문의 충효는 국가로부터 포상되었고, 향리신분으로서 충효의 덕목으로 읍지에 등재된 유일한 사례가 되었으며, 비록 향리신분이었지만 사인으로부터 최문지효·세대충효라는 칭송하는 증시를 얻고 있다.[91] 또한 같은 시기에 〈표 4〉에서 보듯이 그의 가계에서는 5대에 걸쳐 첨추·동지 등 품직을 받은 자들이 배출되고 있다.

이러한 사실은 최동린의 향리가문이 충효 덕목에서 향촌사회의 표상이 되고 있음을 의미한다. 그리고 이러한 양상은 향촌사회에서 그의 가문의 위상과 입지를 반영하는 것으로 이해될 수 있다. 이러한 위상과 입지는 18세손인 승원이 이미 감영을 출입하는 영리였다는 점에서 그 전대로부터 이어지는 것으로 이해될 수 있으며, 이후 이 가문은 충효의 덕목에서 향촌사회의 표상이 됨으로써 그 위상과 입지는 한층 제고되었을 것으로 볼 수 있다.

이상에서 최동린의 향리가문의 위상과 입지를 주목하였거니와, 그것은 이들이 부사의 행정적 실무를 수행하는 읍권을 주도하는 세력일 수 있음을 시사한다는 점에서 의미를 갖는다. 비록 이들은 당대의 최고의 가치덕목인

90)『臨瀛誌』卷5, 孝子. "且漢枋伯父光得仲父光律 慟其母早喪 及其回甲追服三年 崔門之孝 有自來矣."

91)『臨瀛誌』卷4, 鄉評. "鄉吏 崔承源…嘗爲父斷指得效 父(犭其)鶴兄弟 亦皆爲父斷指得效 世代忠孝可尙 而其子斗相之褒旌 有自來矣 士人金公澮 贈詩曰 盟府褒忠 忠貫日 鄉閭旌孝 孝通天 忠孝兩全 源百行 人人皆說 主翁賢."

충효에서 향촌사회의 표상이 되고 있지만, 이로써 조선 후기 사회에서 이들의 세습적 신분이 상승되는 기회가 보장되는 것은 아니었다. 이러한 점에서 이들의 강화된 위상과 입지는 향리사회 내에서 주도적 역할을 확보하는데 기반이 되었을 것으로 평가될 수 있다. 앞서 살핀 바와 같이 최익동과 최동린은 토성향리 가문의 후예였고, 이들의 직임이 안일호장과 순장직에 이르고 있다.[92] 이러한 사실에 근거할 때, 비록 그 직접적인 근거가 확보된 것은 아니지만 적어도 이 향리가문은 읍치의 주도권을 행사하는 위치에 있었거나 읍권을 주도하는 향리가문 중의 하나일 수 있다는 개연성은 충분하다고 할 것이다.

이렇게 볼 때, 조선 후기 미타계의 주도세력은 읍치를 장악한 향리세력으로서 강릉최씨 토성향리 가문이 그 구심점 역할을 하고 있었다고 볼 수 있다. 그리고 여기서 주목되는 강릉최씨는 그 15세손 문옥의 계열로 파악되며, 이들은 조선 후기에 이르면서 위촌파, 청량파, 운산파로 구성되는 계파문중을 형성하면서 분화되고 있다.[93] 이 3개의 계파문중 중에서 안일호장 최익동의 가계는 17세손 산원공 응룡을 파조로 하는 위촌파 계열이며, 전순장 최동린의 가계는 20세손 사직공 치간을 파조로 하는 청량파에서 다시 분화된 23세손 통정공 기학을 파조로 하는 두루파의 계열로 구분된다. 그리고 18세손 생원공 맹섭을 파조로 하는 운산파는 여말선초 이래로 양반의 반열로 성장한 것으로 파악된다.[94]

이로써 강릉최씨 15세손 문옥의 계열은 선초 이래로 사족의 반열로 성장한 계열과 향리세력으로서 활동한 계열로 분화되고 있으며, 이들은 조선 후기에 이르러 각기 계파문중을 형성하였던 것으로 파악된다. 그리고 파문 중

92) 주 77) 참조.

93) 『江陵崔氏大同譜』 1에서 散員公 渭村派, 生員公 雲山派, 司直公 靑良派, 通政公 斗樓派가 확인되고 있다.

94) 『江陵崔氏大同譜』 1. "孟涉 世宗朝 生員."

의 명칭이 위촌·청량·운산·두루 등 지역 명칭으로 파악됨으로써 이곳을 중심으로 이들은 각기 세거해 온 것으로 파악된다. 따라서 미타계의 주도세력이었던 강릉최씨 토성향리 가문은 위촌파와 두루파를 중심으로 하는 향리세력이었으며, 이들이 다름 아닌 강릉지방의 읍치를 주도하는 가문이거나 아니면 그 가문 중의 하나였을 것으로 볼 수 있다.

이상에서 조선 후기 미타계 주도세력의 실체를 규명해 보았거니와, 이들이 미타계의 재정비에 집착하였던 성향은 전통계승의식이었다. 미타계는 미타존불도의 관행을 계승하는 향도계로 인식하였고, 미타존불도는 비록 여말선초에 사족의 승계가 단절되고 있지만 이미 나말여초에 조직된 이래로 고려조 전 기간 동안 온전하게 운영되었던 것으로 이해되었다.[95] 이로써 미타존불도의 관행은 이미 이 지방의 정착된 전통으로 인식되었고,[96] 이들이 미타계에 집착하였던 것은 이러한 인식에 기초한 전통계승의식의 발로였던 것이다.

그리고 이들의 전통계승의식은 철저하게 자신들의 출자의식에 기초한 것이었다. 이들은 토성향리로서 적어도 고려조 이래로 이 지방에 세거하였다는 점에서 미타계에서 그 계승을 표방하는 미타존불도는 다름 아닌 자신들의 선조들이 남긴 유업으로 인식되었으며, 그 유업을 계승하는 것은 후손의 마땅한 도리로 의식하였다.[97] 이러한 논리는 철저하게 자신들이 출자의식에 기초한 것으로서, 이로부터 이들이 미타계에 가입하고 그 운영과 조직을 주도하는 역할을 자임하는 당위성이 확보되고 있다.

또한 이들의 전통계승의식은 자신들이 읍치를 장악한 향리세력이라는 현재적 상황인식에 기초한 것이었다. 이들은 미타존불도의 영가책이 부사에

95) 주 37) 참조.

96) 『彌陀契座目』 己亥序文. "流傳成俗 遵守古例."

97) 『彌陀契座目』 己亥序文. "流傳成俗 遵守古例 子繼其父之志 孫踵乃祖之武 曾不知其幾百世也."

보관되었던 사실에 근거하여 당시 부사를 장악하였던 향리세력을 그 운영주체로 인식하고 있었다. 그리고 이러한 인식 하에 미타존불도의 전통계승을 표방한 미타계의 주체 즉 계 주인으로서 부사를 설정하였으며, 이러한 사실은 이제 자신들이 부사 즉 읍치의 주도권을 장악한 향리세력이라는 현재적 상황인식에서 비롯되는 것이었다.

요컨대 이들 향리가문과 향리세력이 미타계에 집착하였던 성향 즉 전통계승의식은 선대 이래로 이 지방에 세거해 온 토성이라는 자신들의 출자의식과 아울러 부사의 읍권을 장악한 향리세력을 주도하는 자신들의 현재적 입지와 위상에 기초한 것으로 이해될 수 있었다. 아울러 이러한 전통계승의식은 미타존불도를 주도하였던 향리세력이 당시 즉 고려조에서 실질적인 향촌사회의 지배세력이었다는 인식 하에 이제 자신들이 미타존불도의 계승을 표방한 미타계를 중수하는 역할을 자임함으로써 전대의 향리세력의 입지에 의탁하여 현재의 중간지배층으로서 자신들의 입지와 위상을 제고하려는 향리세력의 성향을 반영하는 것으로 이해될 수 있다.

6. 맺는말

이제 이상에서 검토한 내용을 정리하면서 결론으로 삼고자 한다.

먼저 미타계 관련 자료는 조선 성리학 사회에서 향촌민들이 갖는 불교신앙의 실체를 반영하는 사료로서 희소적 가치를 가지며, 더욱이 이 자료가 담지한 향도조직의 계기적인 변화상은 조선 국가의 이념정책과 맞물린 향촌사회 제 세력의 동향을 반영함으로써 그 사료적 가치는 주목되는 것이었다.

미타계는 조선시대 강릉 보현사의 향도조직이었으며, 고려 이래로 보현사의 향도조직이었던 미타존불도의 계승을 표방하면서 선초에 결성되었다. 강릉지방의 미타존불도는 사회세력을 결속하는 향도조직이었으나, 선초에 이르러 조선 국가의 이념정책 즉 배불 정책으로 말미암아 이 지방의 사회세력은 분기되는 양상을 보이고 있었다. 즉 국가의 이념정책에 편승한 재지사족은 불교를 좌도로 규정하여 배불성향을 견지하면서 미타존불도의 승계를 단절하였고, 국가의 배불 정책 하에서도 신불성향을 견지하였던 기층민을 중심으로 하는 사회세력은 미타존불도의 계승을 표방하고 있었다. 이러한 사회적 상황은 미타계가 결성되는 사회적 배경으로 이해되었으며, 미타계는 보다 기층민을 중심으로 결성된 향도조직이었다.

선초의 미타계는 비록 미타존불도의 계승을 표방하면서 재편성되었지만, 그것은 재지사족의 승계가 단절된 상황에서 결사체적 성격을 띠게 됨으로써 지역공동체적 성격을 띠었던 미타존불도에 비해 그 조직과 활동은 크게 위축되었던 것으로 이해되었다. 그리고 미타계의 이러한 양상은 조선 전기를 경과하면서 국가의 이념정책과 재지사족의 성리학적 성향이 강화되는 추세에서 점차 심화되었던 것으로 파악되었다.

그러나 미타계는 조선 후기에 접어들어서 그 조직과 운영이 정비되고 있었다. 계원 구성은 남녀, 반상, 승속에 개방적이었으며, 계원의 첨의로 선출되는 계수를 비롯해 그 기능이 분화된 속유사, 승유사, 공원유사로 이어지는 직임조직이 갖추어졌으며, 연중 3~5회로 개최되었던 계회는 미타계 운영의 중심 기구로서 계원의 총의를 수렴하는 장이었으며 아울러 존불 의식의 장이었다.

조선 후기의 미타계는 이 시기에 새로이 가입한 세력에 의해 주도되었으며, 이들은 강릉최씨 두루파와 위촌파의 토성향리로서 당시 읍치의 주도권을 장악한 호장을 중심으로 하는 세력이었다. 이들은 미타존불도의 영가책이 부사에 보장되어 온 사실에 근거하여 부사를 미타계의 설립주체 즉 계 주인으로 설정하고 계칙의 제정권과 계수의 통제권을 확보함으로써 미타계의 조직과 운영을 주도하였던 것으로 이해되었다.

그리고 이들 향리세력이 미타계에 집착하였던 성향은 미타존불도를 이 지방에 유전되는 습속이고 준수되어야 할 고례로 인식하는 전통계승의식이었으며, 이러한 전통계승의식은 미타존불도를 주도했던 선조의 유업을 계승해야 할 이 지방에서 세거해 온 토성이라는 자신들의 출자의식과 아울러 미타존불도를 주도했던 향리의 역할을 계승해야 할 이 지방의 읍치를 주도하는 향리세력이라는 자신들의 자아의식에 기초한 것이었다. 그리고 이러한 의식은 미타존불도의 주도세력을 강릉지방의 실질적인 지배세력으로 인식하고, 이제 향촌사회의 중간지배층으로서 자신들이 미타존불도의 계승을 표방한 미타계의 조직과 운영을 주도하는 역할을 자임함으로써 그 입지와 위상을 제고하려는 성향을 반영하는 것이었다.

제 5 장

강릉대도호부 읍치의 구조와 특성

1. 머리말

읍치는 치소라고도 하며 대개는 읍성으로 에둘러진 공간이다. 이 읍치 공간에는 조정으로부터 임명된 수령의 집무처인 아사를 비롯해 각종 관아가 집중적으로 배치되어 있다.[1] 그리고 수령과 그를 보좌하는 6방 관속들이 분장된 업무를 집행하며, 또한 이들이 집단적으로 거주하는 주거 공간이 형성되어 있다.[2]

읍치는 지방사회의 구심체로 기능하였다. 읍치는 대내적으로 면리 편제를 아우르며, 대외적으로 지방사회를 대변하는 창구로서 기능을 하였다. 이로써 읍치의 인적·물적 기반을 공고히 하는 것은 곧 지방의 체모와 품격에 직결되는 사안으로서 중시되었다. 이 점에서 읍치에 대한 이해는 곧 지방사 연구의 요체로서 의미를 갖는다.

그동안 읍치에 대한 연구는 읍성의 입지와 읍치 공간의 구성 원리를 파악하여 그 의미를 규명하는 연구,[3] 향청과 작청을 비롯한 관아의 운영과 기능,[4] 행정 실무를 주도하는 향리세력의 존재양태와 역할,[5] 읍치 공간의 사회

1) 이훈상, 「조선후기 읍치 사회의 구조와 제의」, 『역사학보』 147, 1995, 48쪽. 읍치 공간에는 지방관은 물론 각종 행정 官府들이 집중 배치되었고 행정 업무를 집행하는 吏胥들이 거주하는 곳으로 대체로 城이 둘러싸고 있는 곳으로 규정할 수 있다.

2) 이준구, 「19세기 경상도 지례현 읍치지역의 사회구성과 이족가문」, 『조선시대사학보』 2, 1997, 94쪽.

3) 양보경·민경이, 「경상북도 영천읍성의 공간구조와 그 변화」, 『문화역사지리』 16-3, 한국역사문화지리학회, 2004; 김경추, 「삼척읍성에 관한 연구-입지와 공간구성을 중심으로-」, 『지리학연구』 40-3, 국토지리학회, 2006.

4) 박경하, 「19세기 함경도 안변의 향청·작청 직임과 인사 관행」, 『역사민속학』 44, 역사민속학회, 2014; 이훈상, 「조선시대의 읍사와 작청」, 『아시아문화』 6, 한림대 아시아문화연구소, 1990.

5) 이훈상, 「조선후기 읍치 사회의 구조와 제의」, 『역사학보』 147, 역사학회, 1995.

구성[6] 등 다양한 영역에 걸쳐서 이루어졌다. 아울러 최근에 이르러 여말선초의 치소로서 읍성과 진산에 관한 일련의 성과로 읍치에 대한 논의가 진전되는 양상이다.[7]

강릉지방의 읍성과 읍치에 대한 연구는 역사학·고고학·지리학 분야에서 진척시켜 왔다. 지금은 훼철된 읍성의 궤적을 재구성하는 작업은 이들의 공통된 관심사였다. 그러면서 역사학 분야에서는 읍성과 읍치의 조성의 양태를 규명하는데 치중하였고,[8] 고고학 분야에서는 도시개발과 관아의 복원에 따른 발굴 작업에 근거하여 각종 관아의 건물지를 파악하려는데 주안점을 두었으며,[9] 지리학 분야에서는 읍치의 입지조건과 경관 구성에 주된 관심을 기울인 것으로 보인다.[10]

이러한 연구 성과로 강릉읍성과 읍치 공간에 배치된 관아와 시설물을 개관하게 되었다. 강릉의 읍치는 고려 초기에 획정되어 조선시대로 이어졌으며, 조선 초기에 읍성이 토성에서 석성으로 개축된 사실과 그 궤적을 추적하여 도면화하는 성과를 이루었다. 또한 읍치 공간의 각종 관아는 '상객하아(上客下衙)'의 형태를 축으로 삼고 다양한 종류의 관아 건축물이 배치되었으며, 아울러 읍치 공간의 발굴성과에 힘입어 남문지의 위치를 추정하였고 객사와 관아 터의 발굴성과에 힘입어 객사와 관아가 복원되는 성과를 이루었다.

---

6) 이준구, 「19세기 경상도 지례현 읍치지역의 사회구성과 이족가문」, 『조선시대사학보』 2, 1997.

7) 최종석, 「조선초기 '邑城' 용어 출현의 배경과 읍성의 유형」, 『동방학지』 138, 2007; 「조선시기 진산의 특징과 그 의미 – 읍치공간 구조의 전환의 관점에서–」, 『조선시대사학보』 45, 2008.

8) 임호민, 「조선조 강릉대도호부 읍성 및 관아의 조성과 특징」, 『지방사와 지방문화』 15, 역사문화학회, 2012 참조.
김흥술, 『강릉의 도시변천사 연구』, 경인문화사, 2015 참조.
유재춘, 『한국 중세축성사 연구』, 경인문화사, 2003 참조.

9) 강원문화재연구소·강릉시, 『강릉읍성』, 2006 참조.

10) 이준선,「영동지역 읍치의 입지와 경관」, 『문화역사지리』 22-3, 2010 참조.
김경추,「삼척읍성에 관한 연구–입지와 공간구성을 중심으로–」, 『지리학연구』 40-3, 국토지리학회, 2006.

여기서는 이러한 성과를 토대로 삼고 세 가지 사안을 주목하고자 한다. 먼저 읍치의 진산이다. 최근에 발견된 진산에 관한 자료를 활용하여 읍치의 지형적 특성을 살피고자 한다.[11] 다음은 관아의 배치와 개·보수 양태이다. 읍치 공간의 주요 관아인 객사·아사·부사·향청 등 4대 권역을 중심으로 하는 관아의 배치 양태를 정리하고, 관아의 개·보수 양태를 추적하여 시대적 특성을 이해하고자 한다. 끝으로 읍치 공간의 인적 구성과 읍성 마을이다. 각종 관아에 배속되는 인적 구성을 파악하고, 아울러 읍성 마을의 존재를 파악하고자 한다. 이로써 강릉지방 읍치 공간의 특성과 지방사적 의미를 이해하고자 한다.

이를 위해 조선 후기에 편찬된『관동읍지』를 비롯해 각종 지지류와 고지도를 주요 자료로 활용하였고, 아울러 연대기 자료와 개인 문집 자료를 활용하였다. 특히 강릉 읍치에는 문화재로 지정된 '임영관 삼문'[12]과 '칠사당'[13]이 보존되어 있으며, 이번에 처음으로 활용되는 읍치 진산 관련 자료는 관아의 배치양태와 지형적 특성을 파악하는데 중요한 단서로 활용되었다. 아울러『관동읍지』낭천현 편에 수록된「관아 배치도」는 참고 자료로써 활용하였다.[14]

---

11)『東原世稿後集』「篁村遺稿」에 수록된 "君子池記"와 "九花潭記" 등의 記文 참조.

12) 강원도,『강원문화재대관』국가지정 편, 강릉 객사문, 2006, 22쪽. 고려시대 건축물인 '강릉 객사문'은 국보 51호로 지정되었다. 객사의 대문으로서 정면 3칸, 측면 2칸에 단층 맞배기와 지붕이며, 주심포 양식에 3문 5량 구조를 가졌다. '강릉 객사문'은 2010년에 '임영관 삼문'으로 그 명칭이 개정되었다.

13) 강원도,『강원문화재대관』도지정 편, 칠사당, 2006, 30쪽. 조선시대 건축물인 칠사당은 강원도 유형문화재 제7호로 지정되어 있으며, 정면 좌측에 누마루가 있는 ㄱ자형 건축물로 단층 팔작지붕기와지붕에 익공계 양식으로 알려져 있다.

14)『관동읍지』낭천현,「관아 배치도」참조.

2. 읍치의 지리적 특성과 읍성

(1) 역사 지리적 특성

강릉의 진산은 대관령이다. 대관령은 남북으로 이어지는 태백산맥의 줄기를 가로질러서 영동과 영서를 연결하는 교통의 요충지인 고갯마루이다. 강릉은 대관령으로부터 동쪽으로 30리 아래에 자리 잡은 도시라고 하였다. 이 점은 강릉지방의 크고 작은 산과 산줄기 그리고 하천들이 근원적으로 태백준령으로부터 동쪽으로 흐르는 산세를 가지고 있음을 시사한다. 이러한 산세에 근거하여 대관령은 강릉의 진산으로 설정되었고, 아울러 강릉 읍치 공간의 외적인 지형적 특성으로 이해되고 있다.

강릉지방의 읍치 공간은 읍성으로 에워싸여 있다. 다음 〈그림 10〉은『여지도서』에 수록된 강릉지방의 고지도이다. 여기에서 강릉지방 읍성과 4대문, 읍치와 외곽의 도로망이 선명하게 나타나고 있다.

이 읍치 공간은 이미 나말여초에 지금의 자리에 설정된 것으로 이해된다. 이 점은 강릉의 객사인 임영관이 960년경에 건립된 데 근거한다. 이로써 당시 읍치 조성의 주역은 '명주호족'이었다고 할 수 있다. 이들은 이 지방의 주도세력으로서 군사·혼인·사성(賜姓) 등으로 고려 건국세력과 밀접한 협조적 관계를 유지하였고, 이로써 자신들은 조정에 출사할 수 있었고 아울러 강릉 즉 당시 명주는 동원경(東原京)으로 읍호가 승격된 사실이 주목된다.

〈그림 10〉『여지도서』 강릉지도

이로써 나말여초 읍치 공간의 획정은 당시 명주호족의 활약과 맞물려 있다고 하겠다. 즉 읍호의 승격으로 귀결되는 당시의 사회발전상을 담보하는 기념비적 성격을 가지고 있다고 보겠다. 그리고 조선시대로 이어지는 이곳 읍치의 동쪽에는 '예국고성(濊國古城)'[15]이 있으며, 서쪽에는 '명주성(溟州城)'[16]이 있다. 이곳 읍치 공간은 명주성보다는 낮은 지대이며, 예국고성보다는 지대가 높다는 지형적 특성을 가지고 있다.

예국고성과 명주성은 고대사회에 그 연원을 두고 있지만, 명주성이 보다 늦은 시기의 성으로 이해된다. 명주성은 고려 초기에 수리한 사실이 파악되며,[17] 이 사실은 후대의『세종실록지리지』·『신증동국여지승람』·『여지도서』·『대동지지』·『임영지』 등 지지에서도 산견된다.[18] 또한 명주성은 장안성이라는 별호를 가지고 있다.[19] 이러한 점에 근거하여 명주성을 이전의 치소성으로 보고 있다.[20] 즉 명주성으로부터 이곳 읍치로 이전되었음이 인정될 수 있다.

한편 임영관의 진산으로 천복산(天福山)이 지목되고 있다.[21] 이 사실은 황촌 최광휘(篁村 崔光彙; 1728~1800)가 지은『구화담(九花潭)』·『군자지(君子池)』에 대한 기문에서 파악된다.[22] 그는 읍성의 서문과 지근한 거리에 있는 산황동에 거주하였던 인물이며, 이들 기문의 첫머리에서 천복산이 임영관의 진산이라는 사실이 언급되고 있다.[23]

---

15) 조선총독부,『조선고적도보』3, 1916. 傳 濊國土城, 309쪽.

16) 관동대학교박물관,『강릉 명주산성-지표조사 보고서-』, 2009, 39쪽.

17)『고려사』卷82, 지제 36, 병 2, 城堡條. "德宗三年 修溟州城."

18) 관동대학교박물관,『강릉 명주산성-지표조사 보고서-』, 2009, 39쪽.

19) 조선총독부,『조선보물고적조사자료』, 1942.

20) 관동대학교박물관,『강릉 명주산성 – 지표조사보고서-』, 2009, 42쪽.

21)『동원세고후집』,「황촌유고」기문. "九花潭記 天福山是爲臨瀛館之鎭山; 君子池記…臨瀛館之主鎭也."

22)『동원세고후집』묘갈명. "公諱光彙字士蔚姓崔…公生於英廟戊申二月十九日 卒於正廟庚申三月十三日壽七十三…公號篁村."

23) 이 기문에서 그는 자신이 거주하는 산황동이 읍성의 서문과 마주보는 위치에 있음을 전제

여기서 지목되는 임영관은 강릉 읍치 공간의 객사를 지칭한다. 현재 문화재청에서 객사의 대문을 '임영관 삼문'으로 공식적으로 명명하였고,[24] 객사의 전대청(殿大廳)에는 '임영관'이라는 현판이 걸려 있다.[25] 그리고 임영은 강릉지방의 별호이다. 이 점에서 객사를 임영관이라 부르는 것은 객사가 이 지방 읍치를 대변하는 주요 관아라는 의미를 함축하고 있다. 이러한 점에서 천복산을 임영관의 진산이라 표현한 것은 개별적인 관아의 의미를 넘어서 읍치 공간의 진산으로 확대 해석이 가능하다고 본다.

천복산은 읍치 공간으로부터 북서쪽에 위치하였다. 태백준령으로부터 동쪽으로 뻗어 내린 산줄기에서 중간 중간 산봉우리가 우뚝 솟아 있는데, 천복산을 중심에 놓고 보면 그 서쪽에는 강릉지방 고가로 유명한 임경당의 뒷산인 정산(鼎山)이 있고, 그 동쪽에는 강릉향교의 뒷산인 화부산(花浮山)이 있다. 즉 강릉의 중심지로 연결되는 산줄기에 정산-천복산-화부산이 연장선상에 놓이며, 이 산줄기의 남쪽으로는 남대천을 두고 있다는 지형적 특성을 가지고 있다.

'구화담기'에 의하면, 천복산으로부터 조금 아래로 내려와 임영관 쪽을 향해 내려다보면 산줄기가 양쪽으로 나뉘어져 날개를 펼친 형상으로 이곳이 산황동이다. 산황동은 삼면이 산줄기로 병풍을 두른 듯한데 다만 그 동쪽으로 열려 있어 읍성의 서문 즉 망신루(望宸樓)와 통해 있다고 하였다.[26] 그리고 읍

하고, 서문 쪽에서 발생하는 번다한 소음을 막기 위해 마을의 경계에 늪지에 각종 나무를 옮겨 심어 울타리로 삼고 그 주변을 각종 꽃으로 단장하여 구화담이라 명명하였고, 또한 이곳의 연못을 확장하여 고기도 키우고 연꽃도 옮겨 심어 가꾸면서 이곳을 군자지라 명명하였다고 하였다.

24) 강릉원주대학교 산학협력단, 『사적 제388호 강릉 임영관 사적 명칭 변경 학술조사 용역 보고서』, 2013, 2쪽. 2010년 11월 25일 국보 제51호 '객사문'과 사적 제388호 '강릉 임영관지'는 그 명칭이 개정되었다. 객사문은 '강릉 임영관 삼문(江陵 臨瀛館 三門)'으로, 강릉임영관지는 '강릉 임영관(江陵 臨瀛館)'으로 개정되었다. 문화재 복원이라는 형상 변경에 따른 개정 작업이었다.

25) 강릉원주대학교 산학협력단, 『사적 제388호 강릉 임영관 사적 명칭 변경 학술조사 용역 보고서』, 2013, 26쪽.

치 공간은 성곽과 관사가 높고 화려하며, 저잣거리의 우마차 소리가 요란스럽다고 하였다.[27)]

이로써 보면 강릉 읍치 공간은 천복산으로부터 조금 내려와 남동쪽으로 흐르는 구릉지대를 지나 그 끝자락에 설정되었음을 살필 수 있다. 부언하자면, 천복산에서 급경사를 이루며 낮아진 산자락에 해발 60~80m의 구릉지대가 넓게 형성되어 있으며,[28)] 이 구릉지대는 읍성의 북서쪽 외곽이 된다. 이 구릉지대를 지나 읍성의 서벽을 이루는 언덕은 해발 70~40m로 낮아지면서 남대천에 연접하며,[29)] 읍성 내로 이어지는 남쪽 끝자락은 해발 26m 고도를 보이며,[30)] 그 끝자락은 급경사를 이루면서 낮아져 남쪽으로 평지를 이루고 있다.

또한 구릉지대의 남동쪽 끝자락은 해발 50~20m로 낮아지면서 평지로 이어진다. 이로써 강릉 읍치 공간은 해발 26m의 남쪽 끝자락과 해발 50~20m의 남동쪽 끝자락을 읍성 안으로 끌어안으면서 강릉읍성의 북쪽 성곽이 축성되었다고 할 수 있다.

그리고 읍치 공간의 평지는 동쪽으로 치우쳐 전개되는 형상이다. 이렇게 전개되는 평지의 남쪽 끝자락은 강릉의 젖줄이라고 할 수 있는 남대천과 연접해 있다. 읍치 공간과 남대천의 경계선 상에 읍성의 남쪽 성곽이 축성되었고, 이 경계선 즉 성곽의 축성은 하천변으로 형성되는 충적지를 성곽 밖으로 두고 있다는 특성을 가지는 것으로 파악되고 있다. 아울러 강릉읍성의 둘레

---

26) 『동원세고후집』 篁村遺稿, 記文. “自天福稍下 俯瞰臨瀛館 分介爲兩麓 翼之以左右 中開寬閒之界 寂寞之濱 可容數十閭落…山篁洞是也. 洞之三面 來山自護 而屛擁乍開 其東與邑城之西望宸樓 通邑居至近.”

27) 『동원세고후집』 篁村遺稿, 記文. “而城郭官舍之嵩華 市井車馬之喧囂 時或亂聒 視聽有妨.”

28) 이준선, 「영동지역 읍치의 입지와 경관-강릉과 삼척을 중심으로-」, 『문화역사지리』 22권 3호, 2010, 63쪽.

29) 위의 책, 64쪽.

30) 위의 책, 63쪽.

를 재현한 〈그림 11〉에 근거하여 계산된 읍치 공간의 면적은 199,600m²로 산출된다.[31] 평수로 환산하면 60,484.8평 규모가 된다.

(2) 읍성의 규모와 변화

조선시대 군현에는 대부분 읍성이 축조되었다. 전국의 읍성 중에는 지난 시대부터 이어지는 것과 새로이 축조되는 것이 있을 수 있으며, 군사적 목적 여부에 따라 그 규모 역시 차이가 났을 것으로 본다. 그리고 대·소읍의 차이에 따라 그 규모 역시 차이를 갖는 것으로 보아야 할 것이다.[32]

강릉은 고려 말엽에 대도호부로 편제되어 조선 시대로 이어졌다.[33] 여기에는 강릉지방의 경제적·군사적·사회적·문화적 역량에 근거하여 영동지역의 수부도시라는 지정학적 입지가 반영된 것이라고 이해된다.[34]

조선 초기 강릉읍성은 『세종실록지리지』에서 파악된다. 〈표 5〉에서 보듯이 둘레가 784보의 규모로 토성이었다.[35] 그리고 강릉의 속현이었던 우계현(羽溪縣)에도 읍성이 있었고, 둘레는 197보의 규모로 토성이었다.[36] 이로써 강릉의 읍성은 속현에 비해 약 4배 정도의 규모였던 것으로 파악된다. 이 시기의 읍성은 이전 시대 이래로 전승되는 양상이었을 것으로 이해된다.

강릉읍성이 토성에서 석성으로 개축되는 시기는 16세기 초반으로 이해된다. 1451년(문종 1) 강원도 감사의 장계로 동해안의 읍성이 수축된 사실이 파악되며, 이 시기 강릉읍성은 3,720척 규모에 강릉, 평창, 영월, 정선 등지

---

31) 강릉읍성의 둘레를 '강릉시 유적관리 전산프로그램'에 올려서 산출하였다. 그리고 현재 '강릉대도호부 관아 지정구역'으로 지정된 면적은 18,951m²로 파악된다.

32) 장명수, 「조선시대 도시계획 특징에 관한 연구」, 『국토계획』 28-3, 도시계획학회, 1993, 7쪽.

33) 『世宗實錄』 153권, 지리지, 강원도, 강릉대도호부.

34) 『中宗實錄』 卷11, 5年 7月 11日. "江陵 三陟 道內巨鎭."

35) 『世宗實錄』 153卷, 地理志, 강원도, 강릉대도호부. "土城 周回七百八十四步."

36) 『世宗實錄』 153卷, 地理志, 강원도, 강릉대도호부. "土城 羽溪邑 土城 周回一百九十七步."

의 군인이 사역에 동원된 사실이 파악된다.[37] 그리고 1510년(중종 5)에 강원도 관찰사는 도내 연해 각 읍에 성 쌓기를 조정에 요청하였고, 아울러 도내의 거진인 강릉과 삼척의 성 쌓기를 우선적으로 시행하는 것으로 결정되었다.[38] 그리고 2년 후의 기록에서 석재에 대한 언급이 있어 당시의 축성이 석축이었을 것이라는 개연성을 보이고 있다.[39]

이러한 양상은 『신증동국여지승람』 강릉편에서 수용되는 것으로 이해된다.[40] 〈표 5〉에서 보는 것처럼 읍성의 개축은 토성과 석성이 병존하였던 단계를 거쳐 온전하게 석성으로 개축이 완공된 것으로 파악된다. 즉 구간별로 병존하였던 단계에서 토성은 높이 4척에 둘레가 2,108척이었으며, 석성은 높이 2척에 둘레가 139척으로 파악되고 있다. 이 무렵 석성은 읍성의 남쪽 성곽으로부터 시작된 것으로 이해되며, 이것은 성곽의 전면에 하천을 두고 있다는 점에서 이해된다고 하겠다.

〈표 5〉 강릉읍성의 규모

근 거	높 이	둘 레	기 타
세종실록지리지	(토성)	784보	토성
신증동국여지승람	4척(토성)· 2척(석성)	2,108척(토축)· 139척(석축)	토성과 석성 병행
신증동국여지승람(신증)	9척(석축)	3,782척(석축)	정덕 임신(1512, 중종 7)에 석성으로 개축
관동읍지	10장(석성)	2,600척	
영동지도[41]	9척(석성)	3,782척(석축)	

37) 『文宗實錄』 卷10, 文宗 1年 11月 28日. "江陵邑城 周回三千七百二十尺 役本府及平昌寧越旌善軍人."

38) 『中宗實錄』 卷11, 5年 7月 11日. "江陵 三陟 道內巨鎭 兩鎭城子 請先築之."

39) 『中宗實錄』 卷15, 7年 2月. "其中拾石稍多 江陵城子 始自今春 …造築後 待豊年 功役輕重分揀 量宜出軍畢役."

40) 『신증동국여지승람』을 『승람』으로 표기.

41) 『영동지도』 규장각 915.11.

이러한 개축과정을 거쳐서 강릉읍성은 16세기 초반에 높이 9척에 둘레 3,782척의 석성으로 완공된 것으로 파악된다. 특히 앞서 실록의 기사를 염두에 두면『승람』에서 파악되는 1512년(중종 7)은 토축에서 석축으로 개편되는 분기점으로서 의미를 갖는다고 볼 수 있겠다. 그리고 〈표 5〉에서 보듯이『관동읍지』와『영동지도』의 내용은 강릉읍성이 석성으로서 유지되고 있음을 보여준다. 비록 높이와 둘레의 규모에서 양자가 차이를 보이고 있으나,『승람』과『영동지도』의 자료에서 그 규모가 일치하고 있다는 점에서 신뢰성을 가지는 것으로 볼 수 있겠다.

한편 강릉읍성의 토성과 석성의 규모를 비교해 보고자 한다. 세종 때의 읍성의 둘레를 1보를 6척으로 삼고 환산하면 토성은 4,704척이 된다. 이를 다시 중종 때의 기록인 토축 2,108척과 석축 139척을 합산하면 읍성의 둘레는 2,247척으로 세종 때보다 약 53% 정도 축소되고 있음을 보여준다.

또한 중종 때의 기록에서 병기되는 정덕(正德) 임신년(壬申年) 즉 1512년(중종 7)의 기록에서 개축한 읍성은 석축으로 둘레가 3,782척이고 높이가 9척으로 파악된다.[42] 이 기록은 읍성 전체가 석축으로 완공되었으며, 높이가 9척인 점을 보면 당시 개축이 대역사였음을 시사하고 있다. 그리고 비록 높이 10장에 2,600척으로 파악되기도 하지만,[43]『영동지도』에 수록된 강릉지도에 부기된 기록에서도 석축의 둘레는 3,782척으로 동일하게 나타난다.[44] 이러한 규모를 세종 때 토축과 비교하면 약 20% 정도 축소되었다고 하겠으나, 직전의 토축과 석축이 병행되던 시기의 규모와 비교하면 약 41% 정도 확장되었음을 보여준다.

이제 강릉읍성의 둘레 궤적을 살펴보고자 한다. 강릉읍성은 북쪽은 해발고도 91m의 구릉지대이다.[45] 이 구릉지대의 끝자락에서 동쪽과 서쪽으로 해

42)『신증동국여지승람』강릉, 성곽. (新增) 正德壬申改築 石城周三千七百八十二尺 高九尺.
43)『관동읍지』강릉, 석성.
44)『嶺東地圖』규장각 915.11.

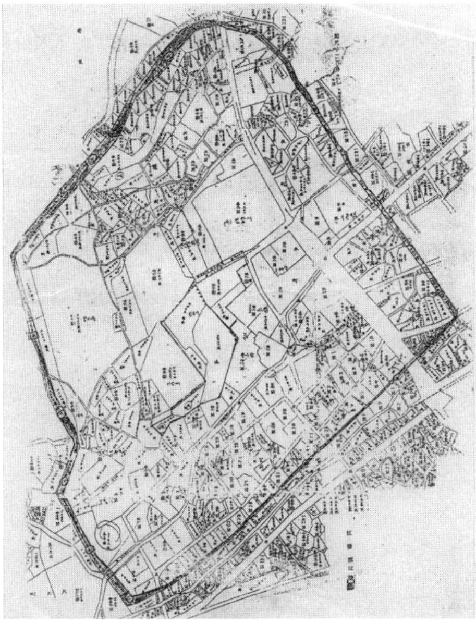
〈그림 11〉 강릉읍성의 둘레

발고도가 70~20m로 낮아지는 경사면에 읍성의 북벽과 서벽이 축성되었다.[46] 특히 서벽의 남쪽 끝자락은 남대천의 천변에 가장 근접해 있다는 특성을 가진다. 그리고 남쪽 성벽은 서쪽에서부터 동쪽으로 이어지면서 점차로 남대천의 천변과 간격이 넓어지는 형상이며, 동쪽 성벽은 평지에 축성되었다. 이러한 양상은 북벽과 서벽이 비록 경사가 낮아지고 있으나 북서쪽으로부터 휘몰아치는 세찬 바람을 막을 수 있었고, 남벽과 동벽은 평지인 개활지를 끌어안고 있다고 할 수 있다.

이러한 강릉읍성의 둘레 궤적은 2010년에 도면으로 작성되어 보고되었다.[47] 이 도면은 1933년 조선총독부에서 편찬한『일만분일조선지형도집성(一萬分一朝鮮地形圖集成)』에 수록된 강릉 지형도에서 해당 부분을 발췌하였고,[48] 이를 바탕으로 현재까지 부분적으로 전해지는 성축 유적을 조사하여 작도하였다.

이 도면은 2006년에 편찬된 발굴보고서인『강릉읍성』[49]의 내용과도 부합

45) 이준선,「영동지역 읍치의 입지와 경관」,『문화역사지리』22-3, 2010, 63쪽.
46) 위의 책, 63쪽.
47) 위의 책, 64쪽.
48) 조선총독부,『一萬分一朝鮮地形圖集成』, 강릉, 柏書房, 1933년 측도.
49) 강릉시·강원문화재연구소,『강릉읍성』, 강원문화재연구소, 2006.

하는 것으로 신뢰도를 가진다. 즉 2003년에 성내동 11-1번지 일대에서 읍성 동벽에 해당하는 토축과 석축이 발굴되었고, 2004년 임당동 146번지를 중심으로 하는 강릉 중앙동사부지에서 읍성의 동벽에 해당하는 석축과 토성 판축 모습이 발굴되었고, 2006년 명주동 14번지 일대에서 읍성의 남벽에 해당하는 토축과 석축 그리고 남문지가 일부 발굴되었다.[50] 이러한 내용과 위에서 살펴 본 도면에서의 읍성 둘레는 일치하는 것으로 볼 수 있으며, 이 점에서 위의 도면은 신뢰할 수 있다고 하겠다.

이상에서 살펴 본 강릉읍성은 고지도상에서 다음과 같은 양상으로 표기되고 있다.[51)52)]

〈그림 12〉『해동지도』의 강릉읍성

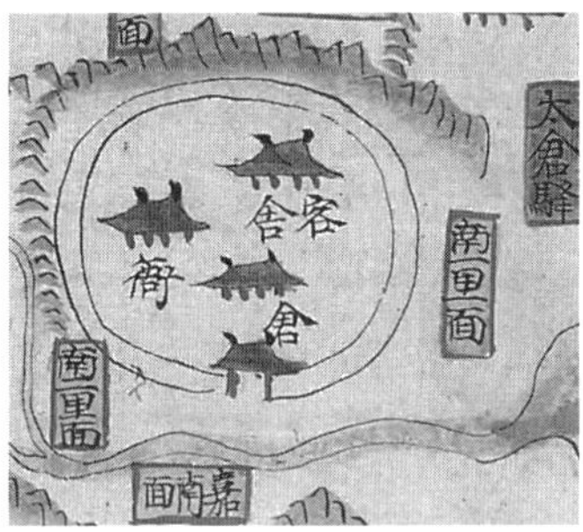

〈그림 13〉『광여도』의 강릉읍성

위의 두 개 고지도에서 강릉읍성의 형상은 읍성의 외곽에 북쪽과 서쪽으로 산세가 병풍처럼 둘러져 있으며, 남쪽과 동쪽으로 개활지가 형성되어 있음을 볼 수 있다. 그리고 여기서는 읍성의 남문이 묘사되었고, 도로가 남문으로 연결되며, 또한 읍성의 남쪽 전면에는 남대천이 흐르고 있음을 보여준다. 그리고『여지도서』의 강릉편에 수록된 부도에서는 남문과 동문으로 연결된

50) 강릉시·강원문화재연구소,『강릉읍성』, 강원문화재연구소, 2006, 40쪽.
51)『해동지도』古大 4709.
52)『광여도』.

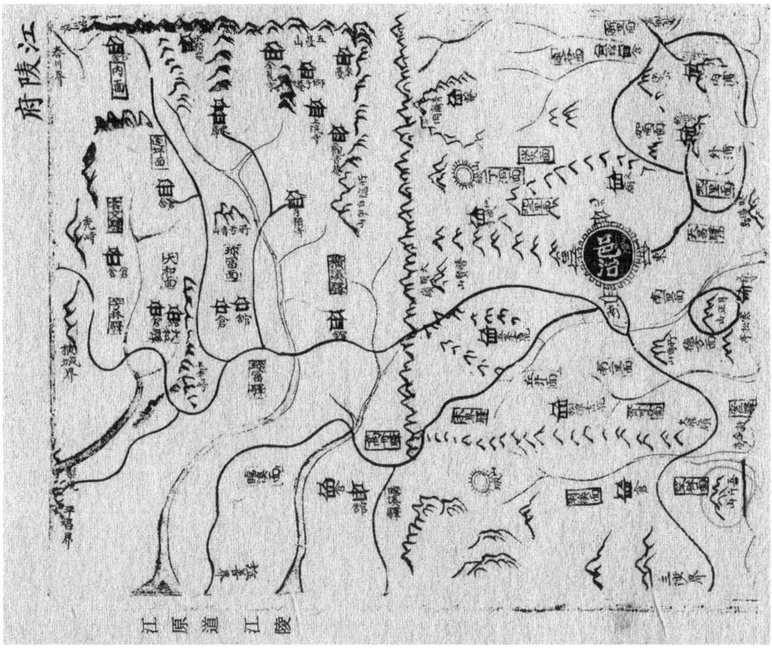

〈그림 14〉 『여지도서』 강릉부 지도

도로와 읍성의 성첩을 비롯하여 4대문이 확연하게 드러나고 있다. 동문에는 6칸의 가해루(駕海樓), 남문은 6칸의 어풍루(馭風樓),[53] 서문에는 1칸의 망신루(望宸樓), 북문에는 1칸의 빙허루(憑虛樓) 등 문루가 설치되었다. 이로 보면 동문과 남문이 큰 대문으로서 역할을 하였고, 동문 문루에는 금종(金鐘)을 걸어 두고 사용하였던 것으로 파악된다.[54]

---

53) 『임영지』 어풍루중수기. "歲庚午 余來莅于玆 見城之南樓 歲久腐以傾 懼其頹壓 亟命撤去 因舊制易材瓦 五閱月而訖工焉."

54) 방동인, 『영동지방 역사기행』, 신구문화사, 1995, 137쪽.

3. 읍치 공간 관아 배치와 개·보수 양태

(1) 관아의 배치 양태

여기서는 18세기에 편찬된 『여지도서』와 19세기에 편찬된 『관동읍지』에서 강릉지방의 공해조 내용을 비교하면서 인식체계와 배치 양상을 살펴보고자 한다. 이 내용을 정리하면 〈표 6〉과 같다.

〈표 6〉 강릉지방 公廨의 비교표

<table>
<tr><th>항목/도서</th><th>『여지도서』[55]</th><th>『관동읍지』[56]</th></tr>
<tr><td></td><td></td><td>邑府 居於大關嶺東麓 三十里下.</td></tr>
<tr><td></td><td></td><td>石城〈高十丈 周圍二千六百尺〉.</td></tr>
<tr><td rowspan="2">대문</td><td></td><td>馭風樓〈城南門〉六間.</td></tr>
<tr><td></td><td>駕海樓〈城東門〉六間.</td></tr>
<tr><td rowspan="2">아사</td><td rowspan="2">衙舍 五十六間</td><td>內衙 十七間,
翼廊 十六間〈戊申重修〉,
行廊 十七間〈戊申重修〉.</td></tr>
<tr><td>外衙 十六間,
別堂 八間,
前廊 二十間,
門樓 三間.</td></tr>
<tr><td>공수</td><td></td><td>公須 十間</td></tr>
<tr><td>관청</td><td></td><td>官廳 三十三間.</td></tr>
<tr><td>객사</td><td>客舍 五十四間</td><td>臨瀛館〈客舍正廳名 戊申重修〉九間,
東大廳〈戊申重修〉十三間,
西軒〈戊申重修〉六間,
中大廳〈戊申重修〉十二間,
郞廳房〈戊申重修〉六間,
月廊〈戊申重修〉三十一間,
三門 六間.</td></tr>
<tr><td>누정</td><td></td><td>倚雲樓〈在臨瀛館之前〉六間.</td></tr>
</table>

55) 『여지도서』 강릉 공해.
56) 『관동읍지』 강릉 공해.

항목/도서	『여지도서』	『관동읍지』
사대		射臺 〈在客館之前 卽都試時 試武士之所〉 九間.
부사		府司 〈在衙東〉 十二間.
작청	作廳 十間	作廳 〈在府司之前〉 十八間.
군관청	軍官廳 五間	軍官廳 〈在外衙門樓前 戊申重修〉 十間.
군기청	軍器 十間	軍器廳 〈在射臺東 戊申重修〉 十六間.
노방		奴房 〈在府倉之前〉 八間.
사령청		使令廳 〈在外公須之前〉 八間.
부창		府倉 〈在衙東〉 三十二間.
향청	鄕廳 八間	鄕廳 〈在城東門外〉 二十二間.
장관청	將官廳 八間	將官廳 〈在城東門外〉 十八間.
향현사		鄕賢祠 〈在鄕廳之前〉 十四間.
합계	7 항목	32개 항목

〈표 6〉에서 보듯『여지도서』에서는 아사, 객사, 작청, 군관청, 군기청, 향청, 장관청 등 7개의 관아가 파악된다. 그리고『관동읍지』에서는 전체 21개 관아가 파악되며, 여기서 부속건물을 독자적으로 보면 32개 동으로 파악된다. 그리고『관동읍지』의 강릉 지도에서는 21개 항목에 포함되지 않은 관아가 추가로 확인된다. 즉 대동청·지청·집사청·기병청·옥·별포청·책실·폐문루·형청 등 9개 관아가 더 파악되고 있다.[57] 이 점은 기사에서 누락되었던 것으로 보여지며, 이로써 읍치 공간에는 30여 개 관아와 부속건물을 포함하면 40여 개 동이 읍치 공간에 배치되었던 것으로 파악된다.

다음으로 전자와 후자를 막론하고 각 건물의 칸수가 파악되고 있어 그 규모를 짐작하게 한다. 양자의 칸수를 비교해 보면, 전자에 비해 후자에서 각 관아의 칸수가 2배의 규모로 증가되었음을 보게 된다. 이와 관련하여 후자에서 언급되는 1788년(정조 12)의 중수 사실을 특기하고 있다.[58] 즉 이 시기

57) 〈그림 14〉 참조. 客舍, 官廳, 內衙, 司倉, 大同廳, 地廳, 冊室, 東軒, 閉門樓, 刑廳, 使令房, 奴房, 將廳, 作廳, 軍器, 府司, 騎兵廳, 獄, 別砲廳, 執事廳, 鄕廳, 東門, 南門 등 23개 관청이 묘사되고 있다.

에 내아의 익랑과 행랑, 객사의 정청인 임영관과 동대청·서헌·중대청·낭청방·월랑, 그리고 군관청·군기청이 중수된 것으로 파악된다. 이러한 사실은 후자에 수록된 선생안에서 현감(縣監) 맹지대(孟至大)의 행적에서도 파악된다.[59] 이로써 이 시기에 관아 건물의 중수 내지 증축이 큰 규모로 전개되었음을 짐작하게 한다.

이상에서 살핀 내용은 관아에 대한 인식체계에서 비롯되는 것으로 이해된다. 즉 전자에서 주요 관아를 중심으로 파악되었다면, 후자에서는 주요 관아와 부속건물 내지 시설물들이 개별적으로 파악되었다. 이러한 변화는 18세기에서 19세기로 이어지면서 관아에 대한 인식체계의 변화를 반영하는 것으로, 주요 관아는 물론 부속건물과 시설물들의 기능과 역할이 증대되는 사회변화를 반영하는 것으로 이해된다.

이제 읍치 공간의 각종 공해의 배치양태를 살펴보고자 한다. 강릉지방 읍치 공간에는 국보 제51호인 '임영관 삼문(객사문)'과 강원도 유형문화재 제71호인 '칠사당' 건물이 현존하고 있다. 이들은 전아후묘(前衙後廟)의 배치구도를 보인다. 객사는 읍치 공간에서 가장 북단 언덕에 정남향으로 배치되었으며, 객사로부터 남쪽으로 일정 거리를 두고 서쪽으로 치우친 평지 공간에 아사가 배치되었다. 그리고 양자 사이의 도로는 남문으로 이어지면서 주작대로가 설치되었고, 이 대로는 동문으로 연

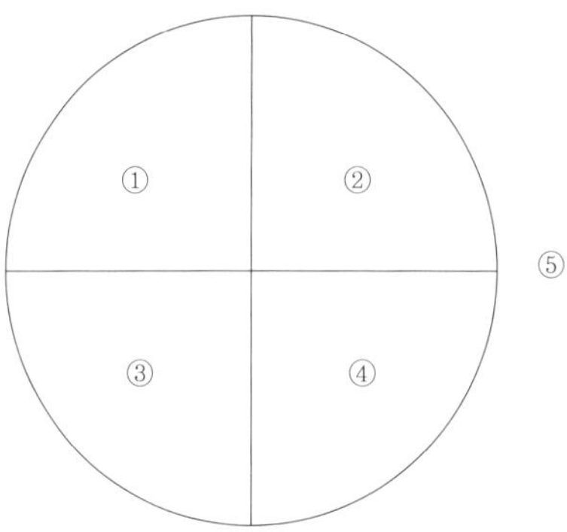

공간 모형

58) 이 시기의 중수 사실을 "戊申重修"로 특기하고 있다.

59) 『관동읍지』 강릉, 선생안. "縣監 孟至大 通政 丁未七月 日來 客舍內衙行廊重修改築 戊申十二月以 貶中遞."

결되는 동서대로와 맞물려 있었다고 보인다.[60]

강릉 읍치 공간의 관아 배치형태는 객사·아사와 아울러 부사·향청이 중심 기구 역할을 하고 있다. 이것은 기능적인 비중에서 비롯되는 것으로, 전패를 비롯해 수령·좌수·호장이 주재하는 이들 기구에는 각각 담장이 설치되어 독자적인 영역을 확보하고 있다는 데서 그 상징성을 살필 수 있다. 이들 기구의 배치양태는 앞의 그림에서 ②에 객사, ③에 아사, ④에 부사, ⑤의 동문 밖에 향청이 배치되었다. 그리고 이들 4개의 기구를 중심으로 연관성 있는 관아 건물이 집중적으로 배치되었다. ①은 구릉지이며 그 끝자락에 성황사가 배치되었다.

먼저 ②의 강릉 객사는 전면으로부터 임영관 삼문(6칸), 중대청(12칸), 임영관이라 부르는 정청(9칸)이 일직선상에 놓이며, 정청의 우측에 서헌(6칸) 즉 낭청방(6칸) 좌측에 동대청(13칸)을 두었고, 아울러 월랑(31칸)이 설치되었던 것으로 파악된다. 객사는 독자적인 담장을 가졌고, 그 동남쪽 전면에는 4개의 기구가 배치되었다. 즉 사대(射臺)·의운루(倚雲樓)·군기청(軍器廳)·연지(蓮池) 등이 배치되었다. 객사 전면의 담장 밖에 일정하게 유지되었던 공터에는 동서로 이어지는 사대가 배치되었다. 사대의 전면에는 의운루가 배치되었고, 사대 공간의 동쪽 끝자락에는 군기청이 배치되었으며, 군기청의 남동쪽으로 연지가 설치되었던 것으로 파악된다. 그리고 연지에는 부평정 혹은 소영주각이 설치되었던 것으로 파악된다.

다음 ③의 아사(衙舍)는 내·외아로 구분되며, 내아는 내아(17칸) 익랑(16칸) 행랑(17칸)으로 구성되었고, 외아 즉 동헌은 외아(16칸)[61] 별당(8칸)[62] 전랑(20칸) 문루(3칸)로 구성되었다. 아사는 자체 담장을 가지고 있으며, 또한 내아

---

60) 박병주, 김철수, 「한국 성곽도시의 공간구성원리와 기법에 관한 연구」, 『국토계획』 19, 대한국토·도시계획학회, 1984, 11쪽.

61) 현재 강릉 아사 건물 중 七事堂이 보존되고 있다. 이 건물은 1868년 화재 사건 이후 새로이 건축된 것으로 파악되며, 현재는 강원도 유형문화재 제7호로 지정되어 보존되고 있다.

62) 이 別堂은 같은 시기에 편찬되는 『關東誌』에서는 新民堂으로 명명되어 있다.

와 외아를 구분하는 담장이 설치되고 여기에 사립문이 설치되었던 것으로 파악된다. 이로써 아사는 수령권의 권위를 보여주는 중심 기구로서 위의를 가지고 있다고 보겠다.

그리고 외아의 대문과 읍성의 남문을 연결하는 도로의 중간 지점에는 문루를 하나 더 두고 있다. 이것이 외문루(外門樓) 또는 폐문루(閉門樓)이다. 이로써 읍성의 남문으로부터 읍치 공간으로 들어서면 처음으로 폐문루를 통과하게 되고, 그 다음에 외아의 대문을 들어서게 된다. 그리고 외아 문루 전면에 군관청(10칸)이 배치되었고, 그 동쪽으로 공수청(10칸)과 관청(33칸)이 배치되었으며, 공수청 전면에는 사령청(8칸)이 배치되었던 것으로 파악된다. 이들 기구는 아사의 범주에 포함되는 것으로 분류될 수 있다.

다음으로 ④의 공간에 부사(12칸)와 작청(18칸)을 중심으로 하는 6방 관속들의 집무기구가 배치되었다. 즉 부사의 전면에 작청이 배치되었다. 그리고 부사와 작청 근처에 이른바 북창(17칸)과 남창(15칸)으로 구분되는 부창(32칸)이 배치되었다. 부창 전면에 노방(8칸)이 배치되었다. 이들 기구는 부사의 범주로 분류될 수 있다.

다음으로 ⑤의 향청(22칸)·장관청(18칸)·향현사(14칸)이다. 좌수와 별감의 직무처인 향청은 읍성 동문 밖에 배치되었고, 장관청 역시 동문 밖에 배치되었다.[63] 그리고 향청의 전면에 향현사가 배치되었다. 이로써 보면 이들 3기구는 읍성의 동문 밖에 배치되었다는 특징을 보이며, 이러한 성격은 향청과 향현사가 재지사족과 직접적인 연계성을 가지는 기구라는 점에서 이해될 수 있으며, 아울러 장관청은 군관청이 외아의 전면에 배치된 사실과 대비되는 것으로 이해될 수 있겠다.

63) 이러한 공간배치 양태는 19세기 중반의 기록에 근거한 것이며, 1847년(헌종 13) 화재로 각종 공해가 전소되는 사태 이후 재건축되는 양상과 일정하게 차이를 보일 수 있다고 하겠다.

(2) 관아의 개·보수 양태

여기서는 읍치 공간의 주요 관아를 비롯해 부속건물과 시설물들에 대한 개보수 양상을 통해 그 면모를 파악해 보고자 한다. 이를 위해 『관동읍지』 강릉편의 선생안에서 수령들의 업적으로 정리된 내용을 주목하였다.[64] 또한

64) 〈표 7〉 16, 17세기 읍치 공간 관아 및 시설물의 개·보수 양태

수 령	임 기	특기 사항
金彦忱	1565~1570	후대청 重修
郭 趕	1580~1583	南廳房 改造
韓孝友	1583~1585	객사 專數 중수
尹承勳	1590~1591	蓮亭·纛家 造成
徐得運	1591~1592	城子 加築
辛慶晉	1595~1599	官房 개조, 淸白堂 중수
申 湜	1600~1601	公須·支應廳·官廳 東邊 조성
朴慶業	1611~1613	水閣 중수
鄭經世	1613~1615	蓮堂·南門·독가 중수, 衙祠堂 新刱
洪慶臣	1615~1618	아 서헌 移造
朴 榟	1618~1619	西上房 서변 중수
柳永詢	1623~1623	사창·北門 개조
姜 絪	1623~1625	객사 상방 項行 및 郞廳房·倚雲樓·水閣·沙門 개조
鄭雲湖	1626~1627	객사 상방 후대청 爐火 軍器 失火
李命俊	1628~1630	서상방·사창·鎭撫所 중수, 軍器 新造
閔應亨	1630~1631	집경전 실화, 관청 동변 누상 庫 4칸 造作 未畢
柳大華	1631~1633	임영관 신조, 중대청·외사문 중수
睦大欽	1633~1636	동상방 신조, 객사·공수 重刱
趙希逸	1636~1637	부사 移造, 성황당 成造
金 素	1639~1642	객사 행랑 付火(1639), 아사 燒火(1641), 아사 조작(1641)
柳景緝	1642~1643	창고 중수, 대동청 改造
姜栢年	1644~1645	倉軒 개조
李 檜	1645~1648	서헌 중수
李晚榮	1651~1653	사문 중수
柳 蕁	1653~1654	군기 동변 家 조성
李之馨	1654~1655	군기 화약고 3칸 조성
李元禎	1660~1661	아사 數年 避 寓慮 後園喬木 依神火伐 還衙
權 格	1661~1662	아 동헌 전 행랑 조성, 관청 남 누각 조성 미개와
李東溟	1663~1665	관청 남루 조성 蓋瓦
李光迪	1666~1667	수각·객사 중수
李翊相	1676~1678	동문루 중수, 작청 移創

개·보수 양태의 추이를 파악하고자 〈표 7〉과 〈표 8〉로 나누어 작성하였다.

여기에서 보듯 자료상의 기사는 작업 공간과 작업 성격을 적기하는 형식을 취하고 있다. 작업 공간의 측면에서 보면 각종 관아와 시설물의 실·내외를 막론하고 전반에 걸쳐서 이루어졌다고 하겠다. 작업 성격의 측면에서는 조성(造成)·이조(移造)·이창(移創)·개조(改造)·개수(改修)·중수(重修)·중창(重刱)·이설(移設)·가축(加築)·신조(新造)·창설(創設)·신창(新刱)·신건(新建) 등 적합한 용어를 선택하여 성격을 선명하게 드러내고 있다.[65]

이러한 작업은 기존 관아의 훼(毁)·퇴파처(退破處)의 개·보수가 주류를 이루며, 또한 필요에 따라 가축·신창·이설 등의 양상으로 파악된다. 그리고 작업 공간의 시급성과 작업 시기의 시의성이 고려되어 실행되는 것으로 파악된다. 물론 작업의 시행 여부는 수령의 재가로 결정되었다. 수령의 결정은 당해 연도 농정의 작황에 따른 풍흉의 실정을 필연적으로 고려하였을 것이고, 규모가 큰 작업 공정의 경우 수령은 관찰사의 재가와 재정적 협조를 얻어 시행되었다.[66] 이러한 점에서 각종 관아와 시설물에 대한 개·보수의 성과는 수령의 치적으로 기록을 남기게 된다고 보겠다.

여기서는 이러한 작업의 성격을 염두에 두면서 이들이 갖는 경향성을 주목하고자 하며, 이로부터 시대적·지역적 특성을 이해하고자 한다.

수령	임기	특기 사항
呂聖齊	1678~1680	관청·독가·養武堂 중수
蘇斗山	1680~1681	아헌 남변 新刱, 행랑 중수
睦林儒	1684~1687	사창 남고 중창, 낭청방 改創
申厚命	1688~1689	대동청 조성, 연당 훼철, 고마청 創設
李寅寶	1689~1690	사직단 移設, 사창 동고 중수, 형옥·保管廳 重造 미필
朴泰尙	1690~1692	부사 이건, 남문 중창, 성황당 개수 위판 改題
趙祺錫	1695~1695	의운루 중수
李喜茂	1695~1697	군기·좌기청 중수

65) 이러한 용어상에서 조성·신조·신창·신건·창설 등의 용어는 큰 규모로 대대적인 작업의 성격도 포함하고 있다는 점에서 유의할 필요가 있다.

66) 『신증동국여지승람』 강릉, 운금루. 부사 이신효는 운금루를 중수하면서 감사의 재가를 얻고 있다.

〈표 8〉 18, 19세기 읍치 공간 관아 및 시설물의 개·보수 양태

수령	임기	특기 사항
許 穎	1700~1702	동상방 후대청 등 단청 개와, 관방·낭청방·군기 대문·부사 탄고 조성
柳憲章	1707~1712	서헌 중수, 객 공수·성황당·관청 남행랑·사직각·책필방·형옥 개건, 남문 위 성첩 개축
尹 樟	1719~1720	관·객사 백여칸 퇴파처 중수
南一明	1722~1724	남문루 중수, 동헌 외대문 신건, 부사 이건 미필
金 僘	1725~1727	칠사당 신창, 서행랑 개수 및 창건, 외문루 계명문 신창, 사대 중창, 성첩 개축, 객사 앞 연당 개수착,
趙命臣	1728~1729	성첩 개축, 여성 신축, 서·북문·연정 신건
鄭弘濟	1738~1738	객사 장원 수보, 아사 장원 수보
韓師職	1756~1760	의운루 개건 단학, 관청·중대청 중수
李 堣	1763~1765	성황·사직당 신건,
李得宗	1771~1772	남문 성첩 퇴파처 수보
李亨逵	1773~1774	부사 및 공사문 신건, 군기 대문 신건, 사창 대청·관청 중수, 연지 소착하고 외장 수축
金魯淳	1774~1776	군기 대청 신건, 인신 개조
任希簡	1780~1781	대동고, 객사, 공수청 중수
沈命德	1785~1787	성첩 훼파처 개축
孟至大	1787~1788	객사·내아 행랑 중수 개건
李集斗	1790~1791	동문루 신건, 부 남창 개즙, 북창 개와, 금종 개주, 연지 소착, 부평정 개건
兪漢謨	1791~1792	부평정 개즙
洪義浩	1792~1793	소영주각 중건
權以綱	1794~1795	폐문루 중수
李鎭復	1795~1797	남문 구지의 정남으로 이건, 동문루 금종 개주, 서책방·공수간 중수, 통인방 신건, 사령방 중건, 아사 장원 신축
趙興鎭	1799~1801	동문 금종 개주
尹長烈	1803~1806	객사옥우 및 장원 수즙, 사대 중건
李儒慶	1805~1807	군기청 동고 개건, 기치 군막 거마 작·신비, 군기 장원·사창 장원 개축, 아 사우 신건
任俊常	1819~1821	군기 기치 신비, 전세대동청·관청·군청·화약고 중건, 의운루 중수, 객사 중대청 수보, 사창 청사 이설, 고마청 복설
李鎭華	1826~1827	부평정 중건, 연당 소착
柳榮河	1841~1842	폐문루 중수
柳昌根	1842~1843	집사청을 관가 양 모퉁이로 이건

수령	임기	특기 사항
洪鼎周	1843~1846	관청·칠사당 좌우익랑·삼문·부사·작청 중수
李祖馨	1847~1848	전대청·중대청·삼문· 좌우익랑 중수
宋端和	1852~1854	동문 이건
趙命夏	1866~1868	1847년(정미)각 공해 화소

〈표 8〉을 주목하면, 이것은 1700~1868년으로 168년 동안 강릉지방에 재임하였던 수령들의 행적에서 읍치 공간의 관아 및 시설물에 관련한 내용을 정리하였다.[67] 이 기간 동안 재임하였던 수령은 119명이며, 수령 한 사람의 재임 기간은 평균 1.4년으로 산정된다. 그리고 이 기간 동안 〈표 8〉에서 보듯 31명의 수령이 읍치 공간에 배치된 각종 관아와 시설물의 정비작업을 실행하였다. 이로써 31명의 재임 기간을 1인당 1.4년으로 산정하면 약 43년 동안이 되며, 이를 전체 기간인 168년 동안에 대비하면 평균적으로 약 4년마다 한 차례씩 읍치 공간의 개·보수 작업이 실행되었음을 산정할 수 있다.

다음으로 각종 관아에 대한 작업 빈도수를 살펴보면, 객사와 그 부속건물과 시설물에 대한 개·보수 작업이 12차례로 단연 가장 큰 비중을 가지며, 내아와 외아를 포함하는 아사와 그 부속건물과 시설물에 대한 개·보수 및 신창 작업이 8차례이고, 이어서 사창과 군기청 및 그 부속건물과 시설물들에 대한 개·보수 및 신창 작업이 각 5건으로 나타난다. 이처럼 관아별 작업의 빈도수가 객사→아사→사창·군기청 순으로 나타나며, 이 점은 〈표 7〉에서도 유사한 양상으로 파악된다.

이 점은 읍치 공간에서 객사와 아사가 가장 규모가 크고 또한 가장 큰 비중을 갖는 관아라는 점에서 이해된다. 그리고 사창과 군기청이 부각되는 것은 응당 군사·재정적 기능이 중시되는 사회현상을 반영하는 것으로 보여진다.

다음으로 주목되는 양상은 〈표 8〉에서 성문과 대문, 장원과 성첩의 개·보

67) 이 자료의 선생안에서 마지막 기록이 1868년이다.

수 내지 신축의 양상이 두드러진다는 점이다. 이를 〈표 7〉과 비교해보면, 성문과 대문에서는 5건과 15건, 장원과 성첩에서는 1건과 12건으로 대비된다. 이러한 양상을 구체적으로 보면, 성문 권역에서는 동·남문에 문루가 조성되고, 대문 종류에서 군기청 대문과 동헌의 외대문 문루인 계명문이 신건되고, 또한 성첩과 장원 중에서 남문 쪽의 성첩과 여성(女城)이 신축되며 군기청·아사·사창·객사·연지 등에서 장원 즉 담장이 신축되는 양상을 보인다.[68] 특히 〈표 7〉에서 파악되지 않는 군기청의 대문과 군기청·사창의 장원이 설치되고 있음을 살필 수 있다.

이러한 양상은 앞서 살펴 본 군사적·재정적 기능이 강화되는 추세와 맞물린 것으로 이해된다. 아울러 남문과 동문에 문루가 조성되고, 남문 성벽에 성첩과 여성이 신축되고, 동헌의 대문과 남문 사이에 외대문과 문루가 신축되는 양상은 관권의 위용을 드러내는 의미를 가진다고 볼 수 있다. 이것은 이 시기의 강화된 수령권의 발현이라는 성격을 가진다고 볼 수 있겠다.

다음으로 부사·작청을 주목하고자 한다. 부사는 향리층의 수장인 호장(戶長)의 집무공간이고, 작청은 6방 관속이 근무하는 공간이다. 이곳의 개·보수의 빈도수는 부사가 4차례, 작청이 1차례로 파악된다. 이를 아사의 공간과 비교하면 그 절반에 미치지 못하는 빈도수를 보이고 있다. 그러면서도 부사의 개·보수가 4차례로 파악되는 것은 일정하게 비중을 가지는 것으로 이해된다. 이러한 측면이 인정된다면, 그것은 향리층의 주도권 즉 읍권이 강화되는 추세에서 부사가 그 수장인 호장의 집무공간이라는 점이 반영된 것으로 볼 수 있겠다.

다음으로 주목되는 것은 연지(蓮池)·연당(蓮塘)의 소착(疏鑿), 의운루(倚雲樓) 개건과 단확(丹雘), 소영주각·부평정의 중건 등의 시설물에 대한 정비작업이다. 이와 관련한 작업의 빈도수는 〈표 8〉에서 보듯이 8건으로 파악되며,

---

68) 부사 조명신의 재임기간에 城堞과 女城이 신축되었는데, 간혹 이 시기의 여성을 女城隍堂으로 오해하는 경향이 있는 듯하다.

이 시기에 일정 기간을 두고 반복적으로 이루어지며 아울러 연이어 집중적으로 이루어지는 양상을 보이고 있다.

이러한 양상은 읍치 공간의 풍치와 유희 공간이 주목받고 있음을 시사하며, 아울러 각종 유희와 연희활동이 활발했던 시대상을 반영하는 것이기도 할 것으로 이해된다. 또한 연당과 누정이 객관의 동남쪽에 위치하고 있어 객관 전면에 위치한 사대(射臺)를 활용한 향사례(鄕射禮)와 맞물려 있을 것으로 보인다.

4. 읍치 공간의 인적구성과 촌락

(1) 관아의 인적 구성

이제 읍치 공간의 각 관아에 배속된 인적 사항을 살펴보고자 한다. 이러한 사항을 영조 때 편찬되는 『여지도서』의 '관직' 항목에 근거하여 정리해 보면, 〈표 9〉와 같다.

강릉지방에는 부사(府使) 1인, 향청에 좌수(座首) 1인 별감 3인이 배치되었다. 장관청에는 직위를 4개로 구분하여 직위별로 인원을 배정하였다. 중군(中軍)과 별장(別將)이 각 1인 파총(把摠) 2인 초관(哨官) 5인이다. 군관청에는 직위를 5개로 구분하고 직위별로 인원을 배정하였다. 행수군관(行首軍官)과 병방군관(兵房軍官)이 각 1인 군관 2인 입번군관(入番軍官) 30인 토포행수군관(討捕行首軍官) 1인으로 파악된다. 군기청에는 감관(監官) 2인이 배치되었다. 작청에는 아전(衙前) 50인 지인(知印) 20인이 배속되었다. 부사에는 호장 1인이 배속되었다. 사령방에는 사령 21명 군뢰 4명이 배치되었다. 관노방에는 관노 20명 관비 6명 기생 15명이 배치되었다.[69]

---

69) 『여지도서』 강릉 관직. 府使 一人, 鄕廳 座首一人 別監三人, 將官廳 中軍一人 別將一人

〈표 9〉 강릉 읍치 공간 관아의 인원 배치양태

기관	직위	인원	정원
아사	부사	1	1
향청	좌수	1	4
	별감	3	
장관청	중군	1	9
	별장	1	
	파총	2	
	초관	5	
군관청	행수군관	1	35
	병방군관	1	
	군관	2	
	입번군관	30	
	토포행수군관	1	
군기청	감관	2	2
작청	아전	50	70
	지인	20	
부사	호장	1	1
사령방	사령	21	25
	군뢰	4	
관노방	관노	20	41
	관비	6	
	기생	15	
9개 관아	21	188	188

이상에서 살펴본 것처럼 읍치 공간에 배속된 인적 자원은 9개 관아를 대상으로 정리되며, 이들 인원은 총 188명으로 파악된다. 이들을 신분별로 보면, 수령·좌수·별감 5명은 양반이고, 장관청·군관청·군기청·작청·부사에 소속된 117명은 중인이며, 사령방·관노방에 소속된 66명은 평·천민으로 구

把摠二人 哨官五人, 軍官廳 行首軍官 兵房軍官二人 軍官二人 入番軍官三十人 討捕行首軍官一人, 軍器廳 監官 二人, 作廳 衙前五十人 知印二十人, 府司 戶長一人, 使令房使令二十一名 軍牢四名, 官奴房 官奴二十名 官婢六名 妓生十五名.

성되어 있다.

이러한 인적 자원은 지방 행정을 운영하기 위한 최소한의 인원이며, 정예의 인원이라는 성격을 가진다. 이들은 6방으로 분속되는 각종 행정업무 전반에 걸쳐 실무적인 역할을 하였다.

한편 읍지의 병총조에서 '경안부(京案付)'·'읍안부(邑案付)'·'외안부(外案付)'로 구분되는 인적 자원이 파악된다. 먼저 '경안부'에서는 9개 항목에서 1,831명으로 파악되며, '읍안부'에서는 13개 항목에 1,392명으로 파악되며, '외안부'에서는 1,443명으로 파악되어 '도총'이 4,666명으로 파악된다.[70] 이 중에서 중앙의 각 부처에 배속되는 '경안부'와 감영과 진영에 배속되는 '외안부'는 강릉 읍치에 상근하는 요원들로 보기는 어렵다. 다만 '읍안부'에 기재되는 보·군관·군·모속·사 등은 읍치에서 활동하는 자들로 이해될 수 있다.

그런데 이들의 규모를 보면, 약재와 관련한 보인(保人)이 85명, 각종 군관들이 1,065명, 각종 모속인이 132명, 사고수호군이 80명, 보장사가 20명으로 파악된다.[71] '읍안부'에 기재된 이들이 읍치에 상근하는 요원일 수는 없다. 그 규모로 보아 일정하게 나뉘어 번을 서는 형태로 운영되었을 것으로 보인다.

(2) 읍성 마을의 구성

이제 강릉지방 읍성 마을의 존재를 파악해보고자 한다. 읍성 마을은 지방에 따라 성내리·성저리·읍내리·아동리·중리 등으로 호칭되었다.[72] 이러한 마을은 〈표 10〉에서 보듯 군내면·부내면·현내면 등으로 면단위로 편제되었

70) 『관동읍지』 강릉 병총. "都摠四千六百六十六名內 京案付 一千八百三十一名 邑案付 一千三百九十二名 外案付 一千四百四十三名."

71) 『관동읍지』 강릉 병총, 읍안부. "御藥保 八十五名 補蔘軍官 七百五十六名 府軍官 一百三十二名 討捕除番軍官 七十七名 軍器修補軍官 一百名 鄕校募屬 四十名 五峰書院募屬 二十名 松潭書院募屬 二十名 將官廳募屬 十六名 執事廳募屬 十六名 報狀使 三十名 鄕廳募屬 二十名 史庫守護軍 八十名."

고, 또한 '재관문하·재관하·자관문동거일리' 등으로 그 위치가 표기되었다.

강릉지방은 각종 읍지 상에서 위에 예시한 면의 명칭이나 마을의 명칭이 나타나지 않는다. 다만 〈표 10〉에서처럼 위치 표기에서 자관문북거일리·자관문남거일리가 파악되며, 이들의 면의 명칭은 북이리면·남일리면으로 나타나며, 이들 마을의 명칭은 임당리(편호 103호)와 남문외리(편호 32호)로 파악된다.[73] 이 점에서 강릉지방에서는 읍성 마을로 임당리와 남문외리를 주목하게 된다. 1955년 강릉시로 승격되면서 법정동의 명칭으로 성내동이 파악되는 것도 이러한 점을 주목하게 한다.[74]

이와 관련하여 주목되는 자료는 『조선왕조실록』의 고종 4년(1867)의 기사이다. 이것은 읍치 공간의 화재로 인한 강원감사 조석여(曺錫輿)의 장계이며,

72) 〈표 10〉 강원도 군현의 읍성 마을(『여지도서』의 강원도 편에서 작성)

군현 이름	면 이름	마을 이름	위치	편호
高城郡	郡內面	城內里	在官門下	編戶 5戶
杆城郡	郡內面	安心里	在邑城內	編戶 46戶
平海郡	上里面	邑內城底里		編戶 127戶
襄陽府	府內面	城內里	在官門外	編戶50戶
三陟府	府內面	城底里	在官下	編戶176戶
旌善郡	郡內面			
寧越府	府內面	永興里	自官門南距一里	編戶222戶
平昌郡	郡內面	松亭里	邑內	編戶70戶
歙谷縣	縣內面	邑內里		編戶90戶
金化縣	縣內面			
春川縣	府內面	衙洞里	自官門東距一里	編戶140戶
通川郡	郡內面	東中里	在官下	編戶269戶
蔚珍縣	縣內面		邑內	編戶40戶
伊川府	東邑面	紅門里, 軍器里		
安峽縣	縣內面	邑內里		編戶206戶
平康縣	邑內面	中里	在官下	編戶 140戶
※ 原州牧	邑內面	四洞內		編戶629戶
江陵府	北二里面	林堂里	自官門北距一里	編戶103戶
	南一里面	南門外里	自官門南距一里	編戶32戶

73) 林堂里는 다른 읍지에서 林塘里로 파악된다.

74) 임영지 증보발간위원회, 『임영 강릉·명주지』, 문왕출판사, 1975, 63쪽.

내용은 다음과 같다.

> 강릉부에서 화재가 민가에서 발생하여 官舍와 각 大廳 각 倉庫 330여 칸, 邑下七洞과 3개 면의 민가 570호, 호적·軍案과 그 외의 다른 장부책 및 대동미와 전세, 騎兵과 어염세를 바치는 대로 봉하여 둔 2,350냥이 모두 소실되었다. 그리고 인명 71명이 사망하였다.[75)]

이처럼 당시의 피해 상황을 전해주는 자료에서 주목되는 기사는 '읍하칠동(邑下七洞)'과 '삼면민가(三面民家)'이다. 여기서 3개의 면은 읍성 외곽의 면 단위 중에서 북일리면·북이리면·남일리면으로 파악되며, 남이리면은 그 위치가 남대천 건너편이라는 점에서 읍치 공간의 화재와 무관할 수 있다는 점에서 배제된다고 하겠다. 이 3개 면의 위치는 관문으로부터의 1리~10리에 위치하는 것으로 파악된다. 이 점에서 관문으로부터 가까운 거리에 위치한 마을들이 화재를 당하였다고 볼 수 있겠다.

그리고 3개 면과 함께 '읍하칠동'이 언급되고 있다. 여기서 '읍하'는 7개 마을의 위치를 나타내는 것으로 이해된다. 그리고 이것은 〈표 10〉에서 삼척의 경우 성저리의 위치를 '재관하(在官下)'라 하였고, 고성군에서는 성내리의 위치를 '재관문하(在官門下)'로 표기하는 것과 동일한 성격으로 볼 수 있다고 하겠다. 이 점에서 읍하의 7개 마을을 읍성 마을의 범주로 이해될 수 있을 것이다.

이러한 시각에서 보면, '읍하칠동'은 면리의 명칭으로 언급된 것은 아니지만, 읍치 공간으로부터 가장 근접한 거리에 위치한 마을을 지칭하는 것으로

---

75) 『高宗實錄』 卷4, 4年 3月 22日 1번째 기사. 二十二日. "江原監司曺錫輿以 江陵府民家失火, 官舍及各廳, 各庫三百三十餘間, 邑下七洞及三面民家五百七十戶, 帳籍, 軍案與外他簿書及大同, 田稅, 騎兵, 魚鹽稅之隨捧封留者, 爲二千三百五十兩, 而盡入燒燼. 人命七十一名燒死."

이해될 수 있겠다. 이 점에서 '읍하칠동'은 앞서 언급한 것처럼 임당리와 남문외리로 편제된 자연촌락이었다고 볼 수 있을 것이다.

그리고 앞서 언급한 것처럼 임당리와 남문외리는 읍성 마을로서 개연성을 가지고 있지만, 편호 103호인 임당리와 편호 32호인 남문외리 전체가 읍성 마을이었는지는 분명하지 않다. 이 점에서 임당리와 남문외리 중에서 '읍하칠동'으로 분류되는 7개 자연촌락이 읍성 마을로서 의미를 가지는 것으로 이해될 수 있겠다.

한편 이 읍성 마을은 읍성 내에 한정되는 마을이었다고 보기 보다는 그 내외에 걸쳐서 형성된 마을로 이해하는 것이 타당할 것으로 보인다. 이로써 '읍하칠동'으로 명시되는 읍성 마을은 읍치 공간에서 각종 관아 건물이 배치된 구역을 벗어난 외곽 즉 북동쪽과 남동쪽으로 취락이 형성되었을 것으로 볼 수 있으며, 아울러 동문과 남문 밖에도 취락이 형성되었을 것으로 보인다.

이러한 읍성 마을과 관련하여 다음 기사가 주목된다.

> "내가 年老하고 多病하여 邑之城東에 窮蟄하였을 때, 古老들의 얘기를 參聽하여 府司之藏을 搜披한 즉 一冊이 朱紅으로 劃間하여 契員들의 성명을 列書한 것이 완연하였고, 한차례 열람함에 큰 감동으로 감탄하지 않을 수 없었다."[76)]

이 기사는 강릉지방에 전승되는 『미타계좌목』이 1719년(숙종 45)에 발견되던 상황을 기록한 것으로,[77)] 전 순장 최동린이 짓고, 임영후인 최익동 쓴 기해년의 서문의 일부분이다.[78)]

여기서 주목되는 점은 기해서문을 짓고 쓴 두 인물이다. 이들은 전직 순장

---

76) 『미타계좌목』 기해서문. "余年老多病 窮蟄邑之城東 而參聽古老之語 搜披府司之藏 則宛然一冊 朱紅劃間 列書契人之姓名 閱覽一遍 未嘗不曠感而歎也."

77) 미타계에 대해서는 이규대, 「조선후기 강릉 미타계의 변천과 향리세력의 동향」, 『조선시기 향촌사회 연구』, 신구문화사, 2009, 205~239쪽 참조.

78) 『미타계좌목』 기해서문. "前巡將 崔東嶙 序 臨瀛後人 崔翊東 書."

이었고, 안일호장을 역임한 것으로 파악된다.[79] 이 점은 이들이 향리층으로 일생 동안 관아에서 근무해 온 군관이요 아전이었음을 보여준다. 그리고 이 중 전 순장 최동린은 말년에 '읍지성동(邑之城東)'에서 칩거하였다고 하였다. 이것이 성내 마을인지? 성 밖 마을인지는 분명하지 않지만, 읍성 내외에 관속들이 기거하였을 것이라는 시사점을 얻을 수는 있을 것 같다. 즉 읍성 마을이 관속들의 취락으로서 성격을 띠고 있음을 보여준다고 하겠다.

5. 맺는말

강릉 읍치의 진산(鎭山)은 천복산(天福山)이다. 태백준령에서 동해로 이어지는 산맥에서 솟아오른 산봉우리 중 하나가 천복산이며, 그 서쪽으로 임경당(臨鏡堂)의 뒷산인 정산(鼎山)과 그 동쪽으로는 강릉향교의 뒷산인 화부산(花浮山)을 두고 있다. 이들 3개의 산을 잇는 산줄기의 선상에 서쪽으로부터 명주성·강릉읍치·예국고성의 유적이 남아 있고, 이들의 남쪽 전면에는 강릉의 젖줄인 남대천을 두고 있다. 이로써 강릉지방 치소성의 이전 경로를 짐작하게 한다.

강릉 읍치는 천복산의 남쪽 산기슭으로부터 넓게 형성된 구릉 지대의 남동쪽 끝자락에 자리 잡았다. 읍치 공간의 북·서·동쪽의 가장자리는 구릉이 완만하게 낮아지는 경사지를 이루었고 남동쪽으로 평지가 넓게 형성되어 있다. 그리고 읍치 공간의 남쪽 끝자락에 남대천의 지류인 실개천이 흐르고, 그 전면에 충적지를 지나 남대천을 두고 있다. 이로써 강릉 읍치는 이 지방 특유의 차가운 북서풍을 막으면서 바다로부터 불어오는 온풍을 끌어안는 형국의 전형적인 배산임수의 지형적 특성을 가지고 있다.

---

79) 『미타계좌목』, "崔翊東 安逸戶長."

이 읍치 공간은 고려 초에 '명주호족'에 의해 설정되었고, 이 시기 명주성에서 이전하여 설치되었고 조선시대까지 온전히 유지되었다. 이 공간을 에워싼 읍성은 당초 토성이었으나 16세기 초반에 석성으로 개축되었다. 이 석성의 둘레는 당초의 토성과 유사한 3,782척이었고 높이는 9척의 규모로 파악된다. 이로써 읍치 공간의 면적은 약 199,600m²로 산출된다.

조선 후기 강릉읍성은 4대문에 문루(門樓)가 설치되었고, 정문인 남문 쪽에는 성첩(城堞)과 여장(女墻)이 설치되었으며, 동문에는 금종(金鐘)이 걸렸던 것으로 파악되었다. 아울러 읍성 내외를 연결하는 도로망은 남문과 동문으로 집중되는 양상을 보이며, 읍치 공간에는 객사와 아사, 남문으로 이어지는 남북대로와 동문에서 객사로 이어지는 동서대로가 설치되었던 것으로 이해되었다.

읍치 공간의 관아 배치 양상은 객사, 아사, 부사, 향청이 일차적인 구심체 역할을 하고 있다. 이들은 각기 별도의 장원(牆垣)을 설치하여 독자적인 영역을 확보하고 있다는 특징을 가진다. 먼저 객사는 가장 북쪽 언덕진 곳에 배치되었고, 객사문 밖 전면에 사대와 의운루, 동남쪽에 군기청과 운금루가 배치되었다. 다음 아사는 객사와 일직선상에서 일정 거리를 두고 남서쪽으로 배치되었다. 외아와 내아를 아우르는 담장이 설치되었고, 양자 사이에도 담장을 두어 구분지었다. 동헌(외아)의 대문 밖 전면으로 일정 거리를 두고 외대문인 폐문루가 설치되었다. 그리고 그 전면에 군관청, 동쪽으로 공수청과 관청 및 사령청이 배치되었다. 다음 부사는 읍치 공간의 동남쪽에 배치되었고, 그 전면에 작청과 부창 및 노방이 배치되었다. 다음 향청은 동문 밖에 배치되었고, 그 전면에 향현사와 장관청이 배치되었다.

읍치 공간의 각종 관아와 시설물에 대한 개·보수 작업은 평균 3년마다 시행되었던 것으로 파악된다. 관아별로는 객사와 아사가 개·보수의 빈도수가 가장 많았고, 부창과 군기청이 그 뒤를 이었다. 그리고 후기에는 대문과 성첩, 연당과 누정의 보수작업이 두드러지며, 아울러 군기청과 부창에 담장이 설치되는 양상이 주목되었다. 이러한 양상은 읍치 공간의 핵심 기구와 군사 및 재정적 기구의 기능이 강화되며, 아울러 연희와 풍류를 반영하는 시대적 특성으로 이해되었다.

읍치 공간의 각종 관아에 배치된 관리는 모두 188명이었다. 이들은 아사의 수령과 향청의 좌수·별감 4인, 그리고 이임(吏任)이 71인, 군임(軍任)이 46인, 천임(賤任)이 66인으로 구분된다. 이들 중 이·군임의 상층부로 호장과 중군 및 작청 6방의 방장들이 수령을 보좌하면서 실무를 주도하였다. 그리고 이 외에 각 관아에는 보·군관·군·모속·사 등이 배속되어 일정 기간 동안 번을 드는 것으로 이해되었다. 이처럼 관아에 배속되는 인적자원은 인근의 군현과 비교해 큰 규모로서 이 지방의 읍세를 일정하게 반영하는 것이었다.

읍치 공간에는 7개의 읍성 마을이 형성되어 있었다. 이들 촌락은 임당리와 남문외리로 편제되었으며, 관아가 집중 배치된 영역의 외곽 공간에 형성되었으며, 여기에는 아전과 군관을 비롯한 관속들의 가솔들이 기거하였던 것으로 파악되었다. 물론 이들은 읍성 밖 가까운 거리에 형성된 마을에서도 기거하였다. 다만 여기에는 읍성 마을의 범주에 들지 않는 반촌이나 민촌이 있을 수 있으며, 이 점에서 읍성 마을은 전적으로 관속들의 마을이었다고 할 수 있다.

제 6 장

명주호족과
그 후예들의 읍치 성황제

1. 머리말

왜 대관령국사성황제인가? 강릉지방 문화유산을 탐방하면서 왜 대관령국사성황제를 주목하는가? 이 의문은 문화유산을 탐방하는 목적과 직결되는 과제이기도 하다. 제의는 근원적으로 두 가지 의미를 갖는다. 하나는 모셔지는 신에 대한 감은과 자신들의 염원하는 기원을 담아낸다는 것이다. 지나온 생활을 신에게 감사하고 다가올 생활을 신에게 기원하는 것이다. 다른 하나는 제의를 통해 사회질서를 정립한다는 것이다. 제사 의례는 곧 예법이고, 그 예법은 곧 사회질서인 것이다. 이로써 제의는 사회질서를 구현하여 공동체적 결속을 도모하는 기능을 갖는다. 결국 대관령국사성황제를 주목하는 것은 이를 통해 강릉지방 사람들을 이해할 수 있기 때문이다. 이들이 염원하는 자기 생활 발전과 자기 문화에 대한 애착과 긍지, 그리고 여기에 배어나는 강릉 사람들의 지방색을 읽어 낼 수 있기 때문이다.

대관령국사성황제라고 이름 지어진 것은 대관령에서 치제되는 성황제이고, 여기에 모셔진 성황신이 대관령국사성황신이기 때문이다. 그리고 이 성황제는 작은 마을 단위에서 치제되는 성황제가 아니라 강릉이라는 지방 공동체의 제의라는 성격을 띠고 있다. 즉 강릉을 대표하는 성황제라는 의미를 갖는다.

물론 한 지방을 대표하는 성황제가 강릉만의 풍속은 아니다. 전국의 모든 지방사회가 자신들의 공동체를 상징하는 성황제를 가지고 있다. 이렇듯 전국에 보편적인 성황제는 나말여초에 생성되는 문화로 이해된다. 이러한 이해는 문헌상에서 고려 초에 성황제가 확인된다는 점에 근거를 둔다. 물론 이후로 많은 문헌에서 성황제가 산견되며, 유적과 유물이 확인됨으로써 성황제가 관행화되고 있음을 살필 수 있다. 이러한 양상은 성황제 문화가 우리나라 전통문화의 한 장을 이루고 있음이다. 여기에 성황제 문화가 가지는 보편성이 있다.

전국 각 지방사회의 성황제는 각기 그 지방의 존재성을 담고 있다. 이것은 곧 자기 정체성인 것이다. 지방사회의 자의적 성향이 활발했던 시기에 자신들만의 신상을 설정하고 성황제를 치제하였고, 중앙집권을 지향하는 국가의 이념정책으로 규제를 받으면서 성황제는 전국적으로 획일화되기도 하였다. 이렇듯 성황제는 전변을 거듭하면서 지방과 중앙, 관행과 혁신의 입장이 상충되거나 습합되면서 자신들만의 독특한 특수성이 생성되기도 하였다. 이것이 성황 문화가 가지는 특수성이다.

강릉은 성황제를 치제하는 사당이 대관령 정상부에 위치해 있다. 왜 대관령에 성황사가 설치되는가? 이 문제는 강릉만의 사정을 반영하는 것이다. 이른바 강릉 성황제의 특수성, 성황제 문화에 담겨지는 강릉지방의 특수성이다. 그리고 성황제가 정부 정책에 따라 의례화되면서 읍치 공간에 성황사가 설치된다. 이로써 강릉 성황제는 대관령과 읍치를 연결짓는 제의구조를 가지고 있다. 이 또한 강릉지방의 특수성으로 주목된다.

이 같은 성황제의 전변과 성격을 이해하기 위해 여기서는 보다 거시적인 시각을 갖고자 한다. 적어도 중세사회 천년의 기간을 관통하는 성황제이고 보면 여기에는 강릉지방의 사회변화상이 켜켜이 함축적으로 투영되고 있다. 이러한 상황에서 성황제의 전변과 성격을 이해하기 위해서는 거시적인 시각이 요구된다고 본다.

이를 위해 지방사회 주도세력과 그 성향 변화를 주목하고자 하며, 이와 맞물리는 성황제의 변화상을 살피고자 한다. 특히 지방사회의 변화는 중앙 정부의 통제 정책에 영향을 크게 받는다는 점을 염두에 두고, 이에 직면한 지방사회 주도세력의 성향 변화를 주목할 것이고, 아울러 이와 맞물리는 성황제의 변화를 규명하고자 한다. 그러나 이러한 방법은 여전히 한계를 가지고 있다. 거시적인 시각을 견지함으로써 한 시대의 성황제와 동시대의 다양한 제의를 비교하기 어려웠다는 점과 아울러 지방사회 주도세력을 중심으로 고찰함으로써 일반 서민의 성향과 동향을 소홀하게 다루게 된 점은 한계로 지적될 수밖에 없다. 또한 성황제의 위상과 상징성에 집착할 뿐 제사의례의 구체적 양상을 언급하지 못하고 있다는 점도 한계로 지적될 수 있다.

2. 명주호족과 대관령국사성황제

(1) 명주호족과 선승 범일

신라하대 중앙 정부가 무능하고 부패했을 때, 전국에서 중앙의 세력과 대립하는 지방 세력이 형성되었고, 지방 호족이라고 불리는 이들이 중앙 정부를 타도하고 새로운 사회를 이끌어 내었다고 하여 이 시대를 호족의 시대라고 한다. 이 시기 강릉의 이름은 명주이고, 이곳에서도 호족세력이 형성되었으니, 이를 명주호족이라 한다.

명주호족은 이 지방의 토성들로 구성되었다. 토성이라 하면 강릉이 본관인 김(金)·최(崔)·함(咸)·박(朴)·곽(郭) 등 유력 성씨 집단이다. 이들은 이 지방의 주도세력이었다. 이들은 부패하고 무능한 중앙 정부의 정령에 저항하면서 독자적인 지방 세력을 구축하고 자신들이 주도하여 지방사회의 안정과 발전을 모색하려는 성향을 견지하였다. 특히 이들은 중앙 귀족들의 부세를 빙자한 무절제한 수탈에 저항하였고, 지방민으로부터 걷은 세금으로 자신들의 군대를 양성하여 세력을 키우면서 안정과 발전을 모색하려는 성향을 견지하였던 지방사회 주도세력이었다.

신라하대의 명주호족은 선종 불교를 수용하였다. 선종 불교가 참선을 중심으로 수행하면서 지방·서민적 성향을 가졌었다면, 교종 불교는 경전을 중심으로 수행하면서 중앙·귀족적 성향을 가졌던 것으로 비교된다. 이로써 교

〈그림 15〉 범일국사 영정

종 중심 사회에서 새로이 수용되는 선종은 사회 개혁적 성향을 갖는 것으로 이해된다. 명주호족이 선종 불교를 수용하였던 성향도 이러한 범주에서 이해된다.

명주호족은 선승 범일을 모셔왔다. 통효대사 범일은 태화 연간에 당나라에 유학하여 염관제안의 법을 이었으며, 문선왕 17년(846)에 귀국하여 백달산에 머물다가 동왕 22년(851)에 명주도독 김공으로부터 굴산사에 주석하기를 요청받고 명주에 들어오게 된다. 이로써 통효대사 범일과 명주도독은 단월관계임을 보게 된다. 물론 여기에는 선승 범일의 성향과 명주호족의 반 신라적인 성향이 전제되었고, 아울러 범일은 구림관족 김씨로서 그의 조 술원은 명주도독을 역임하였다는 출신배경도 크게 작용하였을 것으로 보인다.

명주호족과 범일 선사는 상보적인 관계를 형성하면서 상생하였다. 명주호족은 강릉을 중심으로 영동지방 일원을 세력권으로 확장하여 갔으며, 범일 선사는 굴산사에서 제자 스님들을 양성하여 영동지방 일원의 각 사찰에 배치하면서 교세를 확장해 갔다. 고성의 건봉사, 양양의 낙산사, 동해의 삼화사, 삼척의 영은사, 울진의 오어사 등이 범일 스님에 의해 개창되거나 중창되었으며, 이러한 사문의 영역은 곧 명주호족의 세력범주로도 이해될 수도 있다. 이로써 명주호족과 범일 선사는 강릉을 중심으로 하는 영동지방에서 세력권을 형성하여 자신들의 지정학적 입지를 확보할 수 있었던 것으로 이해된다.

이 무렵 선승 범일은 신라 조정으로부터 국사의 자리에 초빙을 받는다. 경문왕 11년(871)과 헌강왕 6년(880) 정강왕 때에 한 차례씩 초빙된 사실이 있다. 여기서 국사라고 하면 신라 불교계의 최고의 명예의 자리이면서 영향력을 갖는 자리였다. 그러나 선승 범일은 조정의 요청을 사양하고 나아가지 않았다. 이러한 사실은 몇 가지 추론을 가능하게 한다. 먼저 선승 범일은 국사로 초빙될 만큼 법덕을 가지고 있었고, 아울러 그는 강릉을 중심으로 하는 영동지역 일원에 영향력을 가지고 있었다는 사실이 고려되었을 것이다. 그리고 국사 초빙을 사양한 것은 선승 범일의 성향에서 비롯되는 처신이겠지만, 여기에는 그의 단월인 명주호족의 반 신라적 성향도 고려되었을 것으로 예상된다.

선승 범일은 진성여왕 3년(889)에 굴산사에서 입적하였다. 그리고 강릉지방의 사문은 그의 제자 낭원대사 개청으로 이어졌고, 이 시기 명주호족의 중심 인물은 명주장군 김순식으로 파악된다. 이제 굴산문의 낭원대사와 명주장군 김순식이 강릉지방 주도세력의 중심 인물이 되고 있으며, 이들은 전국적인 정치세력의 변화 구도에서 강릉지방의 지정학적 입지를 확보하면서 자신들의 정체성을 정립하는 것으로 이해된다.

신라하대 전국의 지방사회에서 호족세력이 할거하던 상황에서 영동지역을 아우르는 강릉의 지정학적 입지와 이 세력권의 주도세력으로서 명주호족, 그리고 굴산사를 중심으로 사문을 아우르는 사굴산문의 정체성이 정립되고 있는 것이다. 신라 경애왕(景哀王) 1년(924)에 낭원대사가 국사로 초빙되었으나 이를 사양하였던 사실은 강릉지방의 지정학적 입지와 명주호족의 정체성을 단적으로 보여주는 것이라 할 수 있겠다.

(2) 명주호족 제일의 관문 대관령

대관령은 남북으로 이어지면서 한반도의 등척을 이루는 태백준령을 동서로 가로지르는 고갯마루이다. 그리고 대관령은 강릉의 진산이다. 진산은 이 지방을 지켜주는 산이라는 의미로서 여기에는 대관령을 신성한 공간으로 바라보는 이곳 사람들의 정서가 반영되어 있다. 이로써 대관령은 생활공간으로서 고갯마루이면서 자신들의 삶을 지켜주는 신성한 공간이라는 의미가 겹쳐나고 있다. 그리고 이러한 의미는 강릉지방 생활문화의 특성과 불가분의 관계에 놓이게 된다.

신라하대 명주호족이 활동하던 시기 대관령은 특별한 의미를 가진다. 이 시기 한반도의 정세는 신라의 패망과 후삼국을 경과하여 고려의 건국으로 이어지고 있다. 천년사직을 지켜 온 경주 중심의 정치세력이 무너지고 개성을 중심으로 새로운 정치세력이 중앙 세력으로 자리 잡고 있다. 이러한 정세 변화는 고대사회를 마감하고 중세사회를 열어가는 거대한 조류였으며, 이에 편승하여 강릉지방 역시 다방면에 걸쳐 새로운 변화에 직면하고 있었다.

명주호족이 지방사회의 새로운 주도세력으로 성장하였고, 선종 불교가 이입되면서 새로운 지도이념이 구현되었으며, 개성 중심의 새로운 정치세력과 연대가 도모되었다. 이러한 변화는 총체적으로 대관령이 명주호족의 제일의 관문으로 비중을 갖게 된다는 사실로 귀결된다.

신라 천년 동안 강릉의 제일의 관문은 안목 항(港)이었다. 이곳 사람들이 안목을 젠주(前州)라고 부르는 것은 고을의 앞이라는 의미로 이곳이 제일의 관문이었음을 시사한다. 신라의 중앙 경주와 연결망은 해상교통로를 중심으로 구축되었고 강릉지방의 출발기지는 남대천이 바다와 맞닿은 안목 항이었던 것이다. 안목 항은 신라 천년 동안 강릉지방의 제일의 관문으로서 위상을 확보하고 있었다. 이 시기에 항만과 지근한 거리에 한송사와 한송정이 자리하였으니, 이 시기 찬란했던 문화를 상징적으로 보여준다. 이 지방을 찾아 들었던 수많은 시인묵객들은 이 문화유적을 주목하였으니, 그것은 신라 천년의 영화와 문화에 대한 향수였을 것이다.

그러나 이제 한반도의 중세사회를 열어가는 고려가 건국되고 중앙 조정

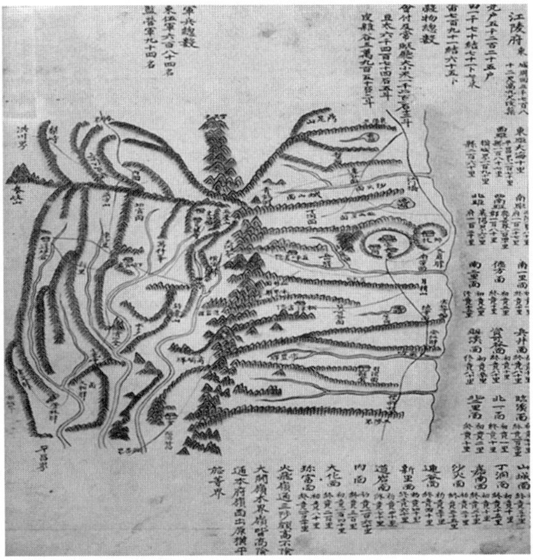

〈그림 16〉 강릉의 고지도

이 개성에 정립되면서 강릉 제일의 관문은 대관령으로 바뀌어 갔다. 한반도의 서북쪽 개성에 중앙 세력이 자리 잡으면서 중앙 정부와 연결을 위해 이곳 강릉지방에서는 육상교통로가 새롭게 구축되어야 했고, 그 출발기지는 대관령이었다. 대관령이 제일 관문으로 부상하고 있는 것이다.

이 시기에 강릉지방의 중심 세력인 명주호족은 새로운 중앙 정부를 지원하기 위한 군사적 출병을 하였고, 왕실과 정략적인 혼인을 통해 세력연대를 도모하였고, 중앙 조정에 출사하였고, 중앙 세력으로부터 사성을 받았다. 명주호족의 이 모든 정치적 활동은 개성에 자리 잡은 새로운 중앙 정부와 연대를 도모하여 유대를 강화하려는 성향을 띠었고, 자신과 지역의 발전과 안녕을 도모하기 위한 비중 있는 정치적 활동이었다. 이렇듯 정치적 활동의 비중이 크면 클수록 대관령의 관문으로서 기능이 강화될 수밖에 없었다.

이 시기 진산으로서 바라보는 이곳 사람들의 원초적인 의식과 제일의 관문으로서 기능이 강화되면서 이곳 대관령에는 명주호족의 치제 공간이 자리 잡고 있었으니, 이른바 대관령국사성황제이다.

(3) 명주호족과 그 후예들의 대관령국사성황제

9세기 말엽에서 10세기 초반에 이르는 시기에 한반도는 후삼국이 정립하였다. 전국 지방사회에서 성장한 호족들의 이합집산으로 후백제·후고구려·신라가 정립하면서 후삼국시대를 열어가고 있었다. 이 무렵 강릉지방의 주도세력 명주호족도 새로운 진로를 모색하고 있었다.

10세기 초반 명주호족의 중심 인물은 낭원대사 개청과 명주장군 김순식이었다. 이들은 자신들의 입지와 정체성을 담보로 대외적 연대를 모색하고 있었다. 이들은 정국의 변화 추이를 면밀하게 관찰하면서 새로이 연대할 파트너를 물색하였고, 이러한 활동은 자신들과 지역의 안정과 발전을 모색하려는 성향을 띠는 것이었다.

명주호족은 일차적으로 영월과 원주를 배경으로 성장한 궁예 세력과 연대를 모색하였다. 이들의 관계는 궁예가 강릉에 입성하였던 시기인 894년부터 그가 몰락하는 918년까지 약 24년 동안 지속되었다. 이어서 궁예가 몰락하자 명주호족은 세력을 규합하여 새 나라를 세운 고려 태조 왕건과 세력 연대를 모색하였다. 이들의 관계는 930년을 전후한 시기에 집중되고 있다. 이후 강릉지방은 고려의 행정체제에 편제되기에 이른다.

〈그림 17〉 낭원대사오진탑비

명주호족과 고려의 세력 연대를 상징하는 움직임은 다음과 같이 파악된다. 먼저 고려 조정에서는 명주호족과 유대관계를 맺기 위해 이곳 호족 중 일족에게 왕씨 성(姓)을 하사하는 사성을 하였으며, 태조 왕건은 명주호족의 규수 두 명을 왕비로 맞아들이는 혼인을 맺고 있다. 그리고 명주호족은 고려의 후삼국 통일을 지원하기 위해 지금의 천안지역에서 전개된 일리천 전투에 군사를 파견하여 지원하였으며, 이어서 이곳 명주호족들은 고려의 조정에 출사가 이루어지고 있다.

이처럼 군사 출정, 혼인, 사성, 출사 등으로 양자 간의 세력 연대는 고려 조정의 요청에 의해 이루어지는 경향이 짙다. 이러한 경향은 고려 입장에서 후삼국을 통일하기 위해 명주호족의 지지가 필요했던 데서 비롯되는 것이었고, 명주호족의 입장에서 보면 자신들의 지정학적 입지와 정체성을 담보로 고려의 통일대업을 지원할 수 있었던 데서 가능한 것이었다. 특히 명주호족이 군사를 이끌고 출정하였던 936년의 일리천 전투는 고려가 후삼국을 통일하는 마지막 전투였다. 결국 명주호족은 고려의 통일대업에 크게 공헌하였다는 명분을 확보하고 있는 것이다.

이러한 명분 쌓기는 고려의 통일 이후까지 명주호족이 강릉지방의 중심세력으로 활약할 수 있는 기반이 되는 것으로 이해된다. 고려 통일 후 처음으로 추진된 행정 개편에서 강릉은 명주에서 동원경으로 읍호가 승격되었다. 그리고 호족들은 대거 중앙 조정에 출사하였으며, 태조 23년(940)에는 왕명으로 낭원대사오진탑비가 건립되었으며, 사성을 받았던 일족들은 여전히 왕씨 성을 사용하면서 왕족에 준하는 사회적 지위를 누렸다.

이렇게 보면 한반도의 중심부가 경주에서 개성으로 옮겨 가던 시기, 전국에서 호족세력이 등장하여 이합집산을 거듭하면서 고려 통일로 이어지던 시기, 고대사회가 마감되고 중세사회를 열어가던 시기, 이 과도기적 혼돈의 시기를 경과하면서 명주호족은 자신들의 지정학적 입지와 정체성을 담보로 자신과 이 지방의 안정을 발전적으로 꾸려 낼 수 있었다고 할 수 있다. 이 시기에 이루어진 읍치의 이전은 격상된 지방의 위상을 상징하는 것이었으며, 현전하는 임영관 삼문 즉 객사문은 그 기념비적인 건축물이라고 할 수 있다.

명주호족과 그 후예들은 이 지방의 지정학적 입지와 자신들의 정체성을

〈그림 18〉 강릉 임영관 삼문

담아내는 제의를 치제하였으니, 그것이 곧 대관령국사성황제이다. 이 지방에서는 제의의 생성 계기로 936년 군사 출정을 하면서 대관령 정상에서 치제하였다는 사실을 주목하고 있다. 이 제의에 관한 기록은 『고려사』『고려사절요』『신증동국여지승람』 등 관찬 사서에서 구체적으로 전해지며, 특히 명주장군 김순식과 고려 태조 왕건이 전장에서 만나 주고받는 대화체 형식의 기사에서 군사적 출정을 계시하였다는 이상한 스님의 현몽이 기술되고 있다. 이러한 기사는 관찬 사서의 신뢰성과 스님의 현몽이라는 신비로움에 힘입어 읍지에 기록되고 구전으로 전승되면서 형성되는 성황제의 초기적 양상으로 이해되고 있다.

그리고 명주호족과 그 후예들은 고려시대를 경과하면서 여전히 이 지방의 중심 세력으로 활약하였다. 『세종실록지리지』에서 파악되는 이 지방의 토성들은 명주호족과 그 후예들임을 살필 수 있다. 이로써 대관령국사성황제는 이들 토성들에 의해 연례적으로 재생산되었다고 할 수 있으며, 여기에는 고대사회를 마감하고 중세사회를 열어가던 시기에 이 지방의 발전적 사회상을 이끌어 냈던 이곳의 지정학적 입지와 자신들의 정체성이 담지되면서 재생산의 기반이 되었다고 하겠다.

3. 양반사회에서 대관령국사성황제의 전승

(1) 조선 초기의 성황제 의례화 정책

조선이 건국되면서 정치·행정조직이 갖추어지고, 바른 정치는 반드시 예를 기본으로 한다는 명분에 따라 예제가 정비되었다. 신왕조의 통치이념을 구현하기 위한 예제의 총체적인 개편안이 마련되면서 성황제는 사전의 정비 차원에서 논의되었다. 성황제에 관한 조정의 논의는 비교적 이른 시기에 시작되었다. 이것은 신왕조의 개창 직후 도래되는 치제시기에 직면하여 조정의 입장 표명이라는 성격을 띠고 있었다. 그리고 이 시기의 논의는 여말 친명 정책을 표방하던 시기에 명나라로부터 전달된 성황제 개편안이 참조되었고, 그것은『홍무예제』를 준용하는 것이었다.

조선 개국 벽두에 조정에서 제시한 성황제 개편안을 살펴보면, 군현 단위로 성황신의 호칭은 "모주(某州), 모군(某郡) 성황의 신"으로 정하고, 위판을 설치하고 수령이 주재하여 춘추로 치제하며, 전물·제기·작헌의 의례는 하나같이 조정의 예제를 따르도록 규정하고 있다. 이 규정은 일차적으로 성황제를 신왕조에서 수용한다는 조정의 입장 표명이었으며, 아울러『홍무예제』를 표방한 개편안을 마련하고 이것을 관철시켜 가겠다는 의지를 분명히 밝히는 것이었다.

여기서 제시된 개편안은 그간의 관행을 부정한다는 특성을 갖는다. 성황신에게 부여되었던 작위를 부정하고, 성황사에 모셔졌던 각종 형태의 신물이나 신상을 부정하고, 지방사회의 토호 즉 주도세력의 역할을 부정하고, 지방사회에서 자의적으로 적용하였던 각종 의례행위를 부정하는 것을 특징으로 하고 있다. 이것은 새로운 국가의 통치이념을 구현한다는 명분을 갖는 것이었지만, 한편으로는 중앙과 지방의 역학관계를 새롭게 구축하려는 조정의 의지를 담은 것이었다. 즉 지난 시대에 만연했던 지방사회 토호세력 즉 주도

〈그림 19〉 강릉 대관령국사성황사

세력의 자의적인 행태와 역량을 일체 배제하여 중앙 집권화를 강화하려는 성향을 담은 것이었다.

이 개편안은 조선 중기에 이르면서 반복적으로 강조된다. '순심별감'이 올린 보고서에 의해 산천 단묘의 개편안이 마련되거나 위판의 배열, 폐백의 진설, 축문과 폐백을 땅에 묻는 예감법의 적용 등 사전을 정비하기 위한 논의에서 이 개편안은 반복적으로 강조되고 있다. 이러한 양상은 이 규정이 성황제 정책으로 일관되게 유지되었음을 의미한다. 다만 질병·가뭄·수해가 크게 발생된 경우 그 지역의 성황신에게 봉작을 추진하여 재난을 극복하려는 시책이 추진되기도 하였다. 또한 왕실과 특별한 인연을 맺고 있는 함흥·영흥·전주 등 지방의 성황제는 소사로 등제하여 특별히 관리되기도 하였다.

이러한 예외적 양상은 전대 이래로 성황제 관행이 강고하게 전승되었음을 입증하는 것이었으며, 이러한 상황에서 이 개편안은 반복적으로 강조되면서 정제되어 갔음을 의미한다. 그리고 태종대에서는 여제·사직단·포제·영제 등이 정비되어 기존의 성황제와 함께 군현(郡縣)에서 치제해야 할 제의로 규정되었고, 세종대에서는 소사로 등제되었던 세 지방의 성황제마저 일반 군현과 동일하게 치제하도록 개편되었다. 이렇게 정제된 성황제는『국조오례의』길례편으로 집성되었다. 이제 성황제는 대·중·소사로 등제된 제의가 아닌 군현의 소재관 즉 수령이 치제하는 제의 중 하나로 규정되고 있다.

이로써 조선 초기에 정립되는 성황제는 건국 벽두에 제시된 개편안이 정제되어 법제화되면서 조정의 예제를 준용하여 춘추로 정례화된 군현단위의 관주도적 제의로서 수령이 치제해야 할 다양한 제의 중 하나로 정착되어 갔으며, 아울러 전대 이래로 전승되어 온 관행을 전적으로 부정하고 있다는 특성을 갖는다. 이러한 양상은 성황제를 전국적으로 획일화하여 이를 통해 신왕조의 건국이념을 구현하려는 조정의 의지가 담긴 것이었으며, 그간의 성황제에 투영되는 지방색을 철저하게 배제하고 수령권을 매개로 중앙집권화를 도모하려는 중앙의 의지가 담긴 것이었다.

(2) 양반사회의 읍치 성황제와 별제

조선이 건국되면서 지방사회는 신분질서의 재편에 직면하게 된다. 그동안 읍사를 장악하고 지방사회의 주도세력으로서 입지를 구축해 온 향리세력은 유향소를 결성하여 자신들의 입지를 유지하면서 새로운 변화에 대응하였다. 또 이들은 출사를 배경으로 사족 신분으로 발전하기도 하였으며, 다른 한편으로 읍사에 남아 향리세력으로 온존하기도 하였다. 그리고 사족들은 신왕조에 편향적인 자세를 견지하면서 지방사회의 지배세력으로 자리 잡았고, 수령을 보좌하였던 향리세력은 수령권을 강화하는 조정의 지방 통제정책에 따라 신분이 중인으로 강등되어 갔다.

조선 초기 법제화된 성황제가 정착되는 과정은 지방사회의 이러한 변화와 맞물려 전개되었다. 새롭게 편제되는 지방행정 조직에 따라 모든 군현에 성황사가 마련되어야 했고, 그것은 대부분 읍성으로 둘러싸인 내부 공간인 읍치에 건립되었다. 이곳은 관권 즉 수령권의 상징적 공간이며, 이곳의 성황사는 수령이 주재하는 관주도적 성황제의 상징적 사당이었다.

성황사가 예전에도 읍치에 건립되었는지는 분명치 않다. 물론 그럴 수도 있지만, 전대에서 지방사회 주도세력의 친연성을 배경으로 성황신이 설정될 수 있었던 상황을 염두에 두면 그 지방의 진산이나 또 다른 성지에 성황사가 건립되었을 가능성도 있다. 따라서 읍치에 건립된 성황사는 제의가 법제화되면서 정비되는 양상으로 이해되며, 여기에 작호와 신상·신물이 배제된 위패가 봉안됨으로써 조선시대의 이른바 '읍치의 성황제'가 상정된다.

'읍치의 성황제'는 수령이 주재하는 관주도형 제의였으며, 조정의 예제를 준행하면서 춘추로 정례화된 제의이다. 그리고 지방사회에서 성황제의 실무를 담당하는 계층은 호장을 비롯한 향리세력이었다. 수령이 주재하는 제의에서 이들의 역할은 당연한 것이었고, 이로부터 제의에 소용되는 제반 경비는 관비로 지출되었다. 다만 이들 실무 담당 계층의 사회적 존재양태는 법제적 성황제가 정착되는 과정에서 중요 변수가 되었다.

이들의 역할은 지방 행정을 담당하면서 수령을 보좌하는 것이었고, 그것은 이들의 신분이 강등되면서 실무적인 것에 한정되었다. 그러나 이러한 신분질서가 재편되기까지 이들에게서 예상되는 지배세력으로서 속성은 신상과 신물에 친숙한 것이었다고 볼 수 있으며, 조선 초기 성황제에서 신·구적 양태가 겹쳐 나타나는 것은 제의의 실무 담당 계층이었던 이들의 성향에서 비롯된다고 할 수 있다. 따라서 지방사회 신분질서의 재편과정은 곧 법제적 성황제가 정착되는 과정으로도 이해될 수 있다.

조선 초기에 법제화된 성황제는 조정의 일관된 정책에 힘입어 일정하게 정착된다. 현전하는『신증동국여지승람』의 각 군현 사묘편에서 파악되는 성황사는 이러한 정황을 시사한다. 여기에서 성황사는 전국의 각 군현단위로 설치되었고, 그것들의 대부분은 지방사회의 읍치에 소재하고 있다. 이렇듯 전국적으로 획일적 양상을 보이는 것은 법제화된 성황제가 일정하게 관철되었음을 보여준다. 이로써 '읍치의 성황제'는 개편된 사회질서를 구현하는 제의라는 의미를 갖는다.

한편 법제적 성황제의 정착에도 불구하고 이전 시대의 관행은 쉽게 불식되지 않았다. 법제적 규정에도 불구하고 그것이 철저하게 이행되지 않는다는 지적이 조정에서는 반복적으로 언급되었고, 철거되어야 할 신상과 신물이 다시 봉안되는 사태가 반복적으로 야기되었으며, 개인적으로 성황사에서 치성을 드리는 행위는 음사로 규정되어 극력 제지되었다. 이러한 양상들은 정책적 한계에서 비롯되는 것이기도 하였지만, 이전의 관행 특히 성황신에 대한 수호신적 이미지가 강고하였던 데서 비롯되는 것이었다.

이러한 시각에서 '별제'라는 존재가 주목된다. 이른바 '별제'는 '읍치의 성황제'와 다른 또 하나의 성황제라는 의미에서 명명된 것이다. '별제'는 그 의미상에서 법제화된 '읍치의 성황제'를 정형으로 인정하고 있다는 점에서 법제화된 이후의 양태를 시사한다. 따라서 예전의 관행이 답습되는 형태의 성황제였다고 보겠다. 물론 이러한 양태가 전국적인 양상이었는지는 분명치 않지만, 성황제가 법제화되면서 배제되었던 지역성이 강한 성황제의 유습을 이어가겠다는 지방사회의 동향을 반영하고 있다는 점에서 주목된다.

(3) 안일호장 계층의 대관령국사성황제 복원

조선시대 지방 관아에서 행정 실무를 담당하는 향리 계층의 최고위직을 호장이라 하고, 현직에서 퇴역한 호장을 안일호장이라고 하였다. 이들은 비록 현직에서 물러났으나 상호간에 유대를 돈독히 하면서 결속을 다져갔고, 또한 읍사의 행정 운영을 주도하는 호장이나 향리 계층과 두터운 인맥을 유지하고 있었다.

특히 조선 후기 수령권이 강화되는 데 편승하여 이들 호장 계층은 비록 중인이라는 신분적 한계에도 불구하고 읍사의 행정권 즉 읍권을 장악하고 주도하였으며, 더욱이 호장을 비롯한 읍사의 유력한 직책을 독점하는 경향을 띠면서 이들의 사회적 영향력은 한층 강화되었다. 호장 계층의 이러한 존재양태는 비록 현직에서 물러난 안일호장이라고 하더라도 그동안의 행정 경험과 두터운 인맥을 배경으로 읍사의 행정에 일정하게 영향력을 행사하고 있었음을 의미한다.

여기서 호장과 안일호장 계층을 주목하려는 것은 이들이 행정 실무적 권한을 기반으로 지방 공동체의 제의를 전담하고 있었기 때문이다. 제의는 현직 호장이 그 실무적 책임을 지고 있었지만, 여기에 구조적으로 안일호장 계층의 영향력이 매우 강하게 미치고 있었다. 이 점에서 호장을 비롯한 안일호장 계층의 동향과 성향을 파악할 수 있다면, 그것은 지방 공동체 제의의 성격을 이해하는 단서가 될 수 있을 것이다.

이 점에서 숙종 때 강릉지방의 안일호장 최익동, 그리고 전순장 최동린이 주목된다. 이들은 현직에서 퇴역한 이후 읍성 밖에 거주하던 중 향노들의 전언에 따라 읍사에서 미타존불도의 고색창연한 계첩을 발견하게 된다. 여기서 미타존불도는 강릉 보현사의 향도회였으며, 계첩에서는 고려시대 전 기

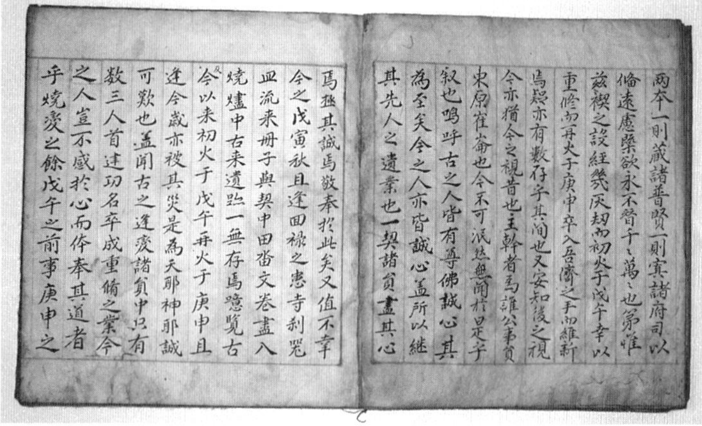

兩本一則藏諸普賢一則賓諸府司以
倫遠慮槩欲永不替千〻萬〻也第惟
玆稧之設經幾灰刼而初火于戊午幸以
重修而再火于庚申卒入吾儕之手而維新
焉疑亦有數存乎其間也又安知後之視
今亦猶今之視昔也主幹者爲誰公事員
東原崔斋也今不可泯然無聞於是乎
叙也嗚呼古之人皆有尊佛誠心其
爲至矣今之人亦皆誠心盖所以繼
其先人之遺業也一契諸員盡其心
焉盡其誠焉敬奉於此矣又値不幸
今之戊寅秋且逢回禄之患寺刹罷
皿流來冊子與契中田畓文卷盡入
燒燼中古來遺跡一無存焉噫覽古
今以來初火于戊午再火于庚申且
逢今歲亦被其災是爲天耶神耶誠
可歎也盖聞古之逢變諸員中只有
數三人首建功名卒成重脩之業今
之人豈不感於心而倂奉其道者
乎燒變之餘戊午之前事庚申之

〈그림 20〉 보현사 미타계첩

간 동안 회원들의 명단과 활동사항이 파악될 수 있었고, 조선 초기에 이르러 불교가 좌도로 규정되면서 계원들의 승계가 단절된 것으로 파악되고 있다.

이러한 사실을 파악한 이들은 이 향도계야말로 선조들이 수백 년 동안 일구고 계승해 온 이 지방의 풍습이요 고례이며, 이러한 풍속을 되살리고 전통을 승계하는 것은 후손들의 마땅한 도리라는 의식을 가지게 되는 것으로 파악된다. 이로써 그동안 단절되었던 향도회는 안일호장 계층의 주도로 새로이 중수되었으며, 여기에는 남녀를 불문하고, 그리고 신분의 상하를 막론하고 회원으로 입회할 수 있는 개방성이 보장되고 있었다.

여기에서 안일호장 계층의 몇 가지 성향을 주목하고자 한다. 먼저 유교사회 속에서 향도회가 재구성되고 있다는 점이다. 안일호장 계층이라고 하면 관아의 운영질서를 주도하였던 계층이라는 점에서 양반층 못지않게 유교적 의례에 정통했던 계층이었다. 그럼에도 불구하고 이들이 불교의 향도회를 재구성하고 있다는 사실은 이 시기 사회적 특성을 반영하는 것으로 이해된다. 즉 임진왜란을 겪으면서 승병의 구국활동이 두드러졌던 상황에서 조정의 억불정책은 한계에 직면해 있었고, 아울러 침체되었던 불교계를 되살리기 위한 승려들의 활동이 두드러지고 있었다는 데서 가능한 일이었다고 하겠다.

다음으로 안일호장 계층이 향도회를 주도하였다는 사실이다. 여기에는 이들의 출자의식이 크게 작용하고 있었다. 고려시대 향도회를 주도하였던 계층도 읍사를 장악하였던 호장계층이었고, 이제 자신들이 읍사의 운영권을 주도하는 입장에서 그 역할을 계승하려는 의식이었다. 이로써 비록 자신들은 중인 신분이었지만, 고려시대 지방사회의 실질적인 지배세력으로서 호장계층이 주도하였던 향도회를 이제 자신들이 자임하여 계승함으로써, 그 전통계승 역할에 힘입어 자신들의 사회적 입지를 강화하고 나아가 중인으로 신분적 한계를 극복하려는 의도를 갖는 것이었다고 할 수 있다.

다음은 안일호장 계층이 서민층과 친화력을 강화하고 있다는 사실이다.

조선 초기 이래 억불정책으로 불교의 종교·사회적 기능은 침체되어 있었지만, 일반 서민사회에서는 여전히 그 종교적 기능은 온존해 있었다. 이러한 상황에서 이들이 중수한 향도회는 일반 서민들의 종교성을 하나로 결집하는 구심체 역할을 하였으며, 이로써 지방사회 중간 계층으로서 일반 서민들을 포용하는 의미를 갖는다고 할 수 있다. 더욱이 호장층을 비롯한 중간 계층의 직무 수행과정에서 필연적으로 야기되는 일반 서민들과 갈등관계를 전제한다면, 향도회를 통한 서민들과의 친화력은 이러한 갈등관계를 완화하는 역할을 하였을 것으로 이해된다.

이상에서 강릉지방의 안일호장 최익동과 전순장 최동린을 중심으로 한 중간 계층의 역할과 성향을 살펴보았거니와 이제 이러한 성향과 역할이 지방사회 공동체 제의에 어떻게 투영되고 있는가를 살펴보고자 한다.

먼저 이 무렵 강릉지방의 공동체 제의를 주관하는 계층은 호장을 비롯한 안일호장 계층이었고, 이들은 공동체 제의인 대관령국사성황제에서 그 주신을 선승 범일을 인물신으로 하는 범일국사로 복원시키고 있다. 이러한 제의의 복원은 주도계층의 고례 인식에서 비롯되는 것이었다. 즉 미타존불도는 이 지방의 고례로 인식해 온 것과 다르지 않다. 이로써 고례 인식에 근거를 두고 대관령국사성황제의 주신은 범일국사로 재정립된다고 하겠다.

그리고 이 무렵 대관령국사성황제에서는 이른바 혼배의식이 추가되는 것으로 보인다. 즉 읍성 밖 정(鄭)씨 가(家)의 규수가 호환을 당하였다는 범상치 않은 사건을 매개로 대관령국사여성황이 설정되고 있으며, 이로써 국사성황신과 국사여성황신의 혼배의식을 연출하여 극적인 효과를 극대화시키고 있다. 이러한 효과는 대관령국사성황제의 주신의 형상을 고착시키는 의미를 갖는 것으로 볼 수 있으며, 아울러 남성과 여성, 읍치와 외곽을 하나로 묶어내고 제의에 동참을 유도하여 일반 서민들과 친화력을 강화한다는 의미를 갖는 것으로 볼 수 있다. 이러한 효과는 제의의 주도층인 호장과 안일호장 계층의 성향에서 비롯되는 것으로 이해될 수 있다.

〈그림 21〉 대관령국사여성황사

또한 이 무렵 관노가면극이 연출되고 있다. 관노가면극은 읍사에 소속된 관노들이 가면을 쓰고 출연하는 가면극이다. 여기서 주목되는 배우인 관노들을 누가 관리하고 가면극을 연출할 수 있었겠는가? 물론 가면극은 전통 산대놀이와 지방사회에 광범하게 자리 잡았던 무희에서 비롯되었을 것이다. 그렇지만 이들 관노들을 제의에 동원하였다면 그것은 읍권을 장악하고 있는 호장층의 지휘 감독 하에서 가능한 것이었다고 할 수밖에 없다.

그리고 관노가면극의 중심 내용은 양반사회를 풍자하는 것이다. 양반과 각시의 사랑을 시시딱딱이와 장자마리가 등장하여 시기하고 방해하고 조롱하면서 스토리가 전개되지만, 그것은 양반사회가 안고 있는 총체적 모순과 한계를 극명하게 노정하는 시대적 풍자극으로써 의미를 갖는다. 이렇듯 시대적 한계와 모순을 극명하게 짚어 내고, 이를 극화하여 일반 서민들과 친화력을 모색하였다면 그 주도계층은 이 지방에서 미타계를 결성하면서 개방적으로 운영하였던 중간 계층으로서 호장과 안일호장 계층을 주목할 수밖에 없다.

이렇게 볼 때, 강릉지방 안일호장 최익동과 전순장 최동린을 중심으로 하는 중간 계층이 미타존불도의 계첩을 발견하면서 갖게 되는 고례 인식과 이에 토대를 둔 전통계승 의식은 미타계의 중수는 물론 강릉지방 공동체 제의인 성황제의 주신을 국사성황으로 복원하고 성황신의 혼배의식을 연출하며, 나아가 관노가면극을 연출하면서 일반 서민들과 친화력을 갖는 대관령국사성황제를 정립한 것으로 보인다. 그리고 이것은 오늘날 강릉단오제의 중심 제의의 전형이 되고 있다고 할 수 있겠다.

4. 맺는말

강릉단오제의 중심 제의인 대관령국사성황제를 주목하고, 그것은 중앙과 지방의 역학관계, 지방사회 내부의 신분과 계층에 따른 역학관계에 따라 전변이 이루어졌음을 규명하고자 하였다. 이를 통해 강릉지방의 사회변화상과 이곳 사람들의 자기 발전과 사회 안정을 모색하는 생활문화의 역동성과 여기에 투영되는 지방색을 이해해 보고자 하였다.

한반도에서 고대사회가 마감되고 중세사회를 열어 가던 시기, 한반도의 중심부가 신라의 경주에서 고려의 개성으로 옮겨가던 시기, 지방사회 주도세력이 변화의 주체로 설정되는 이른바 호족의 활동시기, 이러한 과도적 시기에 강릉지방에서 잉태된 성황제가 대관령국사성황제이다.

이 시기 강릉지방의 주도세력은 굴산사의 선승 범일을 중심으로 하는 선종 불교 세력을 아우르는 명주호족이었고, 이들은 강릉을 중심으로 영동지방 일원을 아우르는 독자적인 세력권을 형성하고 중앙의 정치적 변동을 예의주시하면서 자신들의 지정학적 입지와 정체성을 확보하였으니, 대관령국사성황제는 이러한 명주호족의 지정학적 입지와 정체성을 담아내는 제의였다.

명주호족은 고려의 건국세력과 연대를 도모하면서 이른바 후삼국시대의 혼돈 속에서 지방민의 안녕과 지방사회를 발전적으로 이끌어 내었으니, 이 시기에 추진되었던 읍치의 이전은 그 기념비적인 것이었다. 이로써 명주호족과 그 후예들은 이 지방에 안정적으로 정주할 수 있는 기반이 재정립되었고, 이러한 구도는 대관령 정상에 성황사를 마련하고, 굴산사의 선승 범일을 인물신으로서 성황제의 주신으로 설정하고, 단오제 기간 동안 치제되는 대관령 국사성황제가 매년 연례화될 수 있었던 사회적 기반이었다.

신유학을 건국이념으로 수용한 조선은 민간사회에 만연했던 각종 제의를 음사로 규정하여 금기시하면서, 다른 한편으로 지방사회 통제책의 일환으로 성황제의 의례화 작업을 추진하였다. 국가 사전으로 귀착되는 지방사회의 성황제는 국가 의례를 준용하고 수령이 주재하여 춘추로 치제하며, 위패를 설치하고 신상·신물·작호 등 지방색 짙은 관행을 철저히 부정하는 것이었다. 이로써 지방사회 성황제는 중앙집권을 구현하는 관주도적 제의로서 성격을 가지게 되었다.

이 시기 강릉지방 성황제의 변화 역시 이러한 범주에서 이해된다. 읍치에 성황사가 설치되었으며, 위패 중심의 제의로서 국가 의례를 준용하여 춘추에 치제되었으며, 수령이 주재하는 관주도형 제의였다. 그러나 이 시기에도 대관령국사성황제는 단절되지 않았던 것으로 파악된다. 이른바 '별제'로서 대관령국사성황제는 전승되고 있었다. 이것은 법제화된 춘추 성황제가 정례화되는 상황에서 대관령국사성황제는 별제로 불렸음을 보여준다.

다만 대관령국사성황제는 비록 전승제의였지만 그 치제는 변모되는 양상을 보이고 있다. 호장을 중심으로 하는 향리세력이 성황제의 주도집단이 되었고, 읍치에 성황사가 설치되면서 대관령 성황사와 연계되는 이중적 제의구조를 가지며, 유교적 의례를 표방하면서 신체인식이 탈색되는 변화를 보이고 있다. 이러한 양상은 국가 정책의 영향을 받으면서 비롯되는 것이었으며, 특히 지방사회에 성리학질서가 심화되는 데 따른 것으로 이해된다. 이로써 조선 전기 주도집단의 사회적 입지를 담보하는 제의로서 기능은 탈색되는 것으로 보이며, 지방사회의 수호와 풍요를 기원하는 보다 구복적 기능의 제의로서 정착되는 것으로 이해된다.

강릉지방의 '별제'로서 대관령국사성황제는 조선 후기 사회에서 재정립된다. 그 주역은 안일호장 최익동과 전순장 최동린을 중심으로 하는 중간 계층이었다. 이들이 미타존불도의 계첩을 발견한 것은 그 계기가 되었다. 이들은 미타존불도야말로 나말여초 이래로 계승되어 온 향도회라는 고례 인식과 그것을 주도해 온 세력은 자신들처럼 읍사를 장악한 호장 계층이라는 출자의식을 견지하였고, 이로부터 그 전통을 계승하려는 성향을 보였던 것이다.

이들은 전통계승의식에 근거하여 강릉지방 공동체 제의인 대관령국사성황제의 주신을 선승 범일로 복원하였던 것으로 이해된다. 그리고 이들은 대관령국사여성황을 설정하고 성황신의 혼배의식과 관노들이 출연하는 관노가면극을 연출하였다. 이러한 성황제의 복원과 극적인 효과의 연출은 이들의 성향이 단순히 복고적이 아니라 시대정신을 담는 것이었음을 보여준다. 그것은 지방사회의 전통을 자신들이 자임하여 계승함으로써 자신들의 신분적 한계를 극복하려는 것이었고, 아울러 양반 중심사회의 모순과 한계를 풍자하고 희화하여 일반 서민들과 친화력을 제고함으로써 지방 공동체의 결속을 도모하려는 시대정신을 담은 것이었다. 그리고 이 시기 대관령국사성황제는 오늘날 강릉단오제의 중심제의의 전형이 되고 있다.

제 7 장

강릉단오제의 형성과 굴절과 재정립

1. 머리말

단오는 농경사회의 전통 명절이었다. 설날·추석과 함께 3대 명절의 하나가 단오였다.[1] 강릉지역 단오명절의 풍속은 세시풍속으로서 명절문화의 보편성에 기반을 두고 지역공동체적 제의를 갖추고 있다는 특징을 갖는다. 여기서 주목되는 지역공동체적 제의는 이른바 '대관령국사성황제'로서 추석이나 설날 같은 다른 명절의 풍속과는 구분되며, 또한 다른 지역의 명절 풍속과도 구분되는 특징적 요소이다.[2]

강릉단오제는 흔히 천년의 역사를 가졌다고 한다. 이 연원에 대한 이해는 보다 제의적 요소에 근거를 두고 있다. 이른바 '대관령국사성황제'의 주신이 실존인물이었다는 신체인식에 따른 것이라고 할 수 있다.[3] 이렇듯 성황제는 강릉단오제의 성격을 총체적으로 규정하고 있으며, 그것은 장기간에 걸쳐 지속적으로 이행되면서 축적되는 문화적 특성 곧 지역성이라고 이해할 수 있다. 강릉단오제가 1967년 1월에 국가중요무형문화재 제13호로 지정되고, 2005년 11월 25일 유네스코에서 "인류 구전 및 무형유산걸작(Masterpieces of the Oral and Intangible Heritage of Humanity)"으로 지정된 것도 결국 이러한 지역성이 주목되는 데서 비롯된 것이라 할 수 있겠다.[4]

'대관령국사성황제'는 지역공동체적 제의이다.[5] 풍요와 수호를 기원하면서 지역 주민들의 일체감을 조성하고, 제례의식을 통해 질서와 규범을 재정

---

1) 『中宗實錄』 卷34, 13年 8月 己卯. "俗稱三名日 如正朝端午秋夕."
2) 『增修臨瀛誌』, 風俗. "邑各有城隍祠 春秋享祀之 至於江陵 享祀外別有異者."
3) 국립문화재연구소, 『강릉단오제』, 1999, 12~20쪽.
4) 강릉시·강릉문화원, 『강릉단오제 유네스코 세계인류구전 및 무형유산 걸작 선정 백서』, 165쪽.
5) 이규대, 「朝鮮前期 邑治城隍祭와 主導勢力」, 『역사민속학』, 한국역사민속학회, 2003, 124~125쪽.

립해 가는 지역공동체적 제의이다. 이 점에서 강릉단오제의 역사적 전개양상은 질서와 규범의 재정립과 사회통합을 위한 지역민의 자구적인 노력으로 평가될 수 있으며, 그것은 곧 지역사적인 시각에서 마땅히 주목되어야 할 과제가 된다.

그간에 강릉단오제 연구는 사적인 전변보다는 민속학적 시각에서 이루어져 왔다. 현전하는 문화양태를 조사하고, 이에 근거하여 각종 연희와 제의를 재구성하고, 그리고 그 문화적 특성을 규명하려는 경향을 띠면서 괄목할만한 성과를 이루었다.[6] 그러나 이러한 성과에도 불구하고 강릉단오제의 역사적 전개양상은 단편적인 자료를 평면적으로 수용할 뿐, 지역 사회의 변화상과 연계되지 못하고 있으며 또한 그 계기적인 인과관계가 주목받지 못하고 있는 실정이다. 정체성을 정립하고 지역성을 규명하는 문제는 여전히 과제로 남아 있는 실정이다. 이 점에서 강릉단오제의 정체성과 지역성을 바르게 규명하기 위해서는 지역사적 시각에서 그 전변의 문제가 주목되어야 할 것이다.

이렇듯 강릉단오제의 전변과 그 특성은 지역사적 과제가 되며, 이를 규명하기 위해서는 적어도 두 가지 요인이 주목되어야 한다. 먼저 그 주재집단의 존재양태와 의식구조에 기반을 둔 지역 사회의 자의적 성향이며, 다른 하나는 풍속의 교화를 지향하는 중앙의 교화정책이 고려되어야 한다. 전자가 지역공동체의 제세력 간에 역학관계가 투영된 보다 내적인 요인이라면, 후자는 지방사회를 효율적으로 통제하기 위한 중앙집권적 성향이 반영된 보다 외

---

6) 任東權, 『중요무형문화재지정자료』, 문화재관리국, 1966.
崔 喆, 『嶺東 民俗志』, 통문관, 1972.
金善豊, 「東海岸의 城隍說話」, 『韓國民俗學』 10, 민속학회, 1977.
金義淑, 「동해안 어촌 성황제의 생생력상징」, 『강원문화연구』 5, 강원대학교, 1985.
張正龍, 『江陵官奴假面劇硏究』, 집문당, 1989.
李昌植, 「三陟地方 烏金簪祭의 構造와 意味」, 『江原民俗學』 7-8, 강원민속학회, 1990.
장정룡, 『강릉단오 민속여행』, 두산, 1998.

적인 요인이 될 것이다.[7] 이렇듯 강릉단오제의 전변과 그 특성은 지역공동체의 내외적 요인이 종횡으로 맞물리면서 생성되었다는 시각이 견지될 때 바르게 규명될 수 있을 것이다.

여기서는 이러한 시각에서 강릉단오제의 전변과 그 특성을 규명해 보고자 한다. 특히 지역성을 담아내는 요체로서 주목되는 '대관령국사성황제'를 중심으로 그 전변의 양상과 의미를 규명해 보고자 한다. 먼저 단오제의인 성황제가 지역공동체의 상징적 제의라는 점에 착안하여 그것이 대관령을 중심으로 설행되고 그 주신으로 인물신이 설정되는 의미를 그 시대상황과 연계하여 파악하고, 이로부터 그 주재집단을 설정함으로써 '대관령국사성황제' 설행의 성격과 기능을 이해하고자 한다.

다음으로 선초에 이루어지는 지역공동체 성황제의 법제화에 따른 '대관령국사성황제'의 전변과 그 의미를 파악하고자 한다. 신왕조의 사전(祀典) 정책에 입각한 성황제의 법제화는 중앙의 지방에 대한 통제책으로써 성격을 띠고 있으며, 이에 지방의 자치력이 투영되었던 '대관령국사성황제'는 변화에 직면하고 있었다. 이 점에 착안하여 '대관령국사성황제'의 주신·제의·주재집단 등 변화양태를 파악하고자 하며, 이로부터 이른바 '읍치의 성황제'로서 성격을 이해하고자 한다.

끝으로 조선 후기 '대관령국사성황제'의 변화상을 파악하고 그 의미를 이해하고자 한다. 이 시기 '대관령국사성황제'는 읍치의 성황제라는 기본 틀을 유지하면서도 '대관령국사여성황'이 설정되고 '관노가면극'이 연행된다는 점에 착안하여 주재집단의 동향을 파악하여 그 성향을 이해하고자 한다. 특히 이 시기에 정립되는 각종 연희와 제의는 오늘날 강릉단오제의 정형으로 자리 잡고 있다는 점에서 그 시대적 특성으로 주재집단의 역동성을 주목하고자 한다.

---

7) 이규대, 「朝鮮前期 邑治城隍祭와 主導勢力」, 『역사민속학』 17, 한국역사민속학회, 2003, 120~124쪽.

그러나 이러한 시도에도 불구하고 단오제가 갖는 명절의 보편성은 논의의 전제로 삼고 있을 뿐 제의의 전변과 상관성을 찾지 못하고 있다. 이 점은 본 논고의 한계라 할 수 있으며, 추후의 과제로 삼고자 한다.

2. 대관령국사성황제의 형성과 정립

(1) 대관령국사성황제의 태동

강릉단오 축제의 중심적 요소인 '대관령국사성황제'는 언제부터 시작되었는가? 성황제가 대관령을 중심으로 설정되는 연유는 무엇인가? 실존인물이었던 선승 범일이 어떻게 성황제의 주신으로 설정될 수 있었는가? 이러한 의문들은 강릉단오제를 이해하기 위한 기본적인 과제이며, 더욱이 '대관령국사성황제'의 태동기 상황설정에서 중요한 과제가 아닐 수 없다. 그럼에도 불구하고 관련되는 직접적인 자료가 확보되지 못한 상황에서 민속으로 치부된 감이 없지 않으며, 더욱이 태동기의 상황설정을 위해 이들의 상호 유기적인 관계가 규명되어야 하겠지만 그동안 주목받지 못하고 있는 실정이다.

이와 관련하여 『고려사』 열전의 다음 기사를 주목하고자 한다.

> 태조가 신검을 토벌할 때, 순식이 명주로부터 그 군사를 거느리고 와서 회전하여 적을 격파하니, 태조가 순식에게 말하기를 "짐이 꿈에 이상한 스님이 갑사 3천을 거느리고 온 것을 보았는데 이튿날 경이 군사를 거느리고 와서 도우니 이는 그 몽조로다." 하니 순식이 말하기를 "신이 명주를 떠나 대현에 이르렀는데 이상한 승사가 있으므로 제를 진설하고 기도하였는데 주상의 꿈꾼 바는 분명 이것일 것입니다." 하는지라 태조가 이상하게 여겼다.[8)]

8) 『高麗史』 卷92, 列傳 5, 王順式. "太祖討神劒 順式自溟州 率其兵會戰 破之 太祖謂順式曰

여기서 나말여초의 군사적 출정이라는 시대적 상황을 배경으로 대현 즉 대관령의 승사에서 치제된 사실이 확인되고 있다. 더욱이 치제와 관련하여 기인한 스님의 몽조가 거론됨으로써 그 신비감에 의거해 출정과 회전의 당위성이 역설되는 것으로 주목된다. 이 기사는 '대관령국사성황제'의 태동기 상황설정과 관련하여 일찍부터 주목받아 왔다. 중종 때 편찬된 『신증동국여지승람』 강릉편에는 『고려사』의 기사와 동일한 내용이 실려 있다.[9] 이로써 이 기사의 내용은 지역 사회에 폭넓게 알려졌을 것으로 이해되며, 영조 때 편찬되는 강릉의 읍지인 『임영지』에서 이 신비한 꿈의 이야기가 대관령 치제의 모티브가 되는 것으로 이해되고 있다.

> 왕순식이 고려 태조를 따라 남정할 때, 승·속 두 신이 병사를 거느리고 와서 싸우라는 꿈을 꾸고 깨우침을 얻어 (출정하여) 싸워서 이겼다. 이런 까닭으로 대관령에서 제사하였으며, (이후) 치제하기에 이르렀다.[10]

이렇게 볼 때, 강릉지방의 '대관령국사성황제'는 명주장군 김순식이 출정하였던 나말여초의 시기에 태동되며, 그 제사 장소는 대관령으로 설정되는 것으로 이해되고 있음을 살필 수 있다. 그리고 『임영지』가 후대에 이르면서 수차례 증보되는 경향에 비추어 보면 '대관령국사성황제'에 대한 이러한 인식은 지역 사회에 폭넓게 전파되었을 것으로 이해된다.[11] 다만 위의 기사에

朕夢見異僧 領甲士三千而至 翼日 卿率兵來助 是其應也 順式曰 臣發溟州至大峴 有異僧祠 設祭以禱 上所夢者 必此也 太祖異之."

9) 『新增東國輿地勝覽』 卷44, 江陵大都護府 人物. "王順式 爲本州將軍 太祖討神劒 順式自溟州 率其兵會戰 破之 太祖謂順式曰 朕夢見異僧 領甲士三千而至 翼日 卿率兵來助 是其應也 順式曰 臣發溟州至大峴 有異僧祠 設祭以禱 上所夢者 必此也 太祖異之."

10) 『臨瀛誌』 卷2, 祀典. "大嶺山神 塔山記載 王順式從高麗太祖南征時 夢僧俗二神 率兵來救 覺而戰捷 故祀于大關 至于致祭."

11) 『臨瀛誌』는 후대에 편찬되는 『關東邑誌』, 『關東誌』의 강릉편이나 『增修 臨瀛誌』 등의 모본이 되고 있다.

〈그림 22〉 대관령국사성황당

서 승·속 두 신과 같이 『고려사』의 기사와 다르게 파악되는 것처럼 전승과정에서 그 내용의 첨삭이 이루어지고 있으며, 그것은 시대적 상황의 또 다른 표현 형태로 이해될 수도 있겠다.

여기서는 '대관령국사성황제'가 나말여초에 태동되었고, 그 치제장소가 대관령으로 설정되었다는 사실의 개연성을 보강하려는 의도에서 나말여초 강릉지역의 사회동향을 살펴보고자 한다. 주지하듯이 나말여초는 이른바 '호족의 시대'로 각 지역에 독자세력이 형성되면서 자신들의 정체성과 독자성을 강하게 표출하였던 시기로 특징지워지며 강릉지역의 사회변동 역시 이러한 범주에서 이해된다.

명주장군 김순식은 이곳 명주 출신으로서 이른바 '명주호족'의 중심 인물로 파악된다.[12] 즉 명주호족은 나말여초에 이 지역에 형성되었던 지역세력 집단이었으며 명주장군 김순식은 그 중심 인물이었다. 이 시기 명주호족은 강한 지역성에 근거하여 독자적인 세력을 구축하고 있었다.[13] 신라 하대에 형성되는 명주호족은 적어도 9세기 초반부터 신라의 중앙 정부와 일정하게 거리를 유지하면서 독자세력으로 성장하였고, 9세기 후반 후삼국이 정립하는 상황에서 궁예의 세력과 연합하였으며,[14] 이후 왕건의 개성호족과 연합을

12) 金杜珍, 「新羅下代 堀山門의 형성과 그 思想」, 『省谷論叢』 17, 1986.

13) 『高麗史』 卷92, 列傳 5. "王順式 溟州人 爲本州將軍 久不服 太祖患之."

14) 『三國史記』 卷52, 列傳 10. "弓裔 乾寧元年 入溟州 有衆三千五百人…公而不私 是以衆

모색하였던 것으로 파악된다. 명주호족이 확보하는 왕씨 사성,[15] 명주지방에서 태조의 왕비로 두 명이 간택된 사실,[16] 그리고 김순식의 군사 출정 등은 태조 왕건 세력과 연합을 모색해 간 명주호족의 동향으로 이해될 수 있다.[17]

위의『고려사』기사에서 파악되는 936년 명주장군 김순식의 군사 출정 역시 명주호족의 새로운 진로 모색이라는 시각에서 이해될 수 있다. 새로운 정세변화를 예의 주시하면서 자신들의 세력기반을 유지하고 나아가 지역 사회의 안정적 발전을 담보하기 위한 출정이었다고 할 수 있다. 더욱이 이 전쟁을 마지막으로 고려 태조 왕건은 후삼국을 통일하게 된다는 사실을 염두에 둘 때, 이 시기 명주호족의 군사 출정은 통일 이후 조정에서 명분을 확보하기 위한 절박한 상황에서 추진되었다고 할 수 있다.

이렇듯 명주호족은 자신들의 명운을 건 출정에서 제의를 거행하였다. 이 치제의 주체는 응당 명주호족이었고, 이들은 치제 의식을 통해 출정의 절박성과 당위성을 상하민간에 공유하면서 일차적으로 군사 활동의 승전을 기원하였을 것이고, 나아가 자신들의 명운과 세력 거점인 지역 사회의 안정적 발전을 소망하였을 것이다. 이 점에서 이 시기의 치제는 운영주체로서 명주호족의 독자성과 지역성이 강하게 투영되는 지역공동체적 성격을 띠고 있다고 하겠다.

이러한 치제의 성격을 '대관령국사성황제'가 잉태될 수 있었던 시대적 배경으로 주목하고자 한다. 비록 군사적 출정이라는 비상한 상황에서 연출된 제의였지만, 그 운영주체였던 명주호족이 독자세력으로서 강한 지역성을 견지하였고, 이들의 치제 또한 지역성과 독자성이 강하게 투영되는 지역공동체적 성격을 띠고 있다. 이 점은 '대관령국사성황제'의 성격과 직결될 수

心畏愛 推爲將軍."

15)『高麗史』卷92, 列傳 卷5. "順式遂遣長子守元歸款 賜姓王."

16)『高麗史』卷88, 列傳 卷1. "貞穆夫人 王氏 溟州人 ; 大溟州院夫人王氏 溟州人."

17) 이규대,「江陵 國師城隍祭와 鄕村社會의 變化」,『역사민속학』7, 한국역사민속학회, 1998, 106쪽.

있다는 점에서 그 생성배경으로서 개연성을 제고하는 대목으로 주목된다고 하겠다.

다음으로 치제 장소로서 대관령이 갖는 시대적 의미를 살펴봄으로써 '대관령국사성황제'가 나말여초에 생성될 수 있었다는 사실의 개연성을 확인하고자 한다. 『고려사』 기사에 의하면 대관령이 치제장소로 설정되는 것은 군사적 출정에서 비롯되는 것으로 이해된다. 936년 명주호족의 군사출정은 강릉을 출발하여 천안에 이르는 긴 노정이었고,[18] 이 노정에서 대관령은 출발지 관문으로서 의미를 갖는다. 더욱이 대관령은 강릉의 진산으로 인식되고 있었으니,[19] 출정에 앞서 이루어지는 치제장소로서 충분한 의미를 갖는다고 할 수 있을 것이다.

그러나 이 시기 대관령은 군사출정의 출발지 관문 이상의 의미를 갖는 것으로 이해된다. 나말여초의 정세변화로 강릉지역에서 대관령은 제일 관문으로서 비중을 갖게 된다. 즉 한반도의 중심권이 고려의 도성인 개성으로 자리잡히면서 대관령은 중앙과 연결하는 제일의 관문으로 비중을 갖게 되었다. 이 점은 그동안 해상교통로를 통해 신라의 도성이었던 경주와 연결되었던 상황과 대비되는 것으로,[20] 실로 신라 전 기간을 경과하여 형성되는 지역 사회 내적인 변화가 아닐 수 없다.

이러한 변화는 단순한 관문의 교체 이상의 의미를 갖는 것으로 이해된다. 그것은 한송사와 한송정의 유적지를 통해서 시사받는다. 이 두 유적은 신라시대 강릉지역의 중심 관문이었던 안목(前州) 항을 바라보는 인근 지점에 위치하고 있다.[21] 이로써 당시 제일 관문을 장악했던 이 지역의 주도세력과 유

18) 『高麗史節要』 卷1, 太祖神聖大王. "秋九月 王率三軍 至天安合兵 進次一善 神劒 以兵逆之 隔一利川而陣."

19) 『新增東國輿地勝覽』 山川. "大關嶺…州之鎭山."

20) 영동지역의 각 사찰의 연기설화가 海路와 연결되고 있음도 당시 해로가 중요 교통수단이었음을 살피게 한다.

21) 안목항은 이 지역에서 고을의 앞이라는 의미의 젠주(前州)로 불렸으며, 도심을 관통하는

관한 유적이었다고 이해된다. 문수보살과 보현보살이 석주를 타고 들어와 개창하였다는 한송사의 연기설화[22]나 다천·석조·석구 등 한송정의 현전하는 유적은 당시 해상교통로를 장악하였던 이 지역의 중심 세력의 유적지라는 점을 시사하고 있다.[23]

이 유적지의 이러한 성격을 염두에 둘 때, 고려 건국 이후 이곳에 단 한 차례도 건축물이 복원된 사실이 없다는 점이 주목된다. 더욱이 『신증동국여지승람』을 비롯한 이 지역의 각종 읍지에서 한송사와 한송정을 기리는 수많은 시문이 전승되어 지역적 정서의 한 단면을 보여주고 있지만 유적의 복원 사실은 확인되지 않는다.[24] 이 점은 경포대를 비롯한 각종 문화유적들이 후대에 이르면서 복원되는 사실과 대비되는 특징이라고 할 수 있다.[25]

이와 같은 현상은 나말여초 중앙 정세변화와 맞물려 나타나는 지역적인 변화로써 대관령이 제일의 관문으로서 갖는 비중이 단지 관문의 교체라는 의미를 넘어서 지역 사회 내적으로 인적·물적 변화를 수반하는 것이었음을 시사한다고 하겠다. 이러한 점에서 대관령이 치제장소로 설정되는 것은 단지 출정뿐만 아니라 새 시대를 이끌어갈 새 주역들의 명운을 기원하는 관문으로서 의미를 갖는다고 할 수 있을 것이다.

이상에서 살핀 바와 같이 나말여초의 사회변동은 강릉단오제의 중심 행사인 대관령국사성황제가 잉태되는 시대적 배경으로 이해된다. 이 시기 강릉지역에는 '명주호족'이 지역성에 뿌리를 두고 독자세력으로 성장하였으며, 이들은 적어도 150여 년을 독자세력을 유지하면서 한편으로 중앙의 정세변

南大川과 맞닿은 항구로서 신라의 중앙이었던 경주로 이어지는 이곳 강릉 제일의 관문으로 이해된다.

22) 崔善萬, 「한송사」, 『江陵의 歷史變遷과 文化』, 1962.

23) 『新增東國輿地勝覽』 樓亭. "寒松亭…亭畔有茶泉石竈石臼."

24) 『新增東國輿地勝覽』 樓亭편에서 寒松亭과 관련하여 安軸·李仁老·權漢功·李穀·李茂芳·柳季聞 등의 시문이 소개되고 있다.

25) 강릉의 대표적인 정자라고 할 수 있는 鏡浦臺는 고려 이래로 수차례 복원된 사실을 살필 수 있다.

화를 예의 주시하면서 자신들의 새로운 진로를 모색하고 있었다. 936년 명주장군 김순식의 군사출정은 고려 태조의 통일전쟁은 지원하는 것으로, 이 전쟁을 마지막으로 통일을 이루는 고려의 새 조정에 명분을 확보하려는 '명주호족'의 의도가 반영된 출정이었다고 하겠다.

'명주호족'의 명운을 건 군사출정에서 이루어진 대관령의 치제는 상하민간에 전쟁의 당위성을 공유하고 승전을 기원하는 것이었으며, 나아가 지역사회의 안정적 발전을 모색하는 지역공동체적 제의로서 성격을 띠는 것이었다. 이러한 치제의 성격은 대관령이 이 지역의 새로운 관문으로 주목받는 시대적 상황에서 '대관령국사성황제'로 발전하는 모티브가 된 것으로 이해된다.

(2) 대관령국사성황제의 재생산구조

나말여초 강릉지역의 지역성을 기반으로 독자세력으로 성장하였던 '명주호족'은 중앙의 정세변화를 예의 주시하면서 9세기 후반에 이르러 사성·혼인·군사적 출정 등을 매개로 왕건의 개성호족과 연합을 모색하여 고려 건국에 일조하는 모습을 살펴보았다.

명주호족의 이러한 동향에 힘입어 강릉지역은 고려 건국 후 첫 행정개편에서 '동원경'으로 읍호가 승격되었고,[26] 명주장군 김순식을 비롯한 명주호족과 그 후예들은 고려 조정에 출사의 길을 열어 갔던 것으로 파악된다.[27] 그리고 이 시기 명주호족과 그 후예들은 강릉지역의 읍치를 이전하였으며,[28]

---

26) 『新增東國輿地勝覽』 卷44, 「江陵大都護府」 建置沿革. "高麗太祖十九年 號東原京."

27) 『高麗史』 卷92, 「列傳」 卷5, 王順式. "順式遂遣長子守元歸款 賜姓王 仍賜田宅 又遣子長命 以卒六百入宿衛 後與子弟率其衆來朝 賜姓王 拜大匡 長命 賜命廉 拜元甫 小將官景亦賜姓王 授大丞."

28) 『關東邑誌』, 「江陵府誌」 建置沿革. "高麗太祖十九年 改號東原京 立臨瀛館." 여기서 임영관의 건립은 읍치의 이전을 상징한다.

읍치의 이전은 승격된 읍격에 준하는 기념비적인 사업의 성격을 띠는 것이었다고 할 수 있다.

이러한 양상은 명주호족과 그 후예들이 고려의 후삼국 통일 이후에도 여전히 이 지역의 중심 세력으로 자리 잡고 있음을 시사한다. 이들은 중앙집권화 정책의 일환으로 도입되는 본관·성씨 제도에 따라 김·최·함·박·곽씨 등 강릉을 본관으로 하는 토성으로 자리 잡고 있으며,[29] 이들은 한편으로 출사를 도모하고 다른 한편으로 향리에 경제적 기반을 확보하면서 세거의 발판을 구축해 온 것으로 이해된다.

더욱이 고려 왕실로부터 '왕'씨 성을 사성으로 받았던 명주호족 가운데 일족은 고려시대 전 기간 동안 사성을 사용하였으며, 이들은 이후 조선의 건국과 함께 사성을 포기하고 원래의 성씨인 김씨로 복성하는 사실을 살필 수 있다.[30] 사성의 의미를 왕족에 준하는 사회적 입지를 누리는 것으로 이해할 때, 명주호족과 그 후예들은 고려시대 전 기간 동안을 이 지역에 중심 세력으로서 사회적 입지를 확보하였음을 시사한다고 하겠다. 이러한 사실은 강릉 지역으로 이주해 들어오는 성씨들이 여말선초에 집중되고 있다는 점으로도 뒷받침된다고 하겠다.[31]

명주호족과 그 후예들의 이 같은 존립양태와 성향은 대관령의 제의가 재생산되는 사회적 기반으로서 의미를 갖는다. 이들에게 대관령 치제는 상하민의 결속을 이끌어 내는 제의일 수 있었으며, 무엇보다 자신들의 공적과 행적을 기리면서 지역 주도세력으로서 자신들의 정체성을 담보하는 기제일 수 있었다. 여기서 자신들의 정체성은 곧 지역 정체성과 직결되는 의미를 갖는다고 하겠다.

그리고 당초 명주호족의 출정과정에서 거행된 대관령 치제가 출정의 당위

29) 『世宗實錄』 卷153, 「地理志」 江陵大都護府. "土姓六 金崔朴郭咸王 賜姓一 玉."
30) 『江陵金氏族譜』(乙丑譜: 1565). "金輕 太祖卽位 承命與二兄復姓金氏."
31) 『世宗實錄』 卷153, 「地理志」 江陵大都護府. "續姓三 全旌善來 李平昌來 元原州來."

성을 상하민간에 공유하면서 승전을 기원하고 지역 사회의 안정적 발전을 염원하는 지역공동체적 제의였다면, 이제 그 후예들이 승계하는 제의는 지역사회의 수호와 발전을 염원하는 지역공동체적 성격을 유지하면서 나아가 그 선조들의 공적을 기리는 의미가 함축되면서 그 후예들의 사회적 입지를 담보하는 사회적 기제로서 성격을 띠고 있다. 결국 대관령 치제는 명주호족과 그 후예들의 사회적 입지가 투영되는 지역 정체성을 재생산하는 기제로 주목되면서 정례화된 것으로 이해된다.

한편 대관령 치제는 정례화되면서 단오절의 대관령 성황제로 정착되는 것으로 이해된다. 이 점은 강릉단오제가 '대관령국사성황제'를 중심으로 운영되고 있으며,[32] 이 성황제의 주신은 선승 범일을 '대관령범일국사성황신'으로 설정하고 있다는 데 근거를 두고 있다.[33] 즉 선승 범일이 대관령 성황신으로 설정되면서 '대관령국사성황제'가 연출되는 것으로 이해된다.

여기서 주목되는 신격의 설정은 앞서 적기한『고려사』기사의 신비한 꿈 이야기가 매체가 되었을 것으로 추정해 볼 수 있다. 즉 명주장군 김순식이 대관령의 승사에서 치제하였고, 고려 태조 왕건은 기이한 스님이 갑사 삼천 명을 데려와 자신을 돕는 꿈을 꾸었다는 것이다. 여기서 승사와 기이한 스님이라는 데서 선승이 성황사의 신격으로 설정될 조건이 갖추어지며, 신통력을 갖는 화신으로서의 이미지에서 군사적 출정의 한 세대 직전에 입적한 선승 범일이 연상되는 조건이 갖추어지는 것으로 이해될 수 있다. 이러한 추정은 명주호족과 선승 범일이 단월관계를 이루고 있었다는 데서 그 개연성을 찾을 수 있다.[34]

통효대사 범일(810~889)이 선승으로서 강릉에 들어 온 시기는 9세기 중반

---

32) 崔喆,『嶺東 民俗志』, 通文館, 1972, 137쪽.

33) 崔善萬,『江陵의 歷史變遷과 文化』, 1962, 13쪽.

34) 이규대,「江陵 國師城隍祭와 鄕村社會의 變化-鄕吏層의 彌陀契를 中心으로-」,『역사민속학』7, 한국역사민속학회, 1998, 108쪽.

이다.[35] 선승은 명주도독과 단월관계를 이루면서 명주 굴산사에 40여 년을 주석하였다. 이 동안 범일 선사는 북으로 고성에서부터 남으로 울진·평해에 이르는 동해안 전역은 물론 강원도 일원으로 사세를 확장하였으며,[36] 이 무렵 지역민들은 '미타존불도'와 같은 향도회를 결성하여 운영하였던 것으로 파악된다.[37] 특히 선승 범일은 신라 조정으로부터 세 차례에 걸쳐 '국사'에 초빙되었으나 이에 불응하면서 이곳 굴산사에 주석하였으며,[38] 이로부터 굴산사는 산문을 이루면서 나말여초 9산선문의 하나인 '사굴산문'의 종찰로 발전하였고, 선승 범일은 '사굴산문'의 종사로 추존되었다.

선승 범일의 입적 이후 강릉지역에서는 그의 법제자 낭원대사 개청과 명주장군 김순식의 단월관계가 확인되고 있다.[39] 이렇듯 명주호족과 사굴산문의 관계는 선승 범일의 입적 이후에까지도 이어지고 있음을 보여준다. 이로써 명주호족이 독자세력으로 성장하는 과정과 굴산사가 사굴산문의 종찰로 성장하는 과정은 서로 맞물려 있다는 지역사적 의미를 살필 수 있다. 그리고 이러한 지역사적 의미는 선승 범일이 입적 이후 이 지역 성황신으로 설정될 수 있었던 친연성을 함축하는 것으로 이해될 수 있다.

다음으로 강릉단오제 제의는 산신제가 아닌 성황제로 설정되고 있음을 살펴보고자 한다. 이 점은 강릉단오제의 정체성을 규정하는 중요 과제일 수 있으며, 선승 범일이 성황신으로 설정되는 것이 이 지방의 보편적 인식이라고 할 수 있다. 그럼에도 불구하고 강릉단오제 제의를 산신제로 보려는 경향이 불식되지 않고 있다는 데서 비롯되는 문제의식이다.[40]

---

35) 위의 책, 106쪽.

36) 김상영, 「사굴산문의 형성과 교려 초·중기 전개양상」, 『범일국사 세미나 자료집』, 2007, 65쪽.

37) 『彌陀契座目』 序文(1681). "彌陀之契盖古也 粤自羅代以來 本邑之上下大小 齊心應響合作一契 名之曰彌陀尊佛道也.

38) 이규대, 「江陵 國師城隍祭와 鄕村社會의 變化」, 『역사민속학』 7, 한국역사민속학회, 1998, 106쪽.

39) 『嶺東地方金石文資料集』 I, 國師郎圓大師悟眞塔碑. "當州軍州事 大匡王公順式 鳳毛連慶龍頷呈祥 趨理窟以探奇 詣禪山而仰異 人中師子."

〈그림 23〉 산신당

이러한 경향은 두 가지 사실에 근거하는 것 같다. 하나는 허균의『성소부부고』에서 단오제의 주신이 '김유신'으로 적기되고 있으며,[41] 현재 신라장군 김유신은 대관령산신으로 설정되고 있다는 사실에 근거를 두고 있는 듯하다.[42] 다른 하나는 산왕→선왕→서낭이라는 그 전음과정을 주목하여 서낭제가 산신제에서 근원하는 것으로 보려는 민속학적 인식에 근거를 두고 있는 듯하며,[43] 여기에서는 서낭제와 성황제를 구분하고 강릉단오제를 서낭제로 보려는 시각을 견지하고 있는 듯하다.

그러나 이러한 서낭제와 성황제의 근원에 대한 인식에도 불구하고 고려 문종대에서 이미 '성황제'가 확인되고 있으며,[44] 선초에 이르러서는 이전 시대에 보편화된 성황제에 각종 규제를 가함으로써 법제화의 의미를 담고 있다.[45] 또한『성소부부고』에서 김유신이 신상으로 설정되고 있으나 여전히 이 제의는 성황사를 중심으로 치제되고 있었다. 이러한 사실에 근거할 때 나말여초에 잉태되는 선승 범일을 주신으로 설정하는 강릉단오제의 정체

40) 강릉단오제 연구에서 산신제와 성황제를 구분 짓지 않은 채 일부 자료를 원용하여 산신제로 명기하는 사례가 증폭되고 있다.

41)『惺所覆瓿藁』卷14, 大嶺山神贊并序. "歲癸卯夏 余在溟州 主人將以五月吉 迓大嶺神 問之首吏 吏曰神卽新羅大將軍金公庾信也."

42) 강릉시,『강릉의 무형문화유산』, 2004, 32쪽.

43) 金泰坤,「서낭 堂 研究」,『漢坡李相玉博士回甲論文集』, 1970, 267쪽.

44) 金甲東,「高麗時代 城隍神仰과 地方統治」,『韓國史研究』74, 1991, 17쪽.

45) 이규대,「朝鮮前期 邑治 城隍祭와 主導勢力」,『역사민속학』17, 한국역사민속학회, 2003, 120~124쪽.

를 산신제로 볼 이유가 없으며, '대관령국사성황제'로 인식하는 것이 바람직하다고 보겠다. 더욱이 이 점은 민속적으로도 산신제와 성황제는 그 구분이 정제되고 있으며, 현재 강릉단오제의 영신처로 주목받는 대관령에도 '대관령국사성황사'와 '산신당'이 별개로 자리 잡고 있다는 사실로 뒷받침된다.[46)]

이로써 선승 범일은 성황신으로 설정되고 있으며, 여기에는 호족의 시대로 규정되는 지역성이 강하게 표출되는 나말여초의 시대적 특성과 이 시기 강릉지역에서 사굴산문과 단월관계를 이루면서 독자적 세력을 구축하였던 명주호족의 정체성이 투영되고 있으며, 명주호족의 정체성은 다름 아닌 지역 정체성으로서 의미를 갖는다고 할 것이다.

3. 성황제의 법제화와 대관령국사성황제의 굴절

(1) 선초 성황제의 법제화

조선 초기 국가의 이념정책은 두 가지 경향을 띠고 있다. 그 하나는 새로이 성리학을 보급하고 정착시키려는 것이었고, 다른 하나는 기존의 각종 사회이념과 그 구현체로서 제의를 금지시키려는 것이었다. 이 두 가지 경향은 이념정책의 양면일 뿐 공히 중앙집권적 체제를 강화하고 또한 지방사회를 효율적으로 통제하려는 성향을 띠는 것이었다.

조선은 이러한 정책적 기조 하에 지방사회에서 만연되었던 각종 제의를 음사로 규정하여 금지시켰다.[47)] 이른바 성리학적 질서와 명분에 배치된다는 것이었다. 그러나 성황제만이 유일하게 인정되었다.[48)] 이것은 고려 말엽 명

46) 江陵文化院, 『江陵端午祭 白書』, 1999, 2~55쪽.

47) 『太祖實錄』 卷2, 元年 9月 24日 壬寅. "都評議使司裵克廉趙浚等 上言二十二條… 一 文宣王釋奠祭及諸州城隍之祀 觀察使與守令 豊潔奠物 以時擧行."

〈그림 24〉 대관령국사성황 신상

나라 사신 하상봉이 제시하였던 개혁안과 유사한 성향으로 보이며,[49] 이미 전국의 주부군현에 강고하게 자리 잡고 있는 성황제를 정제하여 신왕조의 이념정책을 구현하는 기제로 이용하려는 의도에서 비롯되는 것으로 보인다. 이 점은 신왕조의 법제가 체계적으로 정비되기까지 성황제는 지방사회의 통제수단으로 주목되고 있었음을 시사한다고 하겠다.

이런 점에서 국가의 성황제에 대한 통제 즉 법제화는 새로운 문화의 도입형태가 아닌 기존의 성황제를 정형화하는데 역점을 둔 것이었다. 즉 '모주성황지신'으로 표기한 위패를 설치하고 수령이 주재하여 춘추로 치제하며, 의례는 전적으로 조정의 예제를 따르도록 하는 것이었다.[50] 이것은 기존에 설정되어 온 신상과 그 주도세력을 부정하고 치제시기와 의례까지를 새롭게 규정하는 것이었다. 이로써 성황제의 법제화는 당시까지 지방사회의 자의성이 강하게 투영되었던 성황제를 부정하고 수령이 주재하는 관주도적 치제로 획일화함으로써 중앙집권의 효를 기하려는 것이었다고 할 수 있다.

아울러 『신증동국여지승람』에서 치제 공간으로서 각 관읍의 성황사는 읍

---

48) 『太宗實錄』 卷25, 13年 6月 乙卯. "我太祖卽位初 本曹建議 各官城隍之神 革祛爵號 但稱某州城隍之神 卽蒙兪允 已爲著令."

49) 『高麗史』 卷42, 「世家」 卷42, 恭愍王 5年 7月 壬寅. "帝遣秘書監直長夏祥鳳詔曰… 一 各處州府縣城隍 稱某府城隍之神 某州城隍之神 某郡城隍之神."

50) 『太祖實錄』 卷1, 1年 8月 庚申. "禮曹典書趙璞等上書曰…諸神廟及諸州郡城隍國祭所 請許只稱某州某郡城隍之神 設置位版 各其守令 每於春秋行祭 奠物祭器酌獻之禮 一依朝廷禮制."

치 즉 읍성 내에 설치되는 것으로 획일적 양상을 보이고 있다.[51] 이러한 획일적 양상은 관주도적 치제를 지향하면서 정제된 것으로 보이며, 그것은 기존에 각 관읍의 진산과 같은 상징적 위치에 설치되었던 성황사가 읍치 공간으로 이전 배치되는 것으로 파악된다. 이러한 양상은『척주지』에서 당초 진산인 갈야산에 설치되었던 삼척의 성황사가 선초에 이르러 도평의사사의 지시로 성안으로 이전 배치되었다는 데서 살필 수 있다.[52]

한편 조선의 개국 벽두부터 추진되었던 음사의 규제와 성황제를 정비하려는 노력은 사전체계가 정비되면서『국조오례의』의「길례」로 정립되어 갔다. 이 과정에서 성황제와 관련해서는 적어도 두 가지 점이 주목된다. 하나는 지방사회에서 치제되는 제의가 다변화되면서 성황제의 비중이 상대적으로 낮아지고 있다는 점이다. 태종대에 이르러 사직제[53]·문선왕제[54]·영제[55]·포제[56]·여제[57] 등이 지방사회에서 치제되어야 할 제의로 규정되고 있다. 그리고 이들 제의는『국조오례의』「길례」에서 이른바 '주현제'로 정리되고 있다.[58] 그러나 여기에서는 성황제가 파악되지 않는다. 다만 영제의 헌관 규정에서 부기되는 형식으로 성황이 파악되며,[59] 또한 여제의 의례에서 '성황발고제' 형식으로 파악될 뿐이다.[60] 이로써 성황제는 외방 수령이 치제하는 제의이지만 이른바 '주현제'보다는 그 비중이 낮아지는 것으로 이해되며, 다만 영·포·여제의 치제

51)『新增東國輿地勝覽』의 각 官邑의 祠廟條에서 성황사는 邑治 즉 邑城 내에 설치되어 있음을 살필 수 있다.

52) 許穆,『陟州志』全, 社稷壇釁禮文. "城隍祠初在葛也山 後移祠於城中…洪武二十五午恭讓末年壬申 使司受判 令諸道諸村祭城隍(前古以官爲村)."

53)『太宗實錄』卷11, 6年 6月 癸亥.

54)『太宗實錄』卷25, 13年 4月 辛酉.

55)『太宗實錄』卷28, 14年 9月 戊寅.

56)『太宗實錄』卷16, 8年 7月 癸亥.

57)『太宗實錄』卷7, 4年 6月 戊寅.

58)『國朝五禮儀』卷1, 吉禮. "州縣只有社稷文宣王禜厲酺祭."

59)『國朝五禮儀』卷1, 吉禮. "禜獻官堂下三品 外則守令 城隍厲酺同."

60)『國朝五禮儀』卷1, 吉禮. "州縣厲祭儀 時日(見序禮) 齋戒(見序禮) 城隍發告陳設."

공간으로서 성황사가 주목된다.

다른 하나는 조정의 규제에도 불구하고 성황제는 전승제의로서 특성이 쉽게 불식되지 않고 있다는 점이다. 예컨대 '모주성황지신'으로 표기된 신주 1위만을 설치하도록 규제되고 있었으나 여전히 신상이 설치되고 그 작위가 부여되고 있으며, 전승제의로서 성황제의 구습이 근절되지 않고 있음이 지적되고 있다.[61] 아울러 이러한 구습을 혁파하기 위해 태조 즉위 초에 제시되었던 교지가 여전히 법적 근거로 강조되고 있다.[62]

이러한 양상은 정책적 한계와 전승제의로서 그 관행이 강고하였던 데서 비롯되는 것으로 이해될 수 있다. 성황제의 규제 정책이 지방사회의 자의성 내지 자치적 성향을 부정하는 데서 비롯되는 것이었음을 염두에 두면, 그 정책적 한계는 다름 아닌 성황제가 지역정체성을 담아내는 상징적 제의로서 여전히 주목받고 있음을 의미한다. 즉 신상과 그 작위는 곧 그 지역 주도세력의 사회적 입지와 맞물려 있었음을 염두에 두면, 구습의 전승은 곧 그 주도세력의 존립양태에 근거를 두고 있다고 할 수 있겠다.

이렇게 볼 때, 선초에 이르러 성황제는 법제화되고 있으며, 그것은 '모주성황지신'으로 신주를 설치하고 수령이 주재하여 춘추로 치제하는 관주도적 제의로 정립되어 갔다. 물론 제례 또한 국가의 예제를 따르는 것이었다. 그리고 이 과정에서 전승제의로서 성황제의 특성이라 할 수 있는 신상과 그 작호는 물론 치제시기와 의례가 전적으로 부정되었으며, 이것은 성황제에 투영되었던 지역 사회의 자의성 내지 자치성을 부정하면서 신왕조의 이념정책을 구현하고 나아가 중앙집권적 통치체제를 확립하려는 의도에서 비롯되는 것이었다.

---

61) 『太宗實錄』 卷25, 13年 6月 乙卯. "改正祀典 禮曹啓曰…及我 太祖卽位初 本曹建議 各官城隍之神 革去爵號 但稱某州城隍之神 卽蒙兪允 已爲著令 有司因循至今 莫之擧行 爵號像設 尙仍其舊 以行淫祀."

62) 『太宗實錄』 卷25, 13年 6月 乙卯. "伏望 申明太祖已降敎旨."

그러나 이러한 규제에도 불구하고 전승제의로서 성황제의 특성은 쉽게 불식되지 않았으며, 이것은 정책적 한계에서 비롯되는 것으로 지적될 수 있지만 아울러 전승제의로서 성황제가 갖는 특성에서 비롯되는 것으로 이해될 수 있다. 즉 성황제가 지역 주도세력의 사회적 입지와 맞물린 지역 정체성을 상징하는 제의로 인식되고 있었던 점에서 그 주도세력의 존립양태에 근거를 두고 있다고 할 수 있다. 그리고 그 주도세력의 존립양태의 변화는 곧 성황제의 성격 변화로 이어질 가능성을 안고 있었다고 하겠다.

(2) '별제'로서 대관령국사성황제

조선 초기 조정의 성황제 규제 정책은 전승되는 신상과 그 작호를 철거하고 '모주성황지신'으로 표기되는 신주 1위만을 설치하며, 수령이 주재하여 춘추로 치제하되 그 의례는 국가의 예제를 준용하도록 하는 것이었다.[63] 이러한 상황에 직면하여 강릉지역의 '대관령국사성황제' 또한 몇 가지 변화상을 보이는 것으로 파악된다.

〈그림 25〉 위패

먼저 신왕조의 성황제 규제 정책에도 불구하고 5월 단오절의 '대관령국사성황제'는 여전히 치제된 것으로 파악된다. 다만 법제적으로 춘추성황제가 정례화되면서 '대관령국사

63) 이규대, 「朝鮮前期 邑治城隍祭와 主導勢力」, 『역사민속학』 17, 한국역사민속학회, 2003, 120~121쪽.

성황제'는 이른바 '별제'로서 자리 잡는 것으로 파악된다. 이러한 양상은 일차적으로 조정의 규제 정책의 한계에서 비롯되는 것일 수 있으며, 아울러 전승제의로서 관행에 기반을 두고 있다고 할 수 있다.

다음은 성황제의 법제화에 따라 읍치 즉 읍성 내에 성황사 즉 대성황사가 설치되고 있으며,[64] 전승제의로서 5월 단오절의 '대관령국사성황제'는 '대관령국사성황사'를 영신처로 설정하고 읍치 성황사인 대성황사를 치제 공간으로 삼는 이른바 '읍치 성황제'로 자리 잡는 것으로 파악된다. 이러한 양상은 대관령이 성황신의 상주처라는 인식이 계승되는 데 따른 것으로 대관령의 성황사와 읍내의 대성황사가 연계되는 치제구도가 설정되고 있다고 하겠다.

다음은 5월 단오절의 '대관령국사성황제'는 호장을 중심으로 하는 향리세력이 주관하는 것으로 파악된다.[65] 이 점은 법제적 제의가 수령이 주재하면서 향리는 그 실무적 역할이 설정되고 있으며, '대관령국사성황제' 역시 이 연장선상에 놓이는 것으로 이해된다.

이러한 양상은 이전 시대의 성황제가 명주호족과 그 후예 즉 지방사회 주도세력이 주재하였던 사실과 극명하게 대비되는 변화로써 조선조에 들어서 양반사족들의 역할이 배제되고 있음을 시사한다. 이러한 변화는 지방사회 주도세력의 자의적인 치제를 부정하려는 조정의 정책으로 말미암은 것이기도 하지만, 여기에는 통치이념에 편승하여 적극적으로 성리학을 수용해 갔던 양반사족들의 성향도 일정하게 작용하였을 것으로 보인다. 예컨대 고려초기에 사성을 받았던 일족이 이 시기에 이르러 그것을 포기하려는 성향을 보이는 것은 그 사례가 될 것이다.[66]

다음은 '대관령국사성황제' 주신의 신체에 변화가 파악되고 있다. 교산 허

64) 『新增東國輿地勝覽』 江陵大都護府, 祠廟. "城隍祠 在府西百步."

65) 『臨瀛誌』 卷1, 記事. "時崔吏光振 當戶長之任 胥吏招之 是日乃五月五日 國師拜送之日也 戶長方有事於城隍祠移時."

66) 『江陵金氏世譜』 卷1, 金乂. "佐高麗太祖…太祖納其女爲妃 賜姓王氏 至十二世孫輕 我太祖壬申命復本姓."

〈그림 26〉 산신 상

균은『성소부부고』에서 5월 단오절의 영신행렬을 언급하면서 당시 수리로부터 주신이 인물신으로 신라장군 '김유신'이었음을 확인하고 있다.[67] 이러한 사실은『신증동국여지승람』에서 '김유신사'를 성황사에 합사하였다는 기사가 파악되는 점으로 보아 그 개연성이 인정된다고 하겠다.[68] 이 점은 이전 시대의 성황신이 선승 범일로 설정되고 있었다는 점과 비교되는 것으로써 주신의 신체가 변하고 있음을 시사한다. 이러한 양상은 신왕조의 숭유억불정책에 영향을 강하게 받는 데서 비롯되는 것으로 이해된다. 조선 초기의 억불정책은 태종과 세종대에서 가장 강력하게 추진되었으며,[69] 영동지역에서는 상원사가 유지되었을 뿐 전역의 사찰이 혁제되어 갔다.[70] 이러한 상황에서 선승 범일을 성황제의 신상으로 존속시키기는 어려웠을 것으로 추정된다.

이상에서 전승제의로서 '대관령국사성황제'는 신왕조의 성황제의 규제 정책과 법제화에 직면하여 정례화된 춘추제의와 대비되는 '별제' 형태로 그 위상은 변모되고 있었으며, 그것은 치제구도와 치제주체, 신상 등에서 일정하

---

67)『惺所覆瓿藁』卷14, 大嶺山神贊幷序. "歲癸卯夏 余在溟州 州人將以五月吉日 迓大嶺神 問之首吏 吏曰神卽新羅大將軍金公庾信也."

68)『新增東國輿地勝覽』江陵大都護府, 祠廟. "金庾信祠 在花浮山 (新增) 今合于城隍祠."

69) 韓沽劤,「世宗朝 禪敎兩宗에로의 재정비」,『儒敎政治와 佛敎』, 일조각, 1993, 186쪽.

70) 이규대,「朝鮮初期 江陵府 在地士族의 排佛性向」,『人文學報』18, 강릉대학교 인문학연구소, 1994, 153~157쪽.

게 변화를 보이는 것으로 파악되었다.

이러한 일련의 변화는 '대관령국사성황제'의 성격을 새롭게 규정하는 계기가 되는 것으로 파악된다. 이전 시대에서 명주호족과 그 후예들이 치제주체로서 자신들과 친연성을 갖는 선승 범일을 신체로 설정함으로써 '대관령국사성황제'는 자신들의 정체성이 투영되는 제의일 수 있었으며, 그것은 지역 정체성으로 이어질 수 있었다. 이로써 '대관령국사성황제'는 지역 사회의 수호적 기능은 물론 지방사회 주도세력의 사회적 입지를 구현하는 제의로서 성격을 띠고 있었다.

그러나 이제 신왕조에 접어들어 신분질서가 재편되면서 지역 사회 주도세력으로 성장한 양반사족들은 성황제에서 치제주체로서 역할이 배제되었고 신상과의 친연성마저 단절되어 갔다. 더욱이 수령이 주재하는 관주도적 치제정책에 편승하여 중간 계층으로서 호장을 중심으로 하는 향리세력이 치제의 실무적 역할을 이행하는 상황에서 성황제는 더 이상 양반사족의 입지를 담보하는 제의일 수 없었다.

물론 이 시기 지방사회의 사족지배체제는 향리세력을 구속하고 있었지만,[71] 양반사족들이 통치이념에 편승하여 성리학에 경도되면서 성황제에 대한 관심은 약화되는 것으로 파악된다.[72] 또한 선초 수령권이 강화되는 추세에서 양반사족들은 읍치 공간을 벗어나 외곽으로 이주하여 정착해 갔으며,[73] 읍치 공간은 전적으로 향리세력의 집단 거주지로 자리 잡아 갔다.[74] 이러한 상황에서 '읍치 성황제'는 호장을 중심으로 하는 향리세력의 역할로 고착화

71) 김현영, 「사족지배체제와 지방지배」, 『조선은 지방을 어떻게 지배했는가』, 한국역사연구회, 2000, 88쪽.

72) 『彌陀契座目』 序文(1681). "逮至中年 士夫皆以]爲近於左道."

73) 읍치 공간에 자리 잡고 있던 강릉김씨 金盤石(1455~1522) 一家에서 次子인 光軒이 성산면 琴山에 臨鏡堂, 四子인 光福이 魯岩에 保眞齋를 마련하여 분가하는 양상을 파악할 수 있다(『江陵金氏千二百年史』(강릉김씨대종회), 1990, 559~567쪽).

74) 李樹健, 「朝鮮初期 郡縣制整備와 地方統治體制」, 『韓國中世社會史硏究』, 일조각, 1984, 415쪽.

되는 것으로 이해된다.

이제 '대관령국사성황제'는 민중적 정서에 기반을 둔 지역 사회의 수호적 기능만이 온전하게 보전되는 전승제의로 정립되어 갔다고 할 수 있다. 그리고 여기에 그 실무적 역할을 수행하였던 향리세력의 존립양태가 투영되는 것으로 보인다.[75] 그것은 다름 아닌 치제의례에서 관주도적 치제의 특성인 성리학적 예제가 반영되는 형태로 이해된다.

선초 이래로 신분질서가 재편되면서 자신들의 신분이 중인계층으로 강등되었던 향리세력은 수령과 양반사족의 지배를 받는 입장에 놓였으며,[76] 이들은 성리학적 질서를 보다 철저하게 구현하는 것으로 자신들의 존립기반을 강화해 갔다. 향리세력의 이러한 성향은 이들 본연의 행정 실무적 역할 전반에 걸쳐 투영되었으며, '대관령국사성황제'의 성리학적 예제 또한 이러한 범주에서 이해된다고 할 수 있다.

이로써 '대관령국사성황제'는 대관령을 성황신의 상주처로 인식하는 지역민의 정서에서 비롯되는 이중적 치제구도와 국가에서 제시하는 예제가 습합되는 양상으로 정착되어 갔다. 그리고 이러한 양상은 수호신을 숭상하는 민중적 정서에 기반을 두고 그 치제의례로서 성리학적 예제가 제시됨으로써 '대관령국사성황제' 즉 '읍치 성황제'는 국가의 통치이념을 구현하는 교화의 장으로서 기능하였음을 의미한다. 그리고 이러한 교화의 기능은 '읍치 성황제'의 공공성 확보라는 시대적 특성으로써 발전적인 의미를 갖는 것으로 이해될 수 있다.

---

75) 연세대학교국학연구원, 『高麗-朝鮮前期 中人硏究』, 신서원, 2001, 538~539쪽.

76) 김현영, 「사족지배체제와 지방지배」, 『조선은 지방을 어떻게 지배했는가』, 한국역사연구회, 2000, 89쪽.

4. 향리집단의 전통계승의식과 대관령국사성황제의 재정립

(1) 향리집단의 전통계승의식

조선 후기 '대관령국사성황제'는 읍치의 제의로 치제되었으며 호장을 중심으로 하는 향리세력에 의해 주도되었다. 이 시기의 '대관령국사성황제'는 선승 범일을 성황제의 주신으로 설정하고 있다는 사실이 주목된다. 영조 38년의 기사에서 국사성황의 배송을 호장이 주관하고 있음을 살필 수 있다.[77] 이것은 앞서 신라장군 김유신을 주신으로 설정하였던 상황에 비추어 보면 신체인식에 변화가 있음을 시사하며, 그것은 고려시대 신체인식의 계승이라는 의미를 갖는다.

이러한 신체인식의 변화는 그 주도세력 즉 주재집단의 성향에서 비롯되는 것으로 이해될 수 있다. 이 점에 착안하여 강릉지역의 『미타계좌목』 분석을 통해 이와 관련된 향리세력의 동향을 파악해 보고자 한다.[78] 그리고 이로부터 검증되는 향리세력의 성향을 신체인식 변화의 배경으로 이해해 보고자 한다.

미타계는 숙종 7년(1681)에 결성된 강릉 보현사의 향도회였다.[79] 미타계는 부사에 보관되어 온 옛 계첩이 발견된 것이 그 결성동기가 되었고,[80] 옛 계첩

77) 『臨瀛誌』卷1, 記事. "時崔吏光振 當戶長之任 胥吏招之 是日乃五月五日 國師拜送之日也 戶長方有事於城隍祠移時."

78) 이 자료는 1995년 8월에 발굴되어 현재 강릉오죽헌시립박물관에 소장되어 있다. 미타계에 관해서는 이규대, 「朝鮮後期 江陵 彌陀契의 分析的 考察」, 『人文學報』 29, 강릉대학교 인문과학연구소, 2000.

79) 『彌陀契座目』 辛酉序文. "康熙二十年 辛酉 六月 日…寫爲兩本 一則藏諸普賢 一則眞諸府司."

80) 『彌陀契座目』 己亥序文. "余年老多病 窮蟄邑之城東 而參聽古老之語 搜把府司之藏 則宛然一冊 朱紅畵間 列書契人之名."

은 나말여초에 결성되어 고려시대 전 기간 동안 운영되어 온 '미타존불도'라는 향도회의 계첩이었다.[81] 그리고 미타계의 결성에는 전임 순장 최동린,[82] 안일호장 최익동,[83] 공사원 최륜,[84] 공사원 홍춘관,[85] 장무 김덕주,[86] 조지자 이일래, 집고자 신후길, 인행장의자 황승선 등이 동참하였던 것으로 파악되며,[87] 새로이 작성되는 미타계첩은 부사와 보현사에 각각 1부씩 보관되었다.[88]

이러한 사실은 미타계의 결성이 향리세력에 의해 주도되었음을 시사한다. 전임 순장, 안일호장, 공사원 등은 모두 향리계층의 직역이었으며, 옛 계첩이 발견된 곳이나 새로이 작성된 계첩이 보관되는 곳이 모두 부사라고 하는 점도 이곳에서 행정실무를 담당하는 향리세력이 미타계 결성의 주도세력이었음을 시사한다. 더욱이 최승원→두상→문준→동린으로 이어지는 전임 순장 최동린 일가는 이 지역의 호장층 반열에 오른 유력한 향리가문이었다.[89] 즉 최승원은 영저리로서 영사훈권과 가선대부에 제수되었고,[90] 두상은 동지에 올랐고 정문 입석되었다.[91] 숙종 45년(1719) 계첩에서 전임 순장 최동린과 안일호장 최익동이 서문을 작성하고 있다는 점에서 그 주도적인 역할이 인정될 수 있다.[92]

---

81) 『彌陀契座目』 辛酉序文. "粤自羅代以來 本邑之上下大小 齊心應響 合作一契 名之曰 彌陀尊佛道也."
82) 『彌陀契座目』 己亥序文.
83) 『彌陀契座目』 辛酉座目.
84) 『彌陀契座目』 辛酉序文.
85) 『彌陀契座目』 辛酉序文.
86) 『彌陀契座目』 辛酉序文.
87) 『彌陀契座目』 辛酉序文.
88) 『彌陀契座目』 辛酉序文. "康熙二十年 辛酉 六月 日…寫爲兩本 一則藏諸普賢 一則寘諸府司."
89) 이규대, 「朝鮮後期 江陵 彌陀契의 分析的 考察」, 『人文學報』 29, 강릉대학교 인문과학연구소, 2000.
90) 『臨瀛誌』 卷1, 人物. "崔承源 本邑吏也…得參寧社勳券 授嘉善."
91) 『臨瀛誌』 卷4, 孝子. "鄕吏 崔斗相…肅廟朝丙戌 御史吳命峻別單書啓 丁亥春 旌門立石."

향리세력의 미타계 결성은 일차적으로 이들의 신불성향을 반영하는 것이겠지만, 상하대소민이 함께 결집됨으로써 지역 사회에 온존할 수 있었던 신불성향의 구심체적 역할을 하였을 것으로 보인다. 적어도 영가의 초혼을 위한 관행을 극복하기 어려웠던 사회이념으로서 성리학의 한계를 인정할 때, 미타계는 영가의 초혼을 위한 자비와 보시를 표방함으로써 지역 사회에서 신불성향의 구심체 역할을 하였을 것이다.

또한 향리세력의 미타계 결성에는 이들의 전통계승의식이 강하게 작용하고 있다. 이들은 '미타존불도'를 이 지역의 전승되는 관행과 풍속으로 받아들이고,[93] 그 계승을 표방하면서 미타계를 결성하였다. 이러한 인식은 이른바 옛 계첩에서 '미타존불도'의 활동상이 확인되는 사실에 근거하고 있다고 보여진다. 즉 '미타존불도'는 이미 나말여초에 결성되어 고려시대 전 기간 동안 계승되어 왔으며, 선초에 이르러 사대부들이 불교를 좌도로 규정하면서 그 계승이 단절되었다는 사실을 확인하고 있다.[94]

이러한 전통계승의식에 따라 새롭게 결성되는 미타계의 역할 또한 '미타존불도'의 관행을 답습하고 있다. 즉 '미타존불도'는 만월산의 지장선원의 단월이었다는 인식하에 미타계 역시 지장선원의 후신인 보현사의 향도회로서 활동하려는 성향을 보이고 있다.[95] 보현사의 전신인 지장선원은 낭원대사와 명주장군 김순식이 단월관계를 맺으면서 개창되었고,[96] 낭원대사는 굴산문을 개창하였던 선승 범일의 법제자이다.[97] 이로써 향리세력의 전통계승의식은 결국 사굴산문과 명주호족, 그리고 그 후예들의 단월관계를 복원하는 의미를 담고 있다고 할 것이다.

---

92) 『彌陀契座目』 己亥序文.

93) 『彌陀契座目』 辛酉序文. "流傳成俗 遵守古例."

94) 『彌陀契座目』 辛酉序文. "逮至中年 士夫皆以爲近於左道 而絶無追入之人."

95) 『彌陀契座目』 己亥序文. "必占於邑西三十里 滿月山下 開拓一寺 坐據佛像."

96) 『嶺東地方金石文資料集』 I, 國師朗圓大師悟眞塔碑. "當州軍州事 大匡王公順式 鳳毛連慶龍額呈祥 趨理窟以探奇 詣禪山而仰異 人中師子."

97) 방동인, 「굴산문 범일국사와 명주호족」, 『범일국사 세미나 자료집』, 강릉포교당, 2007, 25쪽.

이상에서 숙종 때에 향리세력을 중심으로 미타계가 결성되었고, 호장층의 신불성향과 전통계승의식에 근거하여 고려시대 유풍이 재연되고 있음을 살펴보았다. 이제 향리세력의 이러한 성향이 갖는 시대적 의미를 살펴보고자 한다. 먼저 미타계는 상하대소민이 결집되는 향도회이다. 이로써 미타계의 결성을 주도한 향리세력은 신불성향을 갖는 향도 즉 지역민들과 일정하게 유대관계를 구축할 수 있었을 것이다.[98] 그리고 이러한 친속관계는 향리세력이 자신들의 직무 이행과정에서 필연적으로 야기되는 갈등관계를 완충하는 의미를 갖는다고 할 수 있을 것이다. 요컨대 향리세력의 미타계의 결성은 지역민 간의 친속관계를 구축하면서 자신들의 입지를 강화하는 의미를 갖는다고 할 것이다.

또한 이들의 전통계승의식은 자신들의 출자의식에서 비롯되는 것이었다.[99] 즉 '미타존불도'를 결성하고 승계해 온 것은 다름 아닌 자신들의 선조들의 역할이었으며, 이들은 지역 사회의 중심 세력이기에 이들의 문화는 곧 지역 사회의 전통문화일 수 있으며, 이로써 지역의 문화전통을 계승하는 것은 후손된 자들의 도리라는 것이다.

향리세력의 출자의식에 기초한 전통계승의식은 현실적으로 자신들의 역할을 강조하는 것이었으며, 이러한 역할론은 자신들의 입지를 강화하는 의미를 갖는다. 비록 자신들은 중인신분이지만 전대 주도세력의 문화전통을 계승하는 역할을 자임하고 있다는 데서 자긍심을 갖고 있으며, 이러한 자긍심은 전대에서 중인신분으로서 자신들과 양반사족들의 선조가 다르지 않다는 인식이 내재되어 있다고 하겠다. 이로써 향리세력의 전통계승의식에 기초한 미타계의 결성은 현실적으로 자신들의 신분적 한계를 극복하려는 의식의 발로였다고 할 수 있겠다.

---

98) 『彌陀契座目』 辛酉序文. "凡民之餘存者 猶且不廢誠 亦一盛事也."

99) 『彌陀契座目』 辛酉序文. "子繼其父之志 孫踵乃祖之武 曾不知其幾百世也."

(2) 여성황의 설정과 가면극의 연출

숙종 7년에 결성되는 미타계의 분석을 통해 그 주도세력으로서 호장을 중심으로 하는 향리세력을 확인하고 그들의 성향을 살펴보았다. 이들은 출자의식에서 비롯되는 전통계승의식과 신불성향에 근거하여 미타계가 결성되었으며, 여기에는 전통계승의 역할을 자임하여 서민들과 친속관계를 도모함으로써 자신들의 사회적 입지를 강화하려는 의도가 반영되고 있었고, 그것은 곧 향리세력으로서 자신들의 신분적 한계를 극복하는 방편일 수 있었음을 살필 수 있었다.

호장을 중심으로 하는 향리세력의 이러한 성향은 '대관령국사성황제'가 재정립되는 배경으로 이해되었다. 즉 이들의 신불성향과 전통계승의식은 나말여초에 결성되는 '미타존불도'를 의식한 것이었고, '미티존불도'는 선승 범일에서 그의 법제자 낭원대사로 이어지는 사굴산문과 단월관계를 이루었던 명주호족과 그 후예들이 주도하였던 향도회였다는 인식에 토대를 둔 것이었다. 이러한 신불성향과 전통계승의식은 '대관령국사성황제'의 주신으로 선승 범일이 재정립되는 배경으로 이해되며, 영조 때 확인되는 대관령국사성황제는 이러한 신체인식에 근거하여 연행되었다고 하겠다.[100)]

〈그림 27〉 여성황 상

이제 성황제의 신체인식과 유기적인 관계에 놓이는 '대관령국사여성황'의 설정과 '관노가면극'의 연출에 관해 살펴보고자 한다. 먼저 '대관령국사여성황'의 설정과 관련해서는 이 지역에 전승되는 설화가 주목된다. 설화 상에서 여성황의 설정은 호환을 매개로 이루어진다. 즉 읍성 남문 밖 정씨 일가의 주인이 꿈을 꾸었는데 대관령 성황신이 현몽하여 “내가 이 집에 장가들 터이니 어떻겠느냐?”라고 하였다는 것이고, 그 후 어느 날 이 집의 처녀가 호환을 당하였는데 대관령국사성황사에 성황님과 나란히 앉아 있는 처녀의 시신을 발견하였다는 것이고, 그 시신을 집으로 옮기고자 하였으나 여의치 못하였는데 화공을 불러 화상을 그려 모신 후에 옮길 수 있었다는 것이다. 그리고 성황님이 호랑이를 시켜 처녀를 부인으로 모셔갔다는 이날을 4월 15일로 설정하고 있다.[101)]

이 설화는 여성황의 존재를 설정하는 근거로서 의미를 갖는다. 호환이라는 사건을 혼인의식에 가탁하여 신화적 요소인 혼배로 극화하여 수용함으로써 여성황의 존재와 아울러 그 제의구조의 합리적 근거를 확보하고 있다. 강릉지역에는 읍성 남문 밖 정씨 일가로 인식되는 민가가 전승되고 있다. 이 민가는 당초 정씨 일가의 소유였으나 이후 강릉지방의 부호였던 최씨 일가에서 매입한 것으로 파악되며, 최씨 일가에서는 이 설화에 의거해 영신행차에 많은 음식을 제공하였던 것으로 파악된다.[102)]

그런데 이 설화는 대관령국사성황신이 선승 범일이라는 신체인식을 전제로 여성황이 설정되고 있다는 점이 주목된다. 이 점은 새로이 설정되는 여성황이 ‘대관령국사여성황’으로 명명되는 데서 살필 수 있다.[103)] 이로써 여성황의 설정은 선승 범일을 대관령국사성황신의 신체로 재정립하였던 향리세력에 의해 주도되었다고 할 수 있다. 또한 설화에서 여성황의 생가로서 의미를 갖는 정씨 일가의 위치가 읍성 남문 밖으로 지정되는 점도 향리세력의 역할을 반영하는 것으로 이해된다. 즉 이러한 위치 설정은 읍치와 무관하지 않음

---

100) 『臨瀛誌』 卷1, 記事. “時崔吏光振 當戶長之任 胥吏招之 是日乃五月五日 國師拜送之日也 戶長方有事於城隍祠移時.”

101) 臨瀛誌發刊委員會, 『臨瀛江陵溟州誌』, 1975, 210쪽.

102) 장정룡, 「강릉단오제의 기원과 역사」, 『강릉단오제백서』, 1999, 16쪽.

103) 江陵文化院, 『江陵端午祭白書』, 1999, 155쪽.

을 시사하며, 읍치는 향리세력의 역할공간이었다.[104] 더욱이 정씨 일가의 후손으로 자처하는 이 지역 초계정씨 일가에서는 대관령국사성황과 여성황의 만남이 숙종 때 이루어졌다고 하며,[105] 이 시기는 호장 중심의 향리세력이 미타계를 결성하는 시기와 일치한다는 점에서 여성황의 설정이 이들에 의해서 연행되었음을 뒷받침한다.

요컨대 여성황의 설정은 읍치 성황제를 주재하였던 호장을 중심으로 하는 향리세력의 성향과 무관하지 않으며, 숙종조 이후로 파악되는 선승 범일을 주신으로 인식하는 이들의 신체의식을 전제로 연행되었다고 할 수 있다. 이 점에서 시기적으로 여성황의 설정은 '대관령국사성황제'의 주신으로 선승 범일로 재정립하려는 향리세력의 의도와 맞물려 있다고 할 수 있으며, 여기에는 신체인식을 고착화시키려는 의도가 내재되어 있다고 할 수 있다.

다음은 관노가면극과 호장을 중심으로 하는 향리세력의 상관성을 살펴보고자 한다. 관노가면극은 관청에 소속된 노비들이 단오절에 대성황사 앞마당에서 괫대를 세우고 놀았던 가면극이다.[106] 이 가면극의 내용은 대개 다섯 마당으로 구성된다. 첫째 마당은 장자마리의 개시, 둘째 마당은 양반광대와 소매각시의 사랑, 셋째 마당은 시시딱딱이의 훼방, 넷째 마당은 소매각시 자살소동, 다섯째 마당은 양반광대와 소매각시의 화해 등으로 구성된다.[107]

이렇듯 관노가면극은 각 놀이마당이 양반광대와 소매각시를 중심으로 서로 긴밀하게 연관되는 서사적인 연희라는 특징을 갖는다. 풍농과 풍어, 벽사를 상징하는 장자마리의 춤으로 놀이마당이 열리고, 정절을 강조하는 양반사회의 사랑이 시시딱딱이의 이간으로 여지없이 무너지고, 소매각시의 자살

104) 강릉지역에서 이곳은 經坊, 그 집은 經妨宅으로 불린다. 그리고 후대에 이곳 경방댁에 거주하였던 이 지역의 부호는 매년 대관령국사성황제의 행차 시에 음식을 마련하여 제공하였다고 한다.

105) 장정룡, 「강릉단오제의 기원과 역사」, 『강릉단오제백서』, 1999, 17쪽.

106) 張正龍, 『江陵官奴假面劇研究』, 집문당, 1989, 39~42쪽.

107) 江陵文化院, 『江陵端午祭白書』, 1999, 92~93쪽.

소동은 괫대로 상징되는 성황신의 가호로 소생한다는 내용으로 결말을 맺는다.

이러한 특징은 관노가면극이 마을굿 놀이계통에서 자생한 문화라는 연희사적 의미를 갖는다.[108] 그러나 이러한 평가에도 불구하고 관노가면극은 향리세력에 의해 정형화되는 것으로 보인다. 무엇보다 관노는 향리층의 직접적인 규제와 통제를 받고 있으며, 이러한 존립양태를 염두에 둘 때 가면극은 향리층의 연행과 전승에서 비롯되는 것이며, 그 서사적인 특징은 그 주재집단으로서 향리층의 의식구조를 반영한다고 할 수 있다.[109]

그리고 향리세력의 이러한 역할은 조선 후기 사회에서 가능한 것이었다고 할 수 있다. 이것은 이 시기가 향리세력이 읍권을 장악하여 그 독자성이 확보되는 시기로 이해된다는 데 근거하고 있다.[110] 즉 조선 후기 수령권이 강화되는 추세에서 그 보좌역을 담당하였던 향리세력이 읍권을 확보해 갔으며, 더욱이 가문과 문중의식이 고조되는 시대적 상황에서 향리세력 또한 호장층을 역임하는 특정가문이 형성되고 있었던 것이다. 강릉지역에서 미타계를 주도하였던 안일호장 최익동과 전임 순장 최동린 일가는 그러한 입지를 확보하고 있었던 것으로 파악된다.[111] 이렇듯 향리세력이 읍권을 장악하는 상황에서 관노가면극의 연출은 가능할 수 있었을 것으로 추정된다.

이상에서 대관령국사여성황의 설정과 관노가면극을 연출하는 주재집단으로서 호장을 중심으로 하는 향리세력, 그 시기로서는 숙종조 이후를 주목하였다. 이 시기는 미타계가 결성되는 시기와 같은 시기라는 점에서, 그리고

---

108) 전경욱, 「가면극의 역사적 전개양상」, 『연희, 신명과 축원의 마당』, 국사편찬위원회, 2006, 321~325쪽.

109) 李勛相, 「鄕吏集團의 儀禮化된 反亂으로서의 탈춤 演行」, 『朝鮮後期의 鄕吏』, 일조각, 1990, 149쪽.

110) 李勛相, 「鄕吏集團의 儀禮化된 反亂으로서의 탈춤 演行」, 『朝鮮後期의 鄕吏』, 일조각, 1990, 161쪽.

111) 이규대, 「朝鮮後期 江陵 彌陀契의 分析的 考察」, 『人文學報』 29, 강릉대학교 인문과학연구소, 2000, 464~467쪽.

미타계 또한 호장을 중심으로 하는 향리세력이 주도하였다는 점에서 양자는 동일한 세력집단임을 살필 수 있었다. 이러한 점에서 자신들의 출자의식에 기초하여 전통계승을 표방하면서 선승 범일을 대관령국사성황제의 주신으로 재정립하였던 주재집단과 관노가면극을 연출하고 여성황을 설정하였던 주재집단이 동일세력이거나 같은 성향의 선상에 놓여 있음을 파악할 수 있었다.

이제 호장 중심의 향리세력의 이러한 동향과 성향이 갖는 사회사적 의미를 파악해 보고자 한다. 여성황의 설정과 관노들의 가면극은 강릉단오제의 극적인 요소이다. 주신의 혼배를 연출함으로써 흥미와 관심을 유발하고, 양반과 양반사회의 허구를 풍자하여 그 해학적 효과를 담아냄으로써 흥미와 관심을 일으키고 있다. 이렇듯 극적인 요소는 관객들의 흥미와 관심을 유발하기 위한 것이었고, 이 시기의 관객은 다름 아닌 제의에 동참하는 피지배집단으로서 일반 서민이라는 점에서 이들을 의식한 주재집단의 연출이었다고 할 수 있다.

호장 중심의 향리세력의 주재집단으로서 극적인 요소의 연출은 이들의 존재양태와 의식구조를 일정하게 반영한다고 하겠다. 이 점은 적어도 두 가지 측면에서 살필 수 있다. 먼저 자신들의 출자의식과 전통계승의식에 비롯되는 대관령국사성황제를 정착시키려는 의도에서 비롯되는 것이었다고 할 수 있다. 이것은 조선 초기 성황제의 법제화 정책으로 굴절되었던 대관령국사성황제를 재정립하려는 의도를 반영하는 것으로서, 특히 신체인식과 관련하여 극적인 요소를 연출함으로써 통효대사 범일이 주신으로 재설정되는 대관령국사성황제를 일반 서민들의 정서 속에 깊숙이 고착화시키려는 의도를 담고 있다고 할 수 있다.

다른 하나는 제의의 주재집단으로서 극적인 요소를 연출하여 일반 서민들과 친숙성을 강화하려는 의도를 담고 있다고 할 수 있다. 엄격한 신분질서의 유지를 지향하는 양반사회에서 양반의 허구성을 풍자하는 가면극은 친서민적 성향의 연출이 아닐 수 없으며, 주재집단의 이러한 성향은 일반 서민들과 일체감을 모색하려는 데 지향점을 두고 있다고 하겠다. 그리고 주재집단의 이러한 친서민적 성향은 행정실무를 담당하는 자신들의 직무수행 과정에서 야기되는 서민들과의 갈등관계를 해소하는 방책일 수 있을 것이라는 점에서 주목되며, 결국 신분적으로 양반과 서민층의 중간적 위치에 놓이는 중간계층으로서 자신들의 입지를 강화하는 방책일 수 있었다고 하겠다.

요컨대 '대관령국사성황제'는 숙종조 이후 주재집단으로서 호장을 중심으로 하는 향리세력의 존재양태와 전통계승의식에 영향을 받으면서 선승 범일을 주신으로 하는 신체인식이 정립되었으며, 이러한 신체인식은 대관령국사여성황의 설정과 관노가면극이 연출되면서 고착화되는 것으로 파악되었다. 그리고 이 시기에 정착되는 '대관령국사성황제'의 모습은 오늘날 강릉단오제의 제의구조의 정형으로써 의미를 갖는다고 할 수 있겠다.

5. 맺는말

강릉단오제는 명절로서 단오절의 민속과 '대관령국사성황제'가 습합되어 있으며, '대관령국사성황제'는 강릉의 진산인 대관령이 성황신의 상주처라는 인식과 성황신은 인격신이라는 신체인식을 토대로 치제되는 지역공동체적 제의이다. 이러한 지역공동체적 성격으로 말미암아 제의는 그 주재집단이 설정되고, 거시적으로 주재집단의 존재양태와 의식구조는 다시 제의에 투영되면서 '대관령국사성황제'는 장기지속성을 띠고 있다. 이러한 시각에서 주재집단을 주목하여 '대관령국사성황제'의 시대별 전승양태와 그 의미를 파악하고, 이를 통해 강릉단오제의 역사적 전개양상과 지역적 특성을 규명하고자 하였다.

'대관령국사성황제'는 나말여초에 잉태된 것으로 파악되었다. 이 시기는 이른바 '호족의 시대'로서 지역 사회의 독자적 성향이 강하게 표출되던 시기였으며, 강릉지역에서도 굴산문과 단원관계를 이루면서 명주호족이 지역의 중심 세력으로 성장하였다. 이들은 자신들의 독자적 성향과 지정학적 입지를 기반으로 호족간의 합종연횡을 예의 주시하면서 지역 사회의 안정적 발전을 담보할 수 있는 새로운 진로를 모색해 갔다.

이 시기 명주장군 김순식의 군사출정에서 이루어진 치제와 그 과정에서 비롯되는 신비한 꿈 이야기의 전승은 '대관령국사성황제'가 잉태되는 모티브가 되었으며, 대관령이 성황신의 상주처로 인식되고, 굴산문의 선승 범일국사를 성황신으로 보는 신체인식은 이 꿈의 신비성을 매개로 확산되는 것으로 보인다. 더욱이 이러한 인식은 이 지역의 제일 관문으로서 대관령의 비중이 부각되는 시대적 상황과 맞물리면서 촉진되었을 것으로 보인다.

그리고 '대관령국사성황제'는 연례적으로 치제되면서 정착된 것으로 파악하였다. 이러한 제의의 지속성은 명주호족이 나말여초의 과도기적 사회혼란을 발전적으로 극복하였고, 이에 힘입어 명주호족과 그 후예들은 고려시대 전 기간 동안 이 지역에 정주하면서 중심 세력으로서 사회적 입지를 확보하였으며, 이들은 '미타존불도'라는 향도회를 결성하여 굴산문과 단월관계를 지속하였다는 데에 근거를 두고 있다.

이로써 고려시대 '대관령국사성황제'는 명주호족과 그 후예들이 주재집단이었으며, 이들은 자신들과 친연성을 갖는 선승 범일국사를 성황신으로 설정함으로써 성황제는 자신들의 사회적 입지가 투영되는 제의일 수 있었으며 그것은 곧 지역 정체성으로 이어질 수 있었다. 또한 명주호족과 그 후예들의 사회적 입지를 재생산하는 제의일 수 있었으며, 이들의 주도로 시대적 과제를 표출하여 상하가 함께 인식하고 대처하는 지역공동체적 제의라는 사회사적 의미를 갖는다.

'대관령국사성황제'는 조선 정부의 성황제 법제화 정책에 직면하여 굴절되는 양상을 보이고 있다. 건국 초기부터 추진되었던 성황제 법제화 정책은 지방사회의 자의성을 배제하고 중앙집권을 강화하려는 의도에서 비롯되는 것으로, 일체의 자의적인 치제를 음사로 규정하여 금지시키고 전승제의로서 성황제를 획일화하려는 것이었다. 즉 신상과 신물을 철거하고 위패를 설치하며, 춘추로 수령이 주재하는 관주도적 제의로 정례화하며, 제의는 국가 예제를 준행한다는 것이었다.

이러한 정책은 강릉지역에서도 일정하게 관철되고 있었다. 읍치에 성황사가 설치되고, 수령이 주재하는 관주도적 제의로 춘추의 성황제가 정례화되고 있었다. 다만 '대관령국사성황제'는 춘추제의에 비견되는 이른바 '별제'로서 위상을 확보하는 것으로 파악되었다. 이러한 양상은 보다 철저하지 못했던 정책적 한계에 따른 것이기도 하지만, 전승제의를 이어가려는 지역정서를 일정하게 반영하는 것이었다. 즉 성황제가 단오명절의 제의라는 점과 아울러 대관령이 성황신의 상주처라는 서민적 정서에 기반을 둔 전승이었다.

그러나 '별제'로서 전승되었지만 '대관령국사성황제'는 변모되는 양상을 보이고 있다. 무엇보다 관주도적 제의가 표방되면서 성황제의 주재집단이 호장 중심의 향리세력으로 바뀌고 있으며, 대성황사가 설치되면서 대관령과 연계되는 이중적 제의구조가 나타나며, 유교적 제례가 표방되면서 신체인식에 변화가 일어나고 있다. 이러한 변모는 '대관령국사성황제'의 성격 변화로 이어지는 것으로 이해되었다. 즉 주재집단의 사회적 입지를 담보하는 기능이 탈색되고, 지역공동체의 수호와 풍요를 기원하는 보다 구복적 기능의 제의로 정착되는 것으로 이해되었다.

한편 '대관령국사성황제'는 숙종조 이후 선승 범일국사를 주신으로 제의로 재정립되며, 아울러 그 연장선상에서 여성황이 설정되고 관노가면극이 연출되면서 신체인식은 고착화되는 것으로 이해되었다. 이러한 양상은 그 주재집단으로서 호장 중심의 향리세력의 성향에서 비롯되는 것이었다. 숙종조에 결성되는 미타계에서 보여주는 이들의 신불성향과 전통계승의식은 고려시대 유풍을 지역의 전통으로 규정하고 계승하려는 것이었으며, 주재집단의 이러한 성향은 '대관령국사성황제'가 재정립될 수 있었던 모태가 되는 것으로 이해되었다.

'대관령국사성황제'의 재정립은 주재집단의 존재양태에 기반을 둔 것이었다. 이들은 향리세력의 수장급인 호장층을 주도하는 특정가문으로 발전하였고, 또한 수령권에 편승하여 행정의 실무적 역할을 강화하면서 이른바 '읍권'을 장악해 갔다. 이러한 존립양태는 비록 자신들이 중인신분이었지만 '대관령국사성황제'를 읍치의 제의로 주재하면서 자신들의 성향을 관철시켜 나가는 기반이 되었다고 하겠다.

이로써 '대관령국사성황제'는 주재집단의 사회적 입지를 강화하는 의미를 갖는다. 이들의 전통계승의식은 자신들의 출자의식에서 비롯되는 것으로 양반과 중인이 미분화 상태였던 고려시대의 유풍을 지역의 전통으로 규정하고 그 계승을 자임하였던 것은 그 역할론에 힘입어 신분적 한계를 극복하는 의미를 갖는다. 그리고 혼배와 가면극이라는 극적인 요소를 연출하여 지역공동체적 제의를 활성화시킴으로써 구복적 성향을 갖는 일반 서민들을 포용하여 일체감을 조성한다는 의미를 갖는다. 이러한 친화적 관계는 자신들의 직무적 역할에서 파생되는 갈등관계를 완충하는 의미를 갖는다. 그리고 이 시기의 '대관령국사성황제'는 강릉단오제의 정형으로 의미를 갖는다.

제 8 장

마을 공동체의 성장과 마을 성황제

1. 성황제의 유형적 분류

지금도 도시 외곽의 농어촌 지역이나 전통마을에서 성황당은 쉽게 찾아 볼 수 있다. 조금만 관심을 가지면 당집·당목·돌무지·비석 등 성황당의 다양한 형태와 위패와 신상, 신물 등 성황신의 다양한 모습이나 마을에서 치제되는 성황제의 현장도 체험할 수 있으며, 농악이나 가면극에서도 성황문화가 접목되어 나타나고 있음을 살필 수 있다. 이러한 양상은 성황제가 전통사회에서 보편적 문화였음을 시사한다.

성황제의 자전적 해석으로 성은 '성(城)'이며, 성곽을 축성하면서 그 둘레에 형성되는 해자를 '황(隍)'이라 하고, 성황제는 이곳에 설정되는 '성황신'을 치제하는 제의로 풀이된다. 또 성황제의 신은 산천제의 신과 함께 지신의 유형으로 분류되며, 이것은 풍·운·뇌·우제의 신이 천신의 유형으로 분류되는 것과 대비된다. 그리고 군현 단위에서 치제되는 성황제로 '읍치의 성황제'와 마을 단위에서는 각기 자신들의 '마을 성황제'가 설정된다. 이러한 어원적 해석이나 유형의 분류는 성황 문화의 연원을 규명하려는 의도에서 주목되지만, 성황당과 성황제는 마을 단위에서 치제되는 자신들의 수호신에 대한 제의라는 인식이 훨씬 일반적이다.

이렇듯 성황제는 생활공동체를 관장하는 성황신을 설정하고, 신을 상징하는 위패나 신상·신물이 모셔지는 성황당이 마련되고, 이곳에서 연례적으로 치제되는 제의이다. 군현이나 마을 공동체의 안녕과 안위를 담보하는 수호신으로서 성황신에게 치제하여 구성원들의 화합과 결속을 도모하고 이를 기반으로 공동체의 발전적 미래상에 대한 염원을 구현하려는 생활방식은 성황제의 주목되는 사회적 기능일 것이다.

성황제는 기층문화의 상징으로 인식되면서 그 기원, 설화, 제의, 유희 등 전승양태가 폭넓게 채록되었다. 또 이들 자료를 토대로 성황제의 분포 양상과 치제 양태 및 그 수호신적 기능이 규명되고, 이에 근거하여 성황 문화는 기층사회의 민속으로 이해되어 왔다. 그러나 성황제에 대한 이해는 여전히 풀어야 할 과제를 안고 있다. 무엇보다 정태적 분석이라는 방법론적 한계가 극복되어야 할 것이고, 성황제의 연원과 제의가 지방사회로 확산되는 계기와 그 사회적 의미, 여타 제의 형태와 차별성, 비록 연례적이라 하더라도 장기간에 걸쳐 지속적으로 전개되어 온 성황제의 역동성과 그 변화적 양태 등 역사 민속적 전개양상과 의미는 여전히 과제로 남아 있는 실정이다.

이러한 과제를 의식하면서 근래에는 제의를 주도하는 사회세력을 주목하여 시대별 성황제의 실체를 규명하려는 경향이 뚜렷하다. 선초 국가의 사전체계가 정비되면서 나타나는 성황제의 변화 양태, 주재집단의 성향과 '읍치성황제'의 변화와 성격, 성황제의 민간화와 주변화 등의 주제 설정은 성황제를 보다 실체적으로 파악하고, 여기에 투영되는 국가 정책과 이를 수용했던 지방사회의 동향과 지방민의 의식의 변화를 규명하고자 한다. 그리고 여기에는 제의가 치제되는 지방사회와 지방민의 입장에서 그들의 주체적 역할을 보다 주목하려는 성향이 견지되고 있다.

2. 마을의 성황당과 제의

지금도 도시 외곽의 농·어·산촌에는 마을마다 성황당이 전승되며, 마을 공동체가 주체가 되어 성황제가 치제되었음을 보게 된다. 이것이 마을의 성황제이다. 물론 도심권에서도 마을 단위로 각기 성황제를 치제하였겠지만 개발에 밀려 근대 이전의 마을 공동체가 해체되면서 그 명맥이 단절되었다. 마을 성황제는 산신제와 구별되는 제의이다. 산신제가 같은 산자락에 형성된 여러 마을이 함께 치제하는 제의였다면 성황제는 각각의 마을에서 치제되

〈그림 28〉 마을 성황당의 다양한 형태

는 제의였다. 반촌·민촌을 막론하고 마을 성황제는 마을 공동체에서 치제된 보편적인 문화였다.

조선시대 마을 공동체는 부단히 성장하였고 중기에 이르면서 면리조직으로 편제되었다. 군현제의 하부구조로서 면리조직은 사회경제적 발전에 편승하여 각기 인구와 경지면적을 확보하여 마을 공동체적 질서가 구축되는 데 기반을 두고 있다. 그리고 사회경제적 성장에 힘입어 생활공동체가 분화 발전하면서 면리조직은 확대 재편되었고 각기 자체적 결속과 상호간의 연망을 구축하면서 정착되어 갔다.

마을 성황제는 마을 공동체 형성을 배경으로 생성된다. 그리고 마을 공동체의 성장은 그 조직의 확대 재편으로 이어지면서 마을의 성황제 역시 분화되어 확산되는 것으로 보인다. 예컨대 '본동(本洞)' '윗마을' '아랫마을' '큰 마을' '작은 마을' 등이 마을 공동체의 분동(分洞) 양상을 보여주는 것이라면, 이들 마을에 설립된 각각의 성황당은 마을의 분동이 마을 성황제의 분화와 병행되었음을 시사한다. 이로써 마을의 성장을 배경으로 하는 면리조직의 확대 재편은 곧 마을 성황제의 분화 재편을 수반하는 것이었다고 보겠다.

그리고 거시적 시각에서 지방도시의 발달 형태는 읍치로부터 외곽으로 전개되었다. 읍치는 인구가 집중된 곳, 관아가 집중된 곳, 국가 권력과 직결되는 곳으로 그 지방에서 가장 번화한 공간이었다. 그리고 사회경제적 변화에 편승한 도시개발은 읍치로부터 외곽으로 이어진다고 보겠다. 새로운 농법의 도입, 새로운 시장의 형성, 새로운 도로의 개설과 역원의 설립, 이주민의 정착 등을 계기로 읍치 외곽에 마을이 형성되고 있음은 확연하다. 이로써 지방사회의 중심권이었던 읍치의 문화가 외곽의 마을 공동체로 전이되는 전개양상은 자연스럽다고 할 것이다.

여기에 성황제 역시 예외는 아니었다. '읍치의 성황제'는 도시 외곽에 자리 잡는 마을 공동체로 전이되는 것으로 보인다. 마을 성황제에서 갖추어지는 '성황의 신' '토지의 신' '여역의 신' 등의 위패, 축문, 제수의 진설, 도가의 운영 등 그 유교적 의례의 전범은 '읍치의 성황제'였다. 마을 공동체마다 성황당을 마련하고 개별적으로 치제되는 각각의 성황제였지만, 마을 성황제가 일정하게 정형을 갖추고 있는 것 또한 '읍치의 성황제'를 전범으로 삼는 데서 비롯되는 양상일 것이다.

그러나 마을 성황제는 법제적 규제로부터 비교적 자유로웠다. 비록 법제적 제의인 '읍치의 성황제'를 전범으로 삼지만 그것은 마을 구성원들의 자율적 의지에 따른 것이었다. 중기 사회 이래로 생활 전반에 걸쳐 유교적 의례가 일상화되면서 그에 따른 전범의 표방이었을 뿐 마을 성황제는 특별히 법제적으로 규제되지는 않았다. 마을 성황제의 다양성과 개성은 이러한 특성에 기인하는 것이었다.

마을의 성황당은 당집을 비롯하여 당목·돌무지·비석 등 다양한 형태로 전승되며, 농촌과 산촌에서는 어떤 형태이든 하나의 당집이 설정되는 데 비

〈그림 29〉 강릉 강문 할아버지 성황당

〈그림 30〉 강릉 강문 할머니 성황당

해 어촌의 경우에는 할아버지 당과 할머니 당이 별개로 설정되는 특징을 보인다. 여기에는 위패가 있는가 하면 신상과 신물이 함께 봉안되었고, 축문이 있는가 하면 무속인의 무가가 있으며, 어촌 마을의 별신제 역시 비록 용왕이라는 별신을 설정하고 있지만 이곳 성황당을 배경으로 치제되었다. 또 여기에는 많은 성황설화가 잉태되어 있다. 신상과 신물의 위용성과 영험성을 드러내는 것이나 마을의 창건과 입향 시조를 부각시키는 다양한 주제의 설화들이 전승된다. 그리고 성황제를 단절 없이 치제하기 위한 수단으로 위답을 마련하기도 하며 성황계를 조직하여 운영하기도 한다.

이러한 제반 양상들은 사회지도 이념을 구현하는 유교적 질서와 기층사회에 온존하는 불교·무속적 관행으로 구분될 수 있으며, 전자를 성황제의 보편성으로 이해한다면 후자는 마을의 특수성으로 이해할 수 있다. 그리고 여기에는 마을 공동체의 정체성을 담보하는 수호신으로서 성황을 인식하고 오랜 세월 동안 성황제를 치제하면서 안녕과 화합과 결속을 다져 온 마을 구성원들의 의식의 세계가 겹겹이 배어난다. 성황제 문화의 원형질적 요소를 추적하여 재구성하면서 마을 성황제를 주목하게 되는 이유도 여기에 있다고 할 것이다.

3. 마을 성황제의 특수성과 보편성

성황제는 장구한 세월 동안 전국적으로 분포되어 치제되어 온 보편적인 문화이다. 군현 단위에서든 마을 단위에서든 성황제는 공동체의 형성을 배경으로 설정되며, 어떤 형태이든 당집을 마련하여 여기에 자신들의 정체성을 담보하는 성황신을 봉안하고 공동체가 주체가 되어 치제하면서 구성원들의 안녕과 화합과 결속을 도모해 온 지역성이 짙은 제의이다.

조선 이전에 이미 보편화된 성황제는 선초에 들어서 지방사회 통제책의 일환으로 주목되면서 정형화되었다. 신왕조의 건국이념을 구현하는 제의로 규정되면서 성황제에 투영되었던 지역성이 배제되었고, 관주도형 제의로 전국적으로 획일화됨으로써 중앙집권화를 강화하는 '읍치의 제의'로 정착되어 갔다.

법제적으로 정례화된 성황제는 이 시기 지방사회 신분질서의 재편과 맞물리면서 정착되었으나 한편으로 이전의 관행은 쉽게 불식되지 않았다. 전승제의로서 관행은 무엇보다 성황신에 투영되는 지역성에 기반을 두고 지속되었다. 이러한 양상은 정책적으로 지역성이 배제되는 상황에서 크게 위축되고 있었으나, 제의의 담당 계층인 호장을 비롯한 향리세력의 존재양태에 따라 지역성의 지속여부를 가름하는 단서가 되었다. 이들의 사회적 입지가 성장하는 후기 사회에서 이러한 관행적 제의는 보다 활성화되면서 이들의 신분계층적 특성이 개재되는 지역성 짙은 제의로 자리 잡아 갔다.

읍치의 성황제의 활성화는 마을 단위로 성황제 보급이 촉진되는 계기가 되는 것으로 보인다. 마을 공동체는 면리제로 편제되었고, 면리제는 조선 전기의 4방위로 구분되는 방위면 체제에서 고유의 명칭을 갖는 면리체제로 발달하였다. 조선 후기의 사회경제적 변화에 편승하여 마을 공동체가 성장하면서 면리체제가 발달하였고, 이로부터 마을의 성황제는 보편화되는 것으로 보인다. 마을이 분동으로 재편되든 신설되든 어느 경우에도 성황당이 마련되었고, 마을 공동체의 결성이 읍치로부터 외곽으로 확산되는 추세에서 성황제 역시 동일한 양상으로 확산되면서 마을 단위로 보편화되었다.

마을의 성황제는 자신들의 정체성을 담보하는 성황신을 설정하고 공동체가 주체가 되어 치제하면서 구성원들의 안녕과 화합과 결속을 도모하는 제의로 인식되었고, 이로부터 성황당과 성황신의 형태는 물론 제의의 양태 또한 매우 다양한 양상으로 파악되며, 제의의 전승을 위해 위답이 마련되거나 성황계가 결성되기도 한다.

이러한 양상은 법제적 규제로부터 비교적 자유로웠던 상황에서 그 주도세력의 존재양태에 따른 것으로 마을 성황제의 개별적 특성으로 이해된다. 그러면서도 마을의 성황제에서는 '성황 신' '토지 신' '여역 신' 등의 위패가 봉안되는 것처럼 일정하게 정형을 갖추고 있다. 이것은 신위의 명칭으로 보아 읍치에 설치된 성황사와 사직단, 그리고 여역단에 영향을 받는 것으로 보인다. 즉 읍치에서는 법제에 따라 3개의 제의가 별개로 설치되어 있지만, 마을 단위에서는 3개의 신위가 성황당의 신위로 수용되고 있다는 점이다.

이 점은 마을의 성황제가 읍치의 제의에 영향을 받고 있음을 보여준다. 비록 자신들의 독특한 신물과 영정을 비롯한 신상을 보유하고 있지만, 이와 함께 3개의 제의를 하나로 수용하여 성황제를 이루고 있다. 이로부터 마을 성황제의 의례를 상상하게 된다. 즉 각종 독특한 신상에 걸맞는 자신들의 의례가 상정되며 아울러 3개의 신위에 어울리는 유교적 제의가 병행되었을 것으로 보인다. 여기서 유교적 제의는 읍치 제례에 영향을 받는 것으로 이해된다. 그리고 이러한 마을 성황제의 양태는 마을 성황제가 갖는 보편성으로 이해될 수 있을 것이다.

제 9 장

강릉단오제의 문화유적 탐방

1. 강릉단오제의 구성

현재의 강릉단오축제는 명절적인 요소와 난장, 그리고 성황제로 구성되어 있다고 볼 수 있다. 이러한 구성 요소는 강릉단오축제의 성격을 규정하는 가장 보편적인 요소라는 의미를 가지며, 나아가 그 원형질적인 모습을 발굴하고 규명해 가야 할 과제의 줄기로서도 의미를 갖는다.

(1) 명절적인 요소

강릉단오축제는 음력 5월 5일 단옷날에 시작된다. 물론 이미 한 달 전부터 신주를 빚고 중간에 영신제가 치러진다. 그러나 이 모든 일정은 단옷날을 기점으로 설정된다. 이 점에서 강릉단오축제는 5월 5일, 즉 단오절의 축제라고 보아도 무리가 없다. 해방되기 전에 '단양제'라는 이름으로 불렸던 것도 이러한 의미일 것이다.

단오는 우리 민속에서 명절이었다. 지금이야 명절의 의미는 인식조차 되기 어려울 만큼 탈색되었지만, 전통사회에서 단오는 흡사 오늘의 추석이나 설날과 같은 성대하게 보냈던 명절이었다. 이러한 의미의 변화는 농경사회의 변화와 맞물려 있다고 하겠다. 단오절의 명절 풍속은 밭작물에 비해 벼농사가 중시되고 이앙법이라는 농법이 보편화되면서 더욱 성황을 이루었던 것으로 보인다. 이는 상대적으로 농경사회의 비중이 줄어드는 산업구조 하에서 명절의 의미가 탈색될 수 있음을 시사하는 것으로 이해될 수 있다.

그러기에 강릉단오축제에는 명절로서 단오절의 제반 요소가 담겨 있다. 지금에 연행되는 '그네뛰기', '투호', '씨름', '창포물에 머리감기' 등은 명절의 의미를 담지한 유희라고 할 수 있다. 다만, 명절의 의미를 담아내는 유희와 놀이에 있어서도 새로이 더 발굴되어야 할 것이고, 그것들이 갖는 지역적 특성과 의미를 설명해 내야 한다는 명제는 우리 세대가 자각하고 자임해야 할 과제로 남아 있는 실정이다.

(2) 난장

강릉단오축제를 목격한 많은 사람들의 기억 속에는 난장의 모습이 강하게 자리 잡고 있다. 그러기에 우리는 축제의 요소로서 난장을 주목하지 않을 수 없으며, 역설적이지만 그 기억의 특성을 되살려 난장의 모습을 재구성해야 할 과제를 안고 있다.

난장은 세상의 풍물을 쉽게 접할 수 있는 공간이다. 유행이 한물 지난 것에서부터 벤처기업의 운명을 건 첨단 창안 작품에 이르기까지 그야말로 다양한 상품이 나열되고 있다. 아마도 이러한 난장의 특성은 상품의 선전과 홍보매체가 열악했던 과거시대일수록 일반인들에게 강한 인상을 주었을 것으로 예상된다. 이 난장의 공간에서 이불을 사고 파전에 막걸리 잔을 기울이는 것은 그 경제적 가치를 인정하더라도 추억을 회상하면서 자신을 반추하는 심리적 보상욕구가 우선하고 있다는 점을 외면하기는 어렵다고 본다.

흔히 난장은 점방을 갖춘 시전상가와 대비되는 개념이다. 그러기에 부초같이 떠돌 수밖에 없다. 장사되는 곳을 찾아 떠돌고, 관의 통제와 규제로 해서 떠돈다. 그러면서도 질경이 같이 강한 생명력을 갖는다. 밟고 또 밟아도 되살아나는 것이 난장이다. 이 난장의 생명력으로 5일장이라는 정기시장이 자리 잡았고, 다시 상설시장으로 자리 잡았다. 그리고 이제 재래시장의 활성화 대책이라는 시대적 과제로 이어지고 있다.

이 시장의 발달 패턴은 우리 사회경제사의 근간으로 이해되고 있다. 그러기에 난장의 생명력은 강릉단오축제의 또 하나의 원형질적인 구성요소가 된다. 그리고 원형질의 계승은 역시 지역 산물의 유통과 지역 상인들의 조직과 활동이라는 지역 발달사에 근거하여야 할 것이다. 그리고 여기에 구경꾼들의 심리적 보상욕구가 함께 반영되어야 할 것이다.

(3) 성황제

성황제는 강릉단오축제의 핵심적 요체로서 지역공동체의 안위를 기원하는 신앙 형태이다. 이른바 '강릉대관령국사성황제'이다. 이 성황제의 신체는 국사성황이고, 여기서 국사는 신에게 부여되는 작위이다. 그리고 국사성황은 인물신으로서 선승 범일국사이다. 즉 범일이라는 스님은 810~889년까지 생존하였던 실존 인물이며, 강릉지역의 굴산사를 창건한 스님으로서 사후에 성황신으로 설정되었다고 할 수 있다.

성황사는 대관령과 강릉 읍치에 있다. 즉 대관령 정상에 하나 있고, 도시의 중심지였던 곳으로 현재 강릉 KBS 방송국 위치에 또 하나가 있었다. 성황사의 당초 위치는 강릉이라는 도시의 진산인 대관령으로 이해되며, 조선 초기에 국가의 사전정책에 따라 읍치에 별도로 건립된 것으로 파악되고 있다. 또한 조선 후기에 이르러서는 남대천변 홍제마을에 '국사여성황사'가 설치되어 신의 혼배가 상징화되었고, 이 성황사는 현재 이전되어 홍제동에 보전되고 있다.

현재 강릉국사성황제는 강릉시장이 초헌관으로 제의를 주재하며 역원 즉 기능전수자들이 주관하고 있다. 그리고 5일 동안의 축제 기간 동안 매일 매일의 헌관은 번영회장, 문화원장, 버스회사 사장 등이 역임하고 있다. 이러한 제의의 양상은 시대 전변에 따른 과거의 제사양태들이 습합된 것으로서 각기 그 시대적 의미를 담고 있다. 즉 성황제의 제의는 당초 강릉지역의 토호들이 주재하였으나, 조선시대에 접어들어 중앙조정에서 제의를 규제하면서 수령이 주재하고, 수령을 보좌하면서 관아의 행정실무를 맡아 온 향리들이 주관하는 관주도형으로 바뀌어 갔다. 이러한 변화는 전적으로 조선왕조의 제사정책에 따른 것이다. 즉 지방의 자의적인 제사행위를 규제하여 지방토호들의 세력을 약화시키면서 상대적으로 수령의 권한을 강화하여 중앙집권화를 기하려는 정책이었다. 그리고 지금의 모습에는 이러한 관주도형의 모습이 가장 진하게 배어 있다.

제의의 구조는 5월 5일을 기점으로 한 달 전이 되는 시점에서 근양신주 의식이 칠사당에서 이행된다. 그리고 다시 15일이 지나면 대관령 성황당에 계셨던 국사성황신을 모셔서 강릉 국사여성황사에 봉안하는 영신제 의식이 거행된다. 그리고 다시 단옷날 전날에 남대천 둔치에 마련된 굿당으로 신을 모셔가는 시가행진 의식이 거행되며, 5일 동안의 단오절 행사가 모두 끝나면 남대천 둔치에서 모든 신을 제자리로 돌려보내는 의식인 송신제가 거행되고 이른바 강릉국사성황제가 끝나게 되며, 이로써 강릉단오축제가 끝나고 이듬해를 기약하게 된다.

2. 현장 답사를 통한 단오 문화유적의 성격 이해

※ 답사 코스 소개

○출발 ⇒ ○무속의 산실 대관령의 국사성황사 ⇒ ○성산면 보광리 보현사의 낭원대사오진탑비와 부도탑 ⇒ ○구정면 학산리 굴산사지의 범일선사의 부도탑 ⇒ ○강릉시 명주동 읍치의 칠사당과 객사문 ⇒ ○도착

(1) 강릉의 진산 대관령의 성황사

① 대관령의 성황사

대관령은 강릉의 진산이다. 진산은 전국의 모든 전통도시에 설정된 보편적 개념이며, 아마도 도시의 안위를 담보하고 풍수지리적 풍토 위에 설정된

산신신앙의 형태라고 이해된다. 따라서 대관령은 강릉지역의 안위를 보장하는 영산이 된다.

이곳 대관령에 산신사와 성황사가 있다. 즉 진산의 산신과 도시의 성황신이 상주하는 공간이라는 개념이다. 지금이야 민간신앙이라는 개념으로 산신과 성황신의 구분이 모호한 상태이지만, 이렇듯 두 개의 사당이 전승되는 것은 전통사회에서 산신과 성황신 신앙의 기능과 역할이 보다 엄격하게 구분되었던 것으로 보인다. 이런 점에서 구분지어 본다면 산신신앙이 보다 풍수적인 성격을 띠고 있다면, 성황신앙은 보다 지역공동체적인 개념으로 이해될 수 있을 것으로 본다.

대관령 성황사는 강릉단오제의 시발점으로 의미를 갖는다. 강릉단오제는 이곳에 상주하는 성황신을 생활공간으로 모셔 오는 것으로 시작되며, 다시 생활공간으로부터 이곳 성황사로 신을 되돌려 보내는 것으로 끝이 난다. 그렇다면 이 성황사의 시원은 어떻게 설명될 수 있을까? 이 문제에 대해서는 현재뿐만 아니라 조선시대를 살았던 이곳 사람들도 의문을 가졌던 것으로 보인다.

조선 후기 영조 때 편찬된 『임영지』에서 대관령 성황제의 시원은 명주장군 김순식이 천안전투에 출병할 때 이곳에서 기도하였다는 데서 찾고 있다. 그리고 『임영지』의 이러한 기사는 보다 먼저 편찬되었던 『고려사』의 태조편의 기사에 근거를 두고 있다. 즉 강릉으로부터 출병하여 천안에 도착한 명주장군 김순식을 만난 태조 왕건은 "지난밤에 많은 갑사들이 와 나를 돕는 꿈을 꾸었는데, 오늘 자네를 만나려고 그랬나 보다."라는 신비한 꿈 이야기로 맞이하였다. 이에 명주장군 김순식은 "대관령을 넘으면서 어떤 신사에서 기도하였는데 백발이 성성한 노인이 출병하도록 권장하였다."는 말로 화답하고 있다. 조선시대 강릉 사람들은 『고려사』의 이 기사를 성황제의 시원으로 삼고 있다.

② 대관령 성황제의 재생산적 성격

대관령 성황제는 신라 말엽 명주호족의 출병이라는 역사적 사실과 이 과정에서 생성된 신비한 꿈 이야기를 모티브로 삼아 설행되는 것으로 보인다. 이 시기 명주호족의 출병은 자못 절박한 것이었고 운명을 건 것이었음을 강조하고자 한다. 이 천안전투에서의 승리로 왕건은 통일대업을 이루었다. 이 마지막 전투라는 점에서 한반도의 정세변화를 예의 주시하면서 새로운 진로를 모색하였던 명주호족의 통일 이후를 대비하는 절박성이 엿보인다. 그리고 출병의 결과는 파격적인 논공행상이었고, 그것은 괄목할만한 것이었다.

그리고 대관령 성황제는 연례적인 행사로 자리 잡으면서 적어도 고려 500년 동안 지속되었다. 그 제사 의례가 분명하게 확인되는 것은 아니나 성황제의 치제는 분명한 사실이었다. 그렇다면 그 치제가 갖는 의미는 어떻게 설명될 수 있을까? 제의가 갖는 속성상 일차적으로 지역 사회의 안위를 기원하는 것으로 그 의미가 설명될 수 있다. 이것을 제의에 보편적 의미로 인정한다면, 보다 시대적 의미는 어떻게 설명될 수 있을까? 그것은 다름 아닌 혼돈의 시대를 경과하면서 지역 사회의 발전을 도모해 낸 명주호족들의 공적과 공헌을 재확인하는 담론의 재생산의 장이 되고 있다는 의미를 지적할 수 있다.

전자가 신에 대한 의미라면 후자는 살아 있는 자의 의미인 것이다. 그리고 후자의 의미를 담고 재생산되는 담론은 곧 사회질서와 맞물리게 된다. 즉 명주호족과 그 후예들의 사회적 입지를 담보하는 사회적 질서의 구축인 것이다. 이렇듯 고려시대의 대관령 성황제는 이 지역의 지배세력이었던 명주호족과 그 후예들의 사회적 입지를 담보하는 제의로서 시대적 성격을 띠고 있었다고 하겠다.

(2) 범일의 법제자 낭원대사의 지장선원

① 낭원대사의 오진탑과 탑비

성산면 보광리에 보현사라는 작은 사찰이 있다. 산수가 수려하여 많은 등산객이 찾아드는 곳이지만, 문화유적 답사객이 이곳을 찾는다면 그것은 낭원대사오진탑비와 부도탑이 있어서 일 것이다. 이 사찰은 천년의 시간을 담아내고 있는 탑과 탑비로 인해 더 알려져 있다.

부도탑과 탑비의 주인공은 범일선사의 법제자 낭원대사이다. 낭원대사는 범일선사 입적 후 강릉지역의 사문을 이끈 인물로 알려지고 있다. 그리고 그는 당대에 이곳에 '지장선원'을 열었다. 현재의 보현사가 지장선원과 동일한 위치인지는 분명하지 않지만 주변에서 많은 불구들이 발굴되고 있어 일정하게 연계되고 있음을 시사하고 있다.

'낭원대사오진탑비'라는 명호에서 '낭원'과 '오진'은 선사와 탑비에 내려진 시호이다. 탑비는 고려 태조의 왕명에 의해 940년에 건립되었으며, 당대의 문장가인 최언위가 짓고 당대의 명필가인 구족달이 썼다.

여기서 우리는 강릉단오제와 관련하여 한 가지 의문을 갖는다. 어떻게 왕명에 의해 이곳에 부도탑과 탑비가 건립될 수 있었을까? 그의 법력을 기리는 의미를 담고 있다고 인정되지만, 단지 그 의미만으로 충분한 것인가? 또 다른 지역사적 의미가 담지된 것은 아닐까?

② 낭원대사와 명주장군 김순식

천년사직 신라가 막바지에 이르렀던 시기, 이른바 후삼국이 정립하였던 시기, 이 시기는 분열의 시대였고 전쟁으로 서민들이 고통을 겪었던 혼돈의 시대였다. 그리고 이 와중에서 새로운 시대가 잉태되고 있었고, 그것은 고려의 건국으로 이어지고 있었다.

이 시기의 강릉지역은 명주장군 김순식과 낭원대사가 이끌고 있었다. 군이 구분 짓자면 김순식은 지역 사회의 리더였고, 낭원대사는 사문의 리더였다고 할 수 있다. 그리고 이들에 의해 강릉을 중심으로 영동지역 전역이 범세력화되었고 이를 사서에서는 '명주호족'이라 명명하였다. 이들은 몰락해 가는 신라의 정령을 거부하고 천년을 지속해 왔었던 각종 부세를 거부하면서 자체적으로 군사력을 갖추어 지역의 독자성을 확보하면서 성장하고 있었다.

명주호족의 리더였던 이 두 사람에게 주어진 과제는 지역 사회의 진로를 발전적으로 모색하는 것이었다. 한반도의 정국의 혼돈으로부터 지역민의 안위를 보장하고 지역 사회의 위상을 제고해야 하는 과제는 이들이 안고 있는 시대적 소명이었다. 그리고 이들은 후삼국의 정세 변화를 예의 관망하면서 보다 적극적으로 새로운 진로를 모색하여 갔다.

이들의 선택은 개성호족 왕건의 세력과 유대를 강화해 가는 것으로 나타난다. 물론 이전 단계에서 후고구려를 세웠던 궁예의 세력과 관계모색이 있었다. 후백제와 후고구려의 마지막 전쟁, 왕건과 신검 세력 간에 벌어진 지금의 천안전투에 명주장군 김순식은 3천여 명의 군사를 동원하여 왕건을 지원하였고, 왕건으로부터 '왕'씨로 사성되었고, 강릉지역의 규수 2명이 왕건의 '왕비'로 간택되었다.

이러한 명주호족의 동향은 고려가 후삼국을 통일하는데 기여한 것으로 평가된다. 그리고 이로 말미암아 통일 직후의 논공행상에서 명주호족과 그 후예들이 대거 중앙관직에 출사하였다. 이 시기의 출사는 강릉지역에서 최초라는 의미를 갖는다. 그리고 강릉지역은 '동원경'으로 읍호가 승격되었고, 이것은 지역민의 위상이 제고됨을 의미한다.

요컨대 명주장군 김순식과 낭원대사는 명주호족으로서 정체성을 확보하고 나아가 개성호족과 연대라는 새로운 진로를 모색하여 혼돈의 시대를 발전적으로 이끌었다고 할 수 있다. 이 시기의 읍호의 승격과 지역민의 위상 제고는 이후 천년의 중세사회를 경과하면서 줄곧 강릉이라는 도시 이미지의 모태가 되었다고 볼 수 있으며, 이 점은 이미 당대에 자신들의 발전을 기념하여 읍치를 이전하였고, 이 시기에 건립된 '객사문'은 지금 국보로 지정되어 있다.

(3) 범일선사와 사굴산문의 종찰 굴산사

① 굴산문의 지역사적 의미

강릉단오제의 구성요소 가운데 가장 핵심적 요체는 성황제이고, 성황제의 주신은 인물신으로서 다름 아닌 선승 범일이다. 즉 선승 범일이 입적한 이후 신격화되었음을 시사한다. 이로써 실존 인물로서 범일선사를 이해하는 작업은 곧 성황신의 의미를 이해하는 작업이며, 나아가 강릉단오제의 기본적 성격을 이해하는 작업이 된다.

먼저 선승 범일의 행적을 살펴보고자 한다. 그의 생존 시기는 810~889년으로 80수를 누렸다. 그의 출생에 관해서는 굴산사가 위치하였던 학산리를 중심으로 탄생설화가 전해지고 있으며, 이 설화는 다분히 그의 비범성과 아울러 이곳 출신임을 강조하려는 의도가 반영되었다는 특징을 갖는다.

그는 일찍이 불문에 입문하였고, 젊은 시절에는 당나라에 유학하여 이른바 '선종불교'의 도를 얻고자 수행하였고, 귀국하여서는 당시 서울이었던 경주 근처의 백달사에 주석하면서 포교에 심혈을 기울인 것으로 파악된다. 여기서 주목되는 '선종불교'는 그의 성향을 반영하는 중요한 단서가 된다.

당시 불교에서 '선종'은 '교종'에 대비되는 개념이다. 비교하자면, 교종이 기성불교이면서 중앙 중심적이고 귀족 중심적 성격을 갖는다면, 선종은 기성불교를 비판하면서 새로이 유입되는 불교이면서 지방 중심적이고 지방사회를 이끌었던 호족과 친화적 성향을 띠고 있었던 것으로 이해된다. 이러한 선종의 이해로부터 우리는 범일선사의 성향에 대한 시사점을 얻게 된다.

그가 명주(강릉)로 들어와 굴산사를 창건하였다. 이 시기는 그의 전력에 비추어 적어도 40세를 넘어서는 시점이었을 것으로 짐작된다. 그가 굴산사를 이곳 명주에 창건하였다면, 그것은 다름 아닌 지역토호들과의 친화성을 보여주는 것이며, 나아가 이곳 주민들의 삶의 고달픔을 위무하고 선도하는 역할이 있었음을 시사한다고 하겠다.

그는 40여 년 동안 굴산사에 주석하면서 사세를 확장시켜 갔다. 특히 주변에 있었던 기존의 사찰들을 선종으로 개종시킨 것으로 파악된다. 지금의 상원사와 월정사가 그러하고 낙산사와 건봉사가 그러하다. 과히 금강산으로부터 울진 평해에 이르는 동해안 지역 전역에 굴산사의 사세가 확장되고 있었다. 이러한 양상은 지금 이곳의 모든 사찰에서 '범일선사'가 창건 내지는 중창하였다는 사실을 강조하고 있다는 점에서도 엿볼 수 있다.

더욱 주목되는 것은 범일선사에게 가르침을 얻으려는 문도들이 운집하고 걸출한 법제자들이 배출되면서 문중이 결성되었다는 점이다. 이른바 '사굴산문'이다. 신라 말엽을 경과하여 고려 초기에 이르렀을 때, 전국에는 5교 9산이라 하여 교종 계통에서 5개 문중, 선종 계통에서 9개 문중이 걸출하였다고 이해되고 있다. 사굴산문은 이 9산 중의 걸출한 문중으로 이해되고 있다. 이로써 굴산사는 사굴산문의 큰 스님을 모신 종찰로서 위상을 갖게 되었다.

우리는 굴산사와 사굴산문이 강릉지역에서 잉태되었다는 사실에 주목한다. 그리고 영동지역을 중심으로 확장된 사세를 기반으로 범불교적인 발전에 공헌하고 있다는 점도 주목하게 된다. 그것은 다름 아닌 당시까지 만연하였던 불교의 귀족적이고 중앙 중심적이었던 성향을 극복하고 보다 서민적이고 지역적인 성격을 선도하는 것이었고, 또한 그것은 고대사적 성격을 극복하고 보다 보편성을 갖춘 중세사회 불교를 지향하는 것이었다.

이 지역에서 잉태되고 기반을 둔 불교문화가 시대적 과제를 극복하면서 새로운 시대 즉 중세사회를 열어가는 역할을 이행하였다는 사실을 재삼 강조하고자 한다. 그리고 시대적 과제를 극복하는 소명을 다하였음인가? 지금은 사찰은 소실되고 사지로 남아 있을 뿐이다. 고려 말엽에 소실된 이후 중창의 역사가 없었다. 다만 당간지주와 미륵불, 부도탑, 철불, 법당터 등이 남아 그

옛날 웅장하였던 굴산사의 위용을 전하고 있다.

② 강릉단오제와 관련성

강릉단오제와 사굴산문과의 관련성은 단오제의 주신이 '범일국사'라는 사실로 자명해진다. 선가가 입적한 이후 어느 시점에서 성황신으로 추대되었을 것이고, 그 시기는 성황제가 이 지역에 이입되는 시기로 설정될 수 있다. 그리고 이 같은 단오신의 설정은 당시 강릉지역을 이끌었던 토호들의 주도적 역할로 가능할 수 있었다고 하더라도 그것은 역시 보다 서민적 친화성에 담보하고 있는 것이라고 보아야 할 것이다. 결국 단오 주신의 설정은 '범일국사'에 대한 서민들의 친화적 성향에 뿌리를 두고 있다고 할 것이다.

혹자는 단오제의 주신이 '김유신' 장군이라고도 한다. 이러한 주장은 김유신이 이곳 강릉지역에서 전쟁을 수행한 역사적 사실을 그 배경으로 주목하고 있으며, 보다 직접적인 근거로서는 조선 중기에 교산 허균이 남긴『성소부부고』에 적기된 기사를 앞세우고 있다. 그러나 이러한 주장은 개연성을 상실하고 있으며, 무엇보다 허균이 활동하였던 시기의 사회적 특성을 외면하고 있다는 점에서 그러하다.

이 시기의 성황제는 국가 사전에 등록된 제의로서 관주도형을 춘추에 정기적으로 치제되었고 단오제는 이른바 '별제'로 5월에 치제되었다. 이러한 상황에서 선승 범일을 주신으로 앞세우기는 어려웠을 것이다. 더욱이 국가에서는 위패만을 인정할 뿐, 신에게 부여되는 작위나 그 어떤 신상도 게시하지 못하게 규제하고 있었다. 이러한 상황에서 잠시 국사성황의 신체에 혼돈이 있었던 것으로 보아야 할 것이다. 이런 점에서 강릉국사성황제의 주신은 분명 인물신으로 선승 범일이고, 현재에도 그러하듯 인물신으로 김유신은 대관령 산신으로 설정하는 것이 바른 이해라고 할 것이다.

그리고 이러한 시대를 경과하여 조선 후기에 이르러 강릉국사성황제는 이른바 '읍사'를 장악한 세력에 의해 선승 범일이 인물신으로 다시 앞세워지게 된다.

(4) 강릉 읍치의 대성황사

① 읍치 공간의 특성

읍치는 도시의 중심지로서 대개는 읍성으로 에워싸인 공간이다. 지금의 행정편제에서 성내동이 대개는 이 공간이며, 성북동·성남동·서문리·남문동 등의 행정편제는 읍성을 중심으로 그 주변지역 공간이 된다.

이 공간에는 관아 즉 관청건물이 집중적으로 배치되어 있다는 특징을 갖는다. 예컨대 지방장관인 수령의 집무처인 동헌과 칠사당을 비롯하여 6방 관속의 집무처인 작청 등이 배치되어 있으며, 전패를 모시면서 다른 한편으로 사신들의 숙소로 이용된 객사가 배치되어 있다. 또한 행정실무를 담당하는 아전과 향리들의 마을이 형성되어 있다. 현재 강릉지역에 전해지는 칠사당과 다시 복원된 객사는 그 주요 건물이며, 국보로 지정된 객사문은 객사의 대문이었다.

이렇듯 읍치는 중앙의 조정과 연결되는 창구적 역할을 하는 공간이며, 관권을 상징하는 권력의 공간이었다. 이러한 성격의 공간을 장악하는 세력도 시대에 따라 변모되어 왔다. 중앙의 지방 지배력이 상대적으로 약했던 고려시대에는 대개 지방의 토호들이 이 공간을 장악하였고, 중앙 집권력을 강화하였던 조선시대에는 수령권이 이 공간을 장악하였다고 볼 수 있다. 그리고 조선 후기에 이르러서는 관권을 전제로 하여 행정실무를 담당하는 향리세력이 이 공간을 장악해 갔다.

읍치 공간을 장악한 세력을 주목하는 것은 그들이 지방사회 운영의 주도적 입지를 갖게 된다는 점에서이다. 지방사회 여러 세력집단 간에 역학관계를 살필 수 있는 단서가 이로부터 확보될 수 있다는 점이다. 그리고 이 주도세력의 성향은 곧 지방사회 운영의 결정적인 변수가 될 수 있다는 점에서

이다.

② 읍치의 성황사

읍치 공간에는 성황사가 건립되어 있다. 이곳에 성황사가 설치되는 시기는 조선 초기이다. 물론 성황제는 대관령의 성황사를 중심으로 이미 고려시대부터 치제되어 왔지만, 읍치 공간에 성황사가 설치되는 시기는 조선 초기이다. 이것은 조선 국가의 제사정책에 따른 것이었다.

조선은 성리학을 지도이념으로 수용하였고, 이 국가이념을 지방사회에까지 정착시키는 것은 국가의 권력기반을 안정시키기 위한 과제였다. 이를 위해 지방사회에 만연하였던 각종 제사행위를 음사로 강력하게 규제하였고, 이를 통해 여러 세력집단의 자의성을 배제함으로써 중앙 집권력을 강화하려는 시도였다.

이러한 과정에서 지방사회에 가장 보편적으로 자리 잡고 있었던 성황제는 인정되고 있었다. 다만 그 제의는 지방장관이 주재하는 관주도형으로 규정되었고 춘추에 정기적으로 치제하도록 규정되었다. 이것은 그간에 치제해온 지방토호들의 역할을 부정하는 것이었다. 결국 이러한 정책에 따라 읍치 공간에 성황사가 설치되었던 것이다.

강릉지역에서 이 읍치 공간의 성황사는 '대성황사'로 불리며, 현재 강릉 KBS 방송국의 자리에 있었던 것으로 확인된다. 그리고 이 성황사가 우리가 주목하는 강릉단오제의 성황제가 치제되는 공간이다. 그리고 이 성황사는 도시 전체를 포괄하는 의미를 담고 있으며, 이 점은 국가 단위의 성황사나 마을 단위의 성황사와 구분되는 점이라 하겠다.

강릉단오제는 조선 후기 즉 영조 때에 이르러 선승 범일을 단오제의 주신으로 모시는 형태가 다시 자리 잡게 된다. 즉 조선 초기 이래로 국가의 규제에 직면하여 혼돈상태에 빠졌던 주신의 형상이 바로 세워지고 있다. 여기에는 당시 읍치 공간을 향리세력이 장악하고 있었고, 읍치의 성황제는 향리세력의 수장급인 호장세력이 주관하고 있었다. 결국 이 호장층에 의해 고려시대의 제의의 모습이 계승되고 있음을 시사한다.

이렇듯 단오제의 복원은 호장층에 의해 주도되었고, 여기에는 이들 호장층의 애환이 담겨 있다. 즉 이들은 읍치를 장악한 세력으로 성장하였지만 자신들의 신분이 '중인'이라는 한계를 가지고 있었다. 이들은 지적 능력이나 경제적 능력에서 양반층과 다를 바 없는 수준을 유지할 수 있었지만, 중인이라는 신분적 한계는 더 이상의 발전을 저해하는 요인이 되고 있었다.

이러한 상황에서 이들이 주목한 것이 지역문화의 전통이다. 예컨대 강릉단오제를 주목하였고, 미타존불도를 주목하였다. 그리고 이러한 인식은 조선시대를 뛰어 넘어 고려시대에까지 소급되고 있다는 특징을 갖는다. 강릉단오제와 미타존불도의 전통이 이미 고려시대부터 이어져 왔음을 인식하고 있다는 의미이다.

이러한 인식은 다분히 자신들의 신분적 한계를 해소하려는 의도를 띠고 있었다. 좀 더 구체적으로 말하자면, 고려시대에는 중인이라는 신분층이 존재하지 않았다는 인식 하에 비록 자신들의 신분이 중인이지만, 고려시대 자신들의 조상은 중인이 아니었고 더욱이 양반층과 다름없는 지역의 토호였음을 강조하려는 의도를 담고 있다.

이러한 자신들의 출자의식에 근거하여 현재의 자신들의 신분적 한계를 극복해 보려는 것이었고, 그것은 구체적으로 고려시대의 전통을 자신들이 재현하고 그 역할을 자임함으로써 그 시대의 위상을 확보하려는 시도였다고 할 수 있다. 요컨대 중인층의 출자의식에 근거하여 강릉단오제는 강릉의 문화전통으로 인식되었고, 문화전통을 재현함으로써 그 시대 자신들의 선대의 위상을 빌어 현재의 자신들의 사회적 입지를 제고하려는 시도였다고 할 수 있다.

결론

강릉단오제는 나말여초의 사회변화 속에서 형성되는 것으로 이해하였다. 이러한 시기 설정은 성황제를 어떻게 볼 것인가? 어떤 형상을 성황신으로 모셨는가?라는 문제의식에서 비롯된 결과이다. 이러한 과제를 풀어가기 위해 성황제의 보편성과 지역성을 주목하려는 시각을 견지하였다.

먼저 나말여초에 전국 여러 지방에서 성황제가 파악되며, 성황제는 지방 공동체적 성격을 지니는 것으로 파악된다. 이러한 양상은 성황제의 보편성으로 이해된다. 그리고 지방사회의 보편적인 성황제에서 성황신의 형상은 다양하다. 이 점에서 성황신의 신체인식은 그 지방의 지역성 내지 특수성을 이해하는 단초가 된다. 지방공동체적 성격을 지닌 성황제이기에 성황신의 신체인식은 지방사회 주도세력의 성향과 불가분의 관계임을 인지하게 된다. 따라서 성황제의 신체인식은 그 지방의 주도세력의 성향과 맞물려 있다. 이러한 시각에서 강릉단오제는 나말여초에 형성되는 것으로 이해된다.

이 시기 강릉지방의 주도세력은 '명주호족'이다. 이들은 선승 범일을 초빙하여 이념적 성향을 보강하면서 자신들의 정체성을 정립하면서 이 지방의 지정학적 입지를 확보해 나갔다. 그리고 명주호족의 성장은 이 지방 선종 불교의 본산인 굴산사의 사세확장과 병행되었다. 명주호족은 영동지방을 아우르면서 독자적인 지방 세력으로 성장하였고, 굴산사는 영동지방을 아우르는 사세를 확보하면서 이른바 사굴산문을 형성하였던 것으로 파악된다.

후삼국이 정립되는 시기에 명주호족은 한반도의 새로운 중심세력으로 성장하는 다른 지방의 호족세력과 합종연횡을 모색하였다. 일차적으로 명주호족은 원주에서 발흥하여 강릉지방의 지원을 모색하였던 견훤 세력과 연합하여 그가 태봉국을 세우는데 견인차 역할을 하였고, 그가 실각한 이후 개성지방의 호족세력이었던 왕건 세력과 연합하였으며, 왕건이 후백제를 제압하고 후삼국을 통일하여 고려를 개국하는데 동참하였던 사실이 파악된다.

이 무렵 명주호족과 개성호족 간에는 전쟁에 출정, 사성, 왕실과 혼인, 신왕조에 출사 등으로 친화적인 사례들이 구체적으로 파악된다. 그리고 명주호족의 이러한 동향은 자신들과 이 지방사회의 명운을 걸었던 것으로 지방사적 의미를 가지며, 아울러 이 시기 대관령은 강릉지방 제일 관문으로서 특화된 의미를 가진다. 또한 이 무렵 명주에서 동원경으로 읍호가 승격되었고, 이 사실은 통일을 이룬 고려 조정의 명주호족에 대한 화답이었다고 한다면, 읍호가 승격되면서 이 지방의 중심지인 읍치를 이전하여 관아를 정비하는 모습은 자신들이 주도하여 격변기를 발전적으로 이끌었던 성과를 담아내는 기념비적 사업으로 의미를 갖는다.

이 같은 격변기에 강릉단오제의 정수가 잉태되는 것으로 파악된다. 즉 성황제의 치제 공간 즉 성황신의 상주처로 대관령이 설정되었고, 성황신은 인격신으로 선승 범일국사로 설정되었다. 이 성황제의 치제 주체는 명주호족과 그 후예들이었다. 이들 중 일부 세력은 왕경으로 출사하였고, 또 일부 세력은 사성을 받아 왕족에 준하는 사회적 지위를 누렸다. 그리고 범일·개청스님은 국가로부터 통효·낭원대사라는 시호를 받았다. 또한 낭원대사의 부도탑과 탑비에도 오진이라는 시호가 내려졌고, 탑비의 비문은 국가적인 차원에서 찬술되고 각자되었다.

이 시기에 강릉지방의 '미타존불도'는 향도회로서 주목된다. 이 향도회의 리더들은 역시 명주호족과 그 후예들이었고, 이들이 리드하는 향도회에는 지방사회의 상하대소민이 함께 참여하는 것이었고, 그것은 곧 지방 공동체적 성격을 갖는 향도회였던 것이다. 이러한 상황에서 성황신을 인격신으로 범일국사를 설정하는 것은 자연스러운 일이었다고 하겠다. 더욱이 명주호족이 고려의 통일을 위한 마지막 전투인 일리천 전투에 출정하면서 대관령에서 치제하였고, 이를 배경으로 김순식과 왕건 사이에 주고받는 대화에서 특별한 스님이 현몽하였다는 신비스러운 꿈의 이야기를 성황신이 잉태되는 모티브로 본다면 강릉단오제에서 인격신으로 범일 스님이 설정되는 것은 자연스러운 현상이었다고 할 수 있다.

이러한 점에서 강릉단오제는 과도기의 혼돈을 발전적으로 이끌어 낸 명주 호족의 업적과 공적을 기념하는 의미를 가지며, 나아가 그 후예들 역시 선조들의 업적을 되새기면서 이에 의탁하여 자신들의 토호로서의 입지를 재창출하는 의미를 가진다고 하겠다. 요컨대 지방사회의 발전과 비전을 담보하면서 자신들의 입지를 재생산하는 교화적 성향을 가진 성황제를 구심체로 삼은 강릉단오제의 모습이다. 그리고 여기에 강릉단오제의 장기 지속적인 치제의 원동력이 있다고 하겠다.

강릉단오제는 전승제의로서 여말선초에 이르러 새로운 변화에 직면하게 된다. 고려 말엽에 수용된『홍무예제』에서 성황제의 예제가 제시되었고, 이것은 조선 건국의 벽두에 성황제 의례화 정책으로 이어지고 있다. 신왕조의 건국이념을 구현하려는 정책으로 전승제의로서 성황제는 비록 인정되기는 하였지만, 그동안의 치제 관행은 전면적으로 부정되었다.

조선 초기의 성황제 의례화 정책은 먼저 수령이 치제주체가 되며, 제반 신상과 작호를 혁거하고 신주로 위패를 두며, 치제는 춘추로 정례화하며, 읍치에 성황사를 설치하는 것이었다. 이러한 양상은 전국 각 지방의 성황제를 획일화하려는 의도를 가진 것이었으며, 이를 통해 건국이념으로 수용된 성리학의 의례를 지방사회에 보급하고, 아울러 중앙집권적인 정치질서를 구현하려는 성향을 가진 것이었다. 강릉단오제 역시 이러한 규제에서 예외일 수는 없었던 것으로 파악된다.

이 무렵 강릉지방 사부들은 불교를 좌도로 규정하고 그동안 자신들이 주도하였던 향도회로서 미타존불도의 승계를 포기하는 경향을 보였다. 이른바 태종과 세종대를 경과하면서 대대적인 억불책이 시행되면서 지방사회의 주도세력이 조정의 정책에 편향된 자세를 견지하였던 것이다. 이러한 상황에서 강릉단오제는 예전의 모습으로 치제될 수 없었던 것으로 파악되었다. 지방사회 주도세력으로서 사부들은 조정의 정책을 수용하면서 성황제에 미온적인 자세를 취하였고, 수령 즉 관주도적인 치제로 규정된 성황제는 수령을 보좌하는 향리세력의 정례적인 업무가 되어 간 것으로 파악된다.

비록 전승제의로서 성황제의 모습이 일시에 혁거된 것은 아니었지만, 읍치의 성황사가 전국에서 획일적으로 파악되는 것은 조정의 의례화 정책이 일정하게 관철되어 간 것으로 이해되었다. 이로써 강릉지방에서는 읍치의 성황제가 춘추로 정례화되었다고 보여진다. 다만 이로써 전승제의로서 성황제가 폐지된 것은 아니었다. 이른바 강릉단오제는 춘추로 정례화된 성황제와 구별되는 별제로서 계승된 것으로 파악된다.

이러한 변화에서 특별히 주목되는 것은 치제공간과 성황제의 신상문제이다. 조선 초기 이래로 지속적으로 추진된 성황제 의례화 정책에 따라 읍치공간에 성황사가 건립되었다. 읍치 공간의 성황사가 치제공간으로 설정되면서 응당 혁거대상이 되었어야 할 대관령의 성황사가 여전히 존치되고 있다는 점이다. 이러한 양상은 국가의 규제에도 불구하고 그동안의 관행이 쉽게 불식되지 않았음을 시사하며, 여기에는 그것을 주도하는 향리세력의 성향과 무관하지 않은 것으로 이해된다.

그러나 이러한 관행에도 불구하고 신상에는 변화가 있었음이 파악된다. 강릉단오제의 주신의 신체는 인격신으로 범일국사였으나, 조선 전기에 신라장군 김유신으로 치환되는 사례가 파악되고 있다. 이러한 신체인식의 변화는 국가의 이념정책에 영향을 받는 것으로 파악된다. 즉 강력하게 추진되었던 국가의 억불정책이 추진되는 상황에서 인격신으로서 범일국사를 앞세우기는 어려웠던 데서 비롯되는 것으로 이해되었다.

이로써 조선 전기의 강릉단오제는 별제의 형태로 전승되었음을 파악할 수 있다. 이 별제로서 강릉단오제는 국가의 의례화 정책에 따라 춘추로 정례화된 성황제와 병행되었다고 볼 수 있다. 이러한 상황에서 춘추 성황제는 관제화된 교화적 성격을 갖는다면, 별제로서 강릉단오제는 대관령 성황사와 읍치의 성황사를 연결하는 형태에서 서민들이 동참함으로써 주민의 결속과 지방사회의 안녕과 발전을 모색하는 전승제의로서 성격을 지니는 것으로 이해된다. 다만 두 가지의 성황제가 모두 호장을 위시한 향리세력이 주관하는 치제였다는 점에서 그 의례는 성리학에 입각한 의례가 정착되어 갔다는 점에서 그 의미를 가진다고 보겠다.

강릉단오제는 조선 후기에 이르러 새롭게 정립되는 것으로 파악된다. 이 시기에도 강릉단오제는 여전히 대관령 성황사에서 영신하여 읍치 성황제로 치제되었다. 그런데 이 시기 성황신의 신체로 범일국사가 파악된다. 조선 전기에서 신라장군 김유신이 신상으로 설정되었으나, 이 시기에 이르러 범일국사가 신체로 설정되고 있다. 이러한 신체인식의 변화에는 당시 강릉단오제를 주재하였던 수리 즉 호장을 비롯한 향리세력의 성향이 투영되는 것으로 파악된다.

이 시기 호장을 비롯한 향리세력의 성향은 '미타계' 자료에서 파악할 수 있다. 미타계는 이 지방 보현사의 향도계였으며, 이른바 미타존불도 관행의 계승을 표방하면서 조선 후기 향리세력의 주도로 중창되었다. 이들은 호장의 직무처인 부사에서 미타계의 구첩을 발견하면서 미타존불도의 존재를 인지하게 되었고, 이것은 조선 후기에 미타계가 중창되는 계기가 되었다.

이 계첩이 발견되면서 몇 가지 사실을 인지하게 되는 것으로 파악된다. 먼저 조선 초기 이 지방 사부들이 불교를 좌도로 규정하고 그동안 자신들이 주도하였던 향도회인 미타존불도의 승계를 포기하고 있었다는 점이다. 이 점은 조선 건국 초기 국가의 이념정책에 경도되어 가는 이 지방 사부들의 모습으로 이해되며, 이로써 일부 서민들을 중심으로 향도회가 잔존하였으나 침체되었다는 사실이다. 다음으로 미타존불도는 나말여초 이래로 전승되어 온 향도회였으며, 상하대소민이 동참하였던 향도회의 중심세력은 이 지방의 읍치를 주도하였던 향리들이었다는 점이다. 다음으로 미타계는 이 지방 보현사의 향도회였으며, 보현사의 전신은 고려 초기 낭원대사가 창건한 지장선원이었고, 낭원대사는 나말 굴산사를 창건한 통효대사 범일이었다. 이로써 미타존불도는 통효대사와 낭원대사 이래로 이 지방 공동체적 성격을 갖는 향도회였음을 인지하게 되었다는 점이다.

이러한 사실을 인지한 조선 후기 향리세력은 미타존불도의 관행을 표방하면서 미타계를 중수하였다. 이들은 이 향도회의 관행을 선조들이 세워 놓은 이 지방의 전통과 풍속으로 인식하였고, 그것을 계승하는 것은 후손된 자들의 마땅한 도리로 인식하였다. 또한 이들은 호장의 집무처인 부사를 중창된 미타계의 주인으로 설정하고 있다. 이 점은 구첩이 부사와 사찰에 각각 1부씩 보관되었다는 사실과 이제 새로이 중창된 미타계의 계첩 역시 사찰과 부사에 1부씩 보관하고 있다는 점에 근거를 두고 있다. 이러한 양상은 향리세력 자신들이 미타계를 주도하는 역할을 자임하고 있음을 의미한다. 이들은 미타존불도가 고려시대 읍치 세력이었던 향리들에 의해 주도되었다는 사실을 인지하였고, 이제 조선 후기에 이르러 자신들이 읍치 주도세력이라는 출자의식에 근거를 두고 미타계의 중창과 운영을 자임하고 있음을 반영하는 것이었다.

조선 후기 향리세력의 이러한 성향은 강릉단오제에 투영되는 것으로 파악된다. 이 점은 강릉단오제는 호장을 비롯한 향리세력이 주재하였다는 사실에 근거를 두고 있으며, 아울러 이 시기에 이르러 통효대사 범일국사가 강릉단오제의 주신으로 설정되고 있다는 사실에 근거를 두고 있다. 이러한 양상은 조선 전기에 신라장군 김유신을 주신으로 설정하여 치제되던 양상과 비교된다. 강릉단오제의 이러한 신체인식의 변화는 그 주재세력이었던 향리세력의 성향에서 비롯되는 것이었으며, 그것은 미타계의 중수를 주도하였던 향리세력의 성향과 맥을 같이하는 것이었다. 이들은 미타존불도의 관행을 이 지방의 전통과 습속으로 이해하고, 이것을 재현하는 것을 자신들의 역할로 자임하고 있었다.

조선 후기 강릉단오제는 신체인식의 변화와 맞물린 연희가 연출되는 것으로 이해된다. 강릉단오제에서 국사여성황이 설정되는 혼배의식과 관노가면극, 그리고 강릉농악이 활성화되는 것으로 파악된다. 이 지방 정씨 일가의 규수가 호환을 당하였다는 상황설정을 배경으로 연출되는 범일국사와 국사여성황의 혼배의례는 주신이 범일국사라는 신체인식을 전제로 연행되고 있다. 한 해 동안의 농사일정을 형상화한 강릉농악과 관아에 소속된 관노를 동원하여 양반사회의 모순을 희화한 관노가면극에서 성황제가 연출된다. 이러한 양상들은 강릉단오제 주신의 신체인식의 변화와 맞물려 연출되는 연희로 파악되며, 여기에는 신체인식의 변화를 고착시키려는 주재집단의 성향과 향리세력의 중간계층으로서의 성향이 투영되는 것으로 파악된다.

이로써 강릉단오제는 조선 후기에 이르러 재정립되는 것으로 이해된다. 여기에는 예전의 모습을 복원하려는 복고적인 성향이 없지 않지만, 미타계의 중창이 그러하듯 남녀노소와 상하대소민이 동참하는 사회조직을 이끌어 내고 있다는 향리세력의 성향이 시대적 특성으로 반영되고 있다. 이러한 특성은 강릉단오제에서도 동일하게 나타나고 있다. 즉 혼배의례와 관노가면극, 그리고 강릉농악 역시 남녀노소와 상하대소민이 함께하는 연희의 장이었으며, 여기에 양반사회의 모순을 희화하여 담아냄으로서 향리세력의 중간계층적 성향이 투영되고 있다.

이러한 양상은 이 지방의 전통과 습속에 의탁하여 서민층을 포용하는 역할을 자임하면서 자신들의 입지를 강화하려는 향리세력의 시대적 성향이라는 점에 그 의미를 둘 수 있다고 하겠다. 그리고 여기에는 이 시기에 만연되는 문중의 결성과 족보의 편찬과 같은 혈족의 의식이 함께 투영되는 것으로 볼 수 있으며, 이 점은 차후의 과제가 될 수 있다고 본다.

참고문헌

『江陵鄕賢祠12先生行錄』

『高麗史』

『高麗史節要』

『關東邑誌』

『關東誌』

『廣輿圖』

『東原世稿』

『梅月堂集』

『彌陀契座目』

『四佳集』

『惺所覆瓿藁』

『新增東國輿地勝覽』

『輿地圖書』

『臨瀛誌』

『朝鮮王朝實錄』

『海東古地圖』

강릉고적보존회, 『증수임영지』, 1933.

강릉문화원, 『강릉 명주의 근대 풍물』, 1992.

강릉문화원, 『江陵端午祭白書』, 1999.

강릉시 · 강릉문화원, 『강릉단오제 유네스코 세계인류구전 및 무형유산 걸작 선정 백서』, 2006.

강원문화재연구소, 『강릉 성내동 11-1번지 유적발굴조사 보고서』, 2006.

강원문화재연구소, 『강릉 임영관지』, 2008.

강원문화재연구소 · 강릉시, 『강릉 관아지』, 2005.

고석규, 『19세기 조선 향촌사회연구』, 서울대학교출판부, 1998.

관동대학교박물관, 『강릉 명주산성-지표조사 보고서-』, 2009.

관동대학교 영동문화연구소, 『영동지방금석문자료집』 1, 2, 1984.

국립민속박물관, 『한국 민속문화의 탐구』, 민속원, 1996.

국사편찬위원회, 『연희, 신명과 축원의 마당』, 국사편찬위원회, 2006.

권소정, 「江陵端午祭와 梵日國師」, 동국대 대학원 석사학위논문, 2005.

金杜珍, 「新羅下代 堀山門의 형성과 그 思想」, 『省谷論叢』 17, 1986.

金泰坤, 「서낭 堂 硏究」, 『漢坡李相玉博士回甲論叢』, 1970.

김경추, 「삼척읍성에 관한 연구-입지와 공간구성을 중심으로-」, 『지리학연구』 40-3, 국토지리학회, 2006.

김동식 · 김태영, 「청주읍성 관아공해고」, 『건축역사연구』 제8권 1호, 1999.

김상영, 「사굴산문의 형성과 교려 초 · 중기 전개양상」, 『범일국사 세미나 자료집』, 2007.

김의숙, 「강릉단오제 근원설화 고찰」, 『강원민속학』 16, 강원민속학회, 2002.

김인걸, 「조선후기 향촌사회 변동에 관한 연구」, 서울대 대학원 박사학위논문, 1991.

김철웅, 「조선시대의 城隍祭」, 『史學誌』 35, 단국사학회, 2002.

김필동, 「계의 역사적 분화 · 발전 과정에 관한 시론」, 『한국의 사회조직과 종교사상』, 한국사회연구회, 1990.

김헌규, 「조선시대의 지방도시 읍치의 성립과 계획원리에 관한 연구」, 『건축역사연구』 제16권 2호, 2007.

김흥술, 『강릉의 도시변천사 연구』, 경인문화사, 2015.

박경하, 「19세기 함경도 안변의 향청 · 작청 직임과 인사 관행」, 『역사민속학』 44, 역사민속학회, 2014.

방동인, 『한국의 지도』, 세종대왕기념사업회, 1985.

방동인, 『영동지방 역사기행』, 신구문화사, 1995.

방동인 편, 『嶺東地方 鄕土史硏究資料叢書』 2, 관동대학교 영동문화연구소, 1994.

안휘준, 「고려 및 조선왕조 문인계회와 계회도」, 『고문화』 20, 한국대학박물관협회,

1982.

양보경 · 민경이, 「경상북도 영천읍성의 공간구조와 그 변화」, 『문화역사지리』 16-3, 한국역사문화지리학회, 2004.

연세대학교국학연구원, 『高麗-朝鮮前期 中人硏究』, 신서원, 2001.

유재춘, 『한국 중세축성사 연구』, 경인문화사, 2003.

이규대, 「朝鮮 初期 佛敎의 社會的 實態」, 『國史館論叢』 56, 국사편찬위원회, 1994.

이규대, 「江陵 國師城隍祭와 鄕村社會의 變化-鄕吏層의 彌陀契를 中心으로」, 『역사민속학』 7, 한국역사민속학회, 1998.

이규대, 「朝鮮後期 江陵 彌陀契의 分析的 考察」, 『人文學報』 29, 강릉대학교 인문과학연구소, 2000.

이규대, 「朝鮮前期 邑治 城隍祭와 主導勢力」, 『역사민속학』 17, 한국역사민속학회, 2003.

이규대, 『조선시기 향촌사회연구』, 신구문화사, 2009.

이규대 외, 『강릉단오제의 전승과 비전』, 고요아침, 2008.

이기봉, 「조선적 지방도시로서의 권위 표현과 읍치숲」, 『문화역사지리』 제21권 제3호, 2009.

이기태, 『읍치 성황제 주재집단의 변화와 제의 전통의 창출』, 민속원, 1997.

李樹健, 『韓國中世社會史硏究』, 일조각, 1984.

李樹健, 『朝鮮時代 地方行政史』, 민음사, 1989.

이준구, 「19세기 경상도 지례현 읍치지역의 사회구성과 이족가문」, 『조선시대사학보』 2, 1997.

이준선, 「영동지역 읍치의 입지와 경관」, 『문화역사지리』 제22권 제3호, 2010.

李泰鎭, 『韓國社會史硏究』, 지식산업사, 1986.

李泰鎭, 『朝鮮儒敎社會史論』, 지식산업사, 1989.

이해준, 『조선시기 촌락사회사』, 민족문화사, 1996.

이해준 · 김인걸 외, 『조선시기사회사연구법』, 한국정신문화연구원, 1993.

李勛相, 『朝鮮後期의 鄕吏』, 일조각, 1990.

이훈상, 「조선후기 읍치사회의 구조와 제의-향리집단의 정체성 혼란과 읍치제의의 유희화」, 『역사학보』 147, 역사학회, 1995.

臨瀛誌發刊委員會, 『臨瀛江陵溟州誌』, 1975.

임종욱 역, 『천지명양수륙재의찬요』, 동해시, 2007.

임호민, 「조선조 강릉대도호부 읍성 및 관아의 조성과 특징」, 『지방사와 지방문화』 15, 역사문화학회, 2012.

장정룡, 『江陵官奴假面劇 硏究』, 집문당, 1989.

장정룡, 『江陵端午祭』, 집문당, 2003.

전경욱, 「조선시대 각종행사와 각 지방의 연희문화」, 『민속학연구』 13, 국립민속박물관, 2003.

정민, 「차를 반쯤 마시고 향을 사르다」, 『새로 쓰는 조선의 차 문화』, 김영사, 2011.

정승모, 「성황제의 민간화와 향촌사회의 변화」, 『태동고전연구』 7, 태동고전연구소, 1990.

조선총독부, 『一万分一朝鮮地形圖集成』, 柏書房, 1944.

조선총독부 편, 『생활상태조사』, 강릉, 민속원, 1998.

崔善萬, 『江陵의 歷史變遷과 文化』, 1962.

최종석, 「조선초기 '邑城' 용어 출현의 배경과 읍성의 유형」, 『동방학지』 138, 2007.

최종석, 「조선시기 진산의 특징과 그 의미 – 읍치공간 구조의 전환의 관점에서-」, 『조선시대사학보』 45, 2008.

최종석, 『한국 중세의 읍치와 성』, 신구문화사, 2014.

崔喆, 『嶺東 民俗志』, 通文館, 1972.

한국역사연구회, 『조선은 지방을 어떻게 지배했는가』, 아카넷, 2000.

한국종교사연구회, 『성황당과 성황제-淳昌 城隍大神事跡記 硏究-』, 민속원, 1998.

韓沽劤, 『儒敎政治와 佛敎』, 일조각, 1993.

한충희, 「조선초기 관아구조연구」, 『계명사학』 13호.

황루시, 「강릉단오제 설화연구」, 『구비문학연구』 14, 역사민속학회, 2002.

부 록

미타계 자료

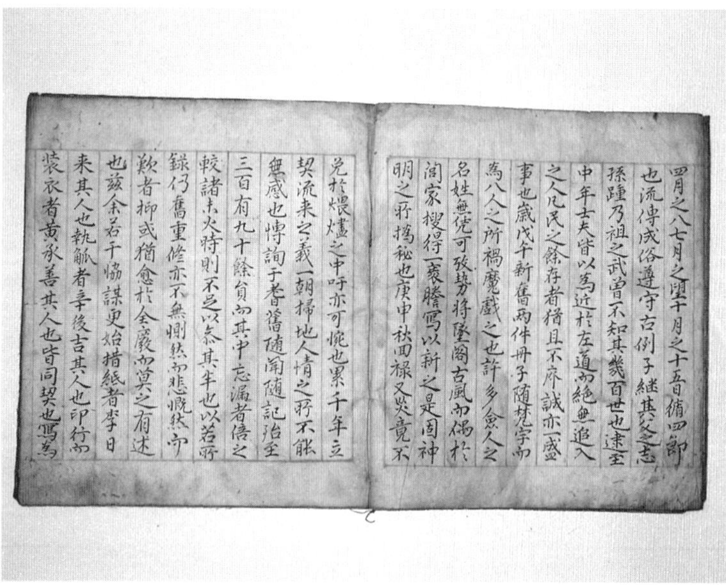

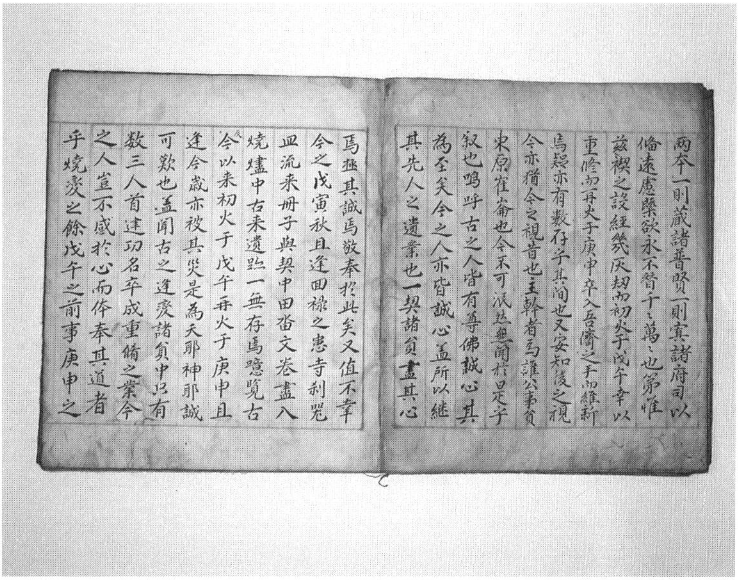

兩本一則藏諸普賢一則寘諸府司以
倫遠慮槩欲永不替千千萬萬也第唯
玆楔之設經幾灰刼而初火于戊午幸以
重修而再火于庚申卒入吾儕之手而維新
焉雖亦有數存乎其間也又安知後之視
今亦猶今之視昔也主幹者爲誰公事員
宋原在崙也今不可泯兹無前於是乎
叙也嗚呼古之人皆有尊佛誠心其
爲至矣今之人亦皆誠心盖所以繼
其先人之遺業也一契諸員盡其心

焉極其誠焉敬奉於此矣又値不幸
今之戊寅秋且逢回祿之患寺刹罷
皿流來冊子與契中田畓文卷盡入
燒燼中古來遺跡一無存焉噫覧古
今以来初火于戊午再火于庚申且
逢今歲亦被其災是爲天耶神耶誠
可歎也盖聞古之遂废諸員中只有
數三人首建功名卒成重脩之業令
之人豈不感於心而体奉其道者
乎燒痰之餘戊午之前事庚申之

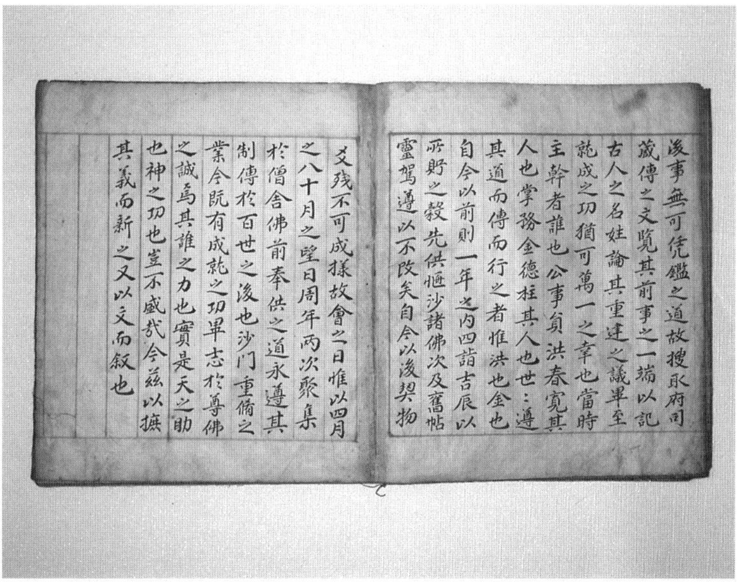

後事無可凭鑑之道故搜厥府司
藏傳之文覧其前事之一端以記
古人之名姓論其重建之議畢至
就成之功猶可萬一之幸也當時
主幹者誰也公事員洪春寛其
人也掌務金德柱其人也世世遵
其道而傳而行之者惟洪也金也
自今以前則一年之内四諳吉辰以
所貯之穀先供㝹沙諸佛次及舊帖
靈駕遵以不改矣自今以後契物

又殘不可成樣故會之日唯以四月
之八十月之望日周年兩次聚集
於僧舍佛前奉供之道永遵其
制傳於百世之後也沙门重脩之
業今既有成就之功畢志於尊佛
之誠焉其誰之力也實是天之助
也神之功也豈不感哉今玆以撫
其義而新之又以文而叙也

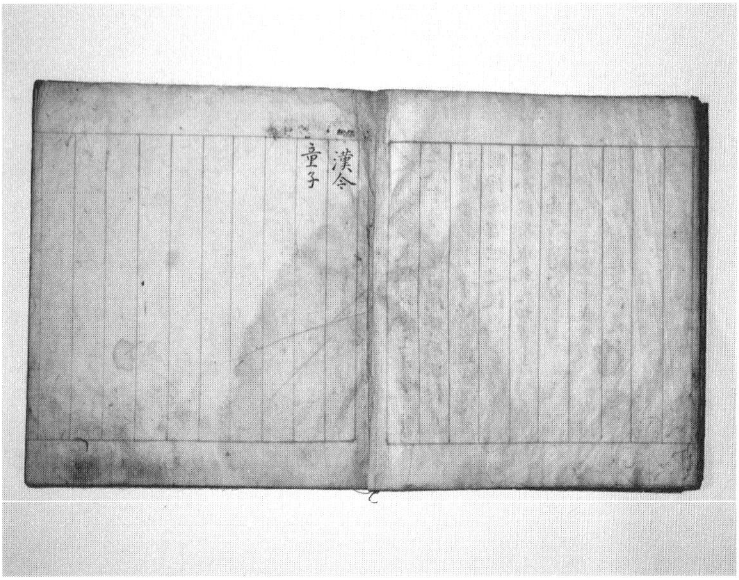
漢令
童子

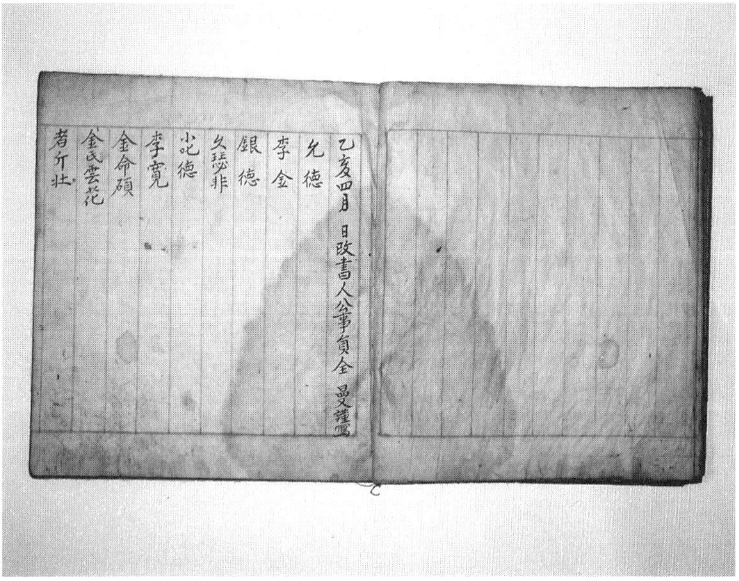
允德
李金
銀德
小叱德
李寬
金命碩
金氏雲花
者斤壯

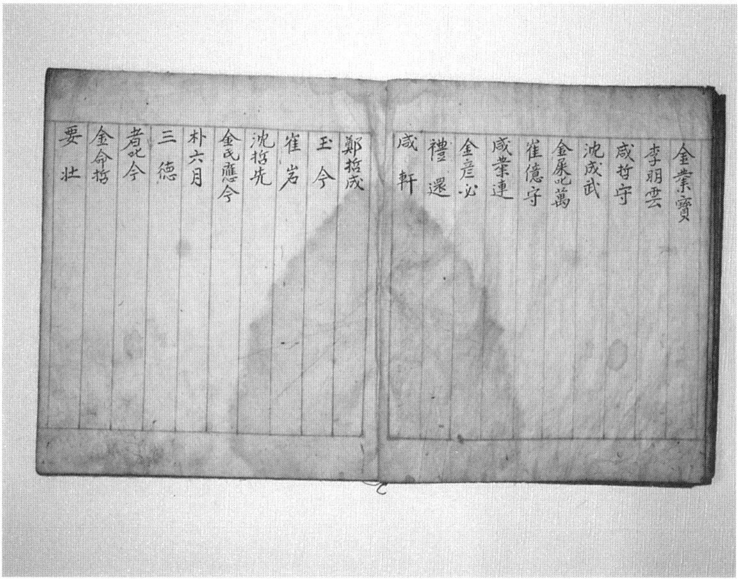

金業寶
李朋雲
咸哲守
沈成武
金屎巳萬
崔億守
咸業連
金彦必
禮還
咸軒
鄭哲成
玉今
崔岩
沈哲先
金氏應今
朴六月
三德
者巳今
金命哲
要壯

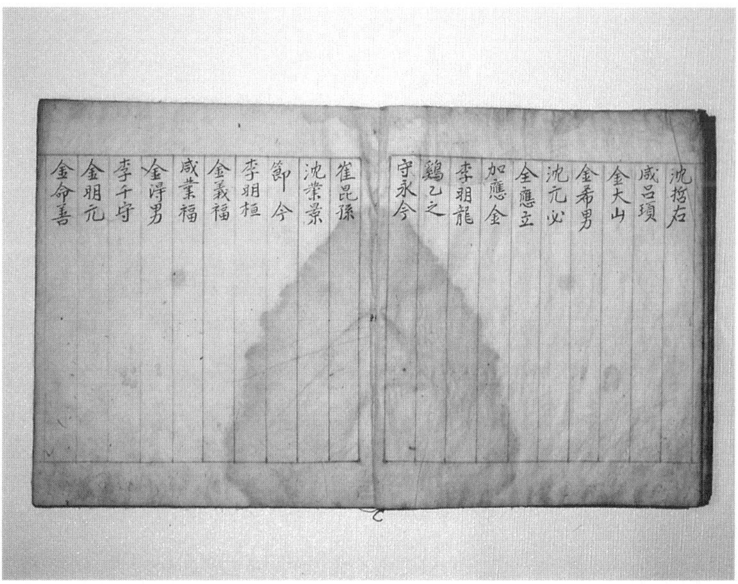

沈哲右
咸呂頊
金大山
金希男
沈元必
金應立
加應金
李朋龍
鷄乙之
守永今
崔昆孫
沈業景
節今
李朋桓
金義福
咸業福
金得男
李千守
金朋元
金命善

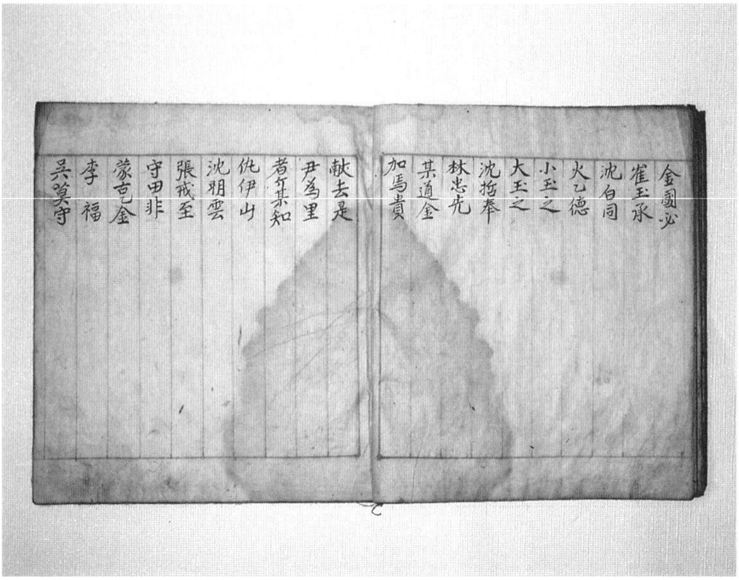
金國必
崔玉承
沈白同
火乙德
小玉之
大玉之
沈指奉
林忠先
其道金
加馬貴
猷去是
尹為里
者斤其知
仇伊山
沈明雲
張戒至
守田非
蒙芑金
李福
吳莫守

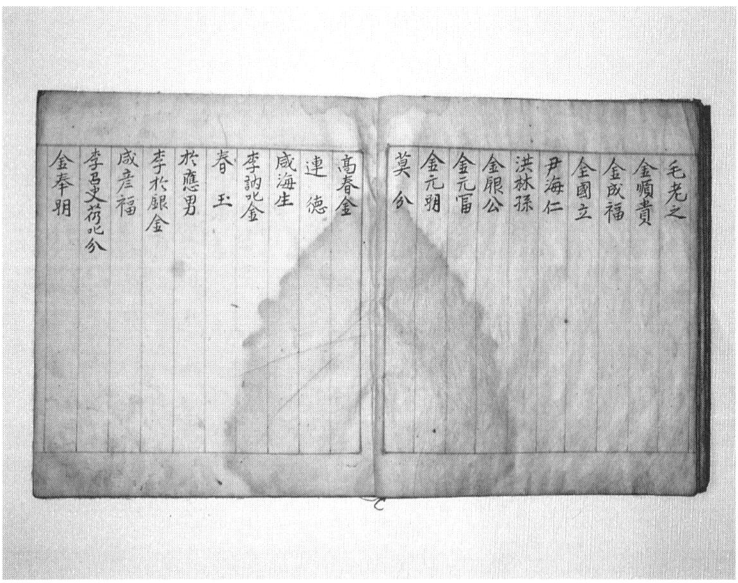
毛老之
金順貴
金成福
金國立
尹海仁
洪林孫
金根公
金元富
金元明
莫介
高春金
連德
咸海生
李訥叱金
春玉
於應男
李於眼金
咸彦福
李呂史莎叱介
金奉明

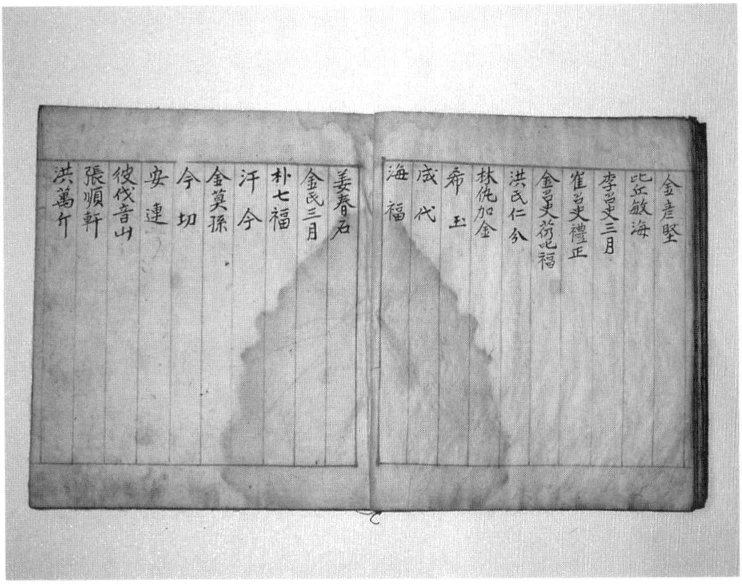

金彦堅
比丘敏海
李召史三月
崔召史禮正
金召史莳叱福
洪氏仁分
林仇加金
希玉
成代
海福
姜春石
金氏三月
朴七福
汗令
金莫孫
令切
安連
彼伐音山
張順軒
洪萬斤

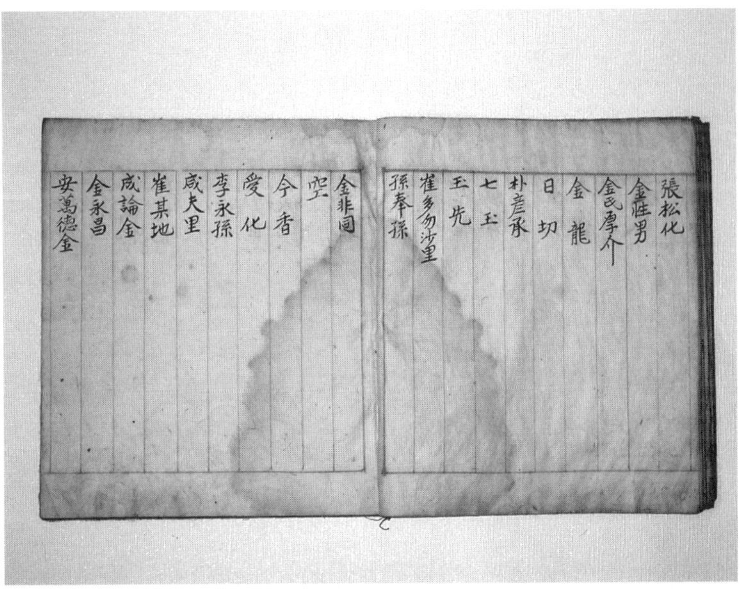

張松化
金難男
金氏厚介
金龍
日切
朴彦承
七玉
玉先
崔多勿沙里
孫奉孫
金非同
空
令香
愛化
李永孫
咸夫里
崔其地
成論金
金永昌
安萬德金

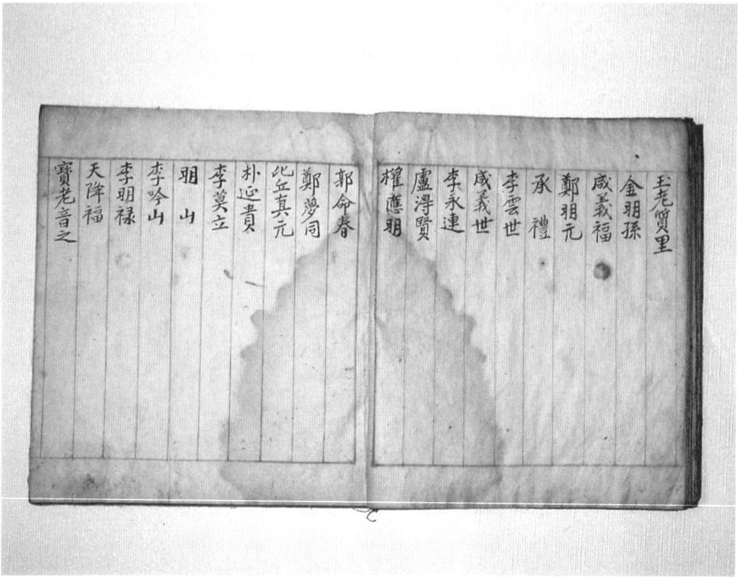

玉老買里
金朋孫
咸義福
鄭朋元
承禮
李雲世
咸義世
李永連
盧得賢
權應明
郭命春
鄭夢同
化丘真元
朴延貴
李莫立
朋山
李吟山
李明祿
天降福
寶老音之

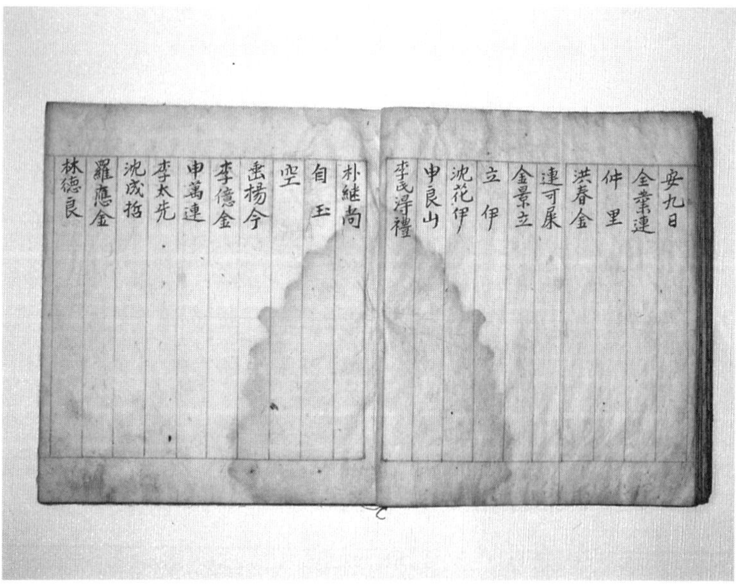

安九日
全業連
仲里
洪春金
連可屎
金景立
立伊
沈花伊
申良山
李氏得禮
朴継尚
自玉
空
盃揚今
李德金
申萬連
李太先
沈成指
羅應金
林德良

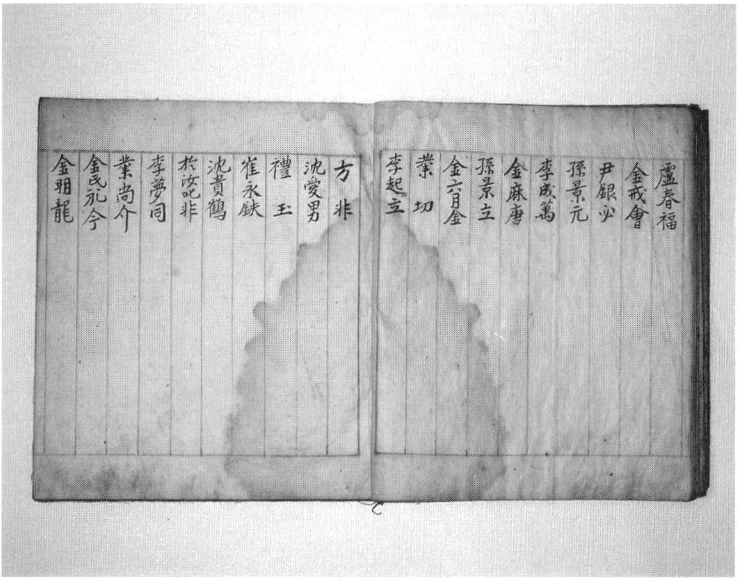

盧春福
金戒會
尹銀必
孫景元
李成萬
金麻唐
孫景立
金六月金
業切
李起立
方非
沈愛男
禮玉
崔永缺
沈貴鶴
於汝叱非
李夢同
業尚介
金氏礼今
金朋龍

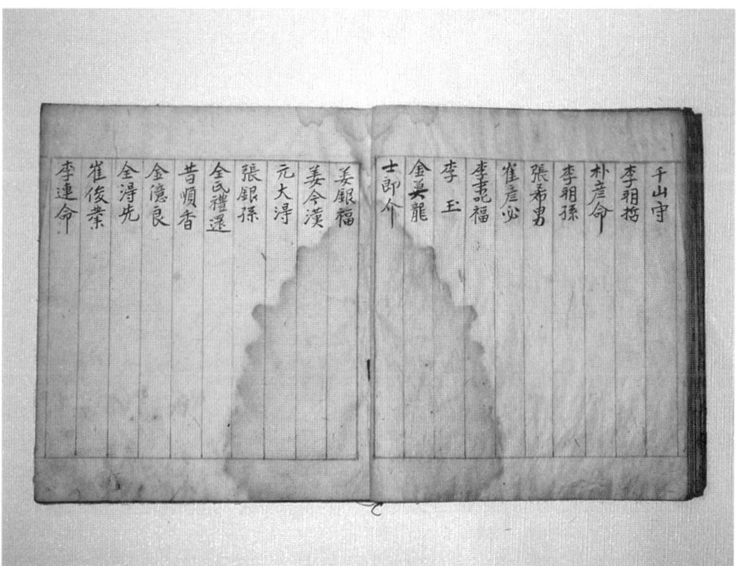

千山守
李朋拮
朴彦命
李朋孫
張希男
崔彦必
李莫叱福
李玉
金美龍
士郎介
姜銀福
姜今漢
元大淂
張銀孫
金氏禮還
昔順香
金億良
金淂先
崔後業
李連命

權槩
李金
崔景元
沈業成
崔項
伐去之
伐山
伊五之
介叱同
池可金
李永敏
朴百石
金承祖
金洛春
沈愛立
咸國成
李承朋
咸巨乙於是
汪撿伊
安朋元

金天福
李應萬
朴氏貴代
李忠雲
姜石堅
金治孫
沈巳白
咸山守
金巳孫
沈氏雲化
禹仲運
所羅音金
金禮禎
沈業男
權莫同
沈氏竹節
金氏間之
李 苍
咸應璜
咸座武

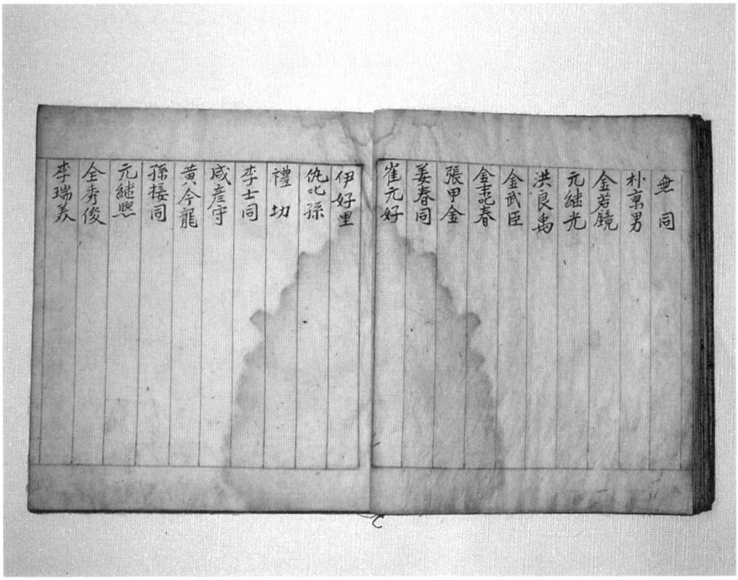
無 同
朴亰男
金若鏡
元繼光
洪良禹
金武臣
金乭春
張甲金
姜春同
崔元好
伊好里
仇叱孫
禮 功
李士同
咸彦守
黄今龍
孫接同
元繼興
金秀俊
李瑞義

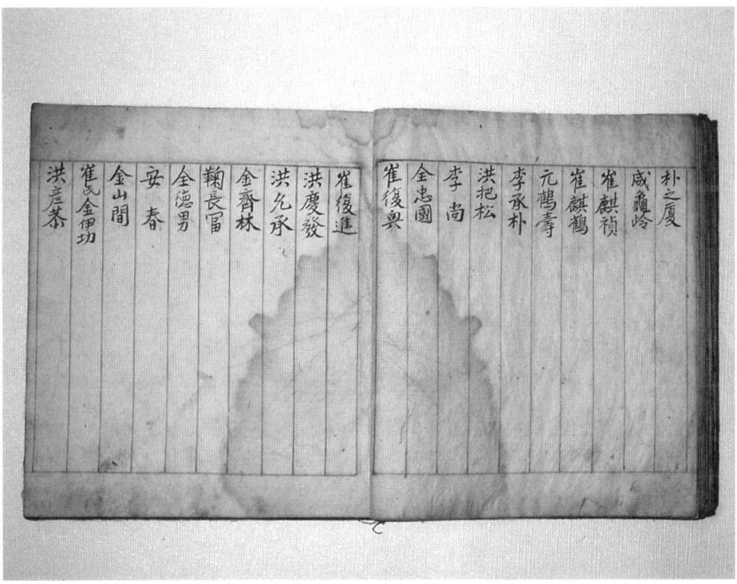
朴之厦
咸龜岭
崔麒禎
崔麒鶴
元鵠壽
李承朴
洪把松
李 尚
金忠國
崔復興
崔復進
洪慶發
洪允承
金齊林
鞠長富
金德男
安 春
金山間
崔氏金伊功
洪彦恭

金尚慶
李碩發
金仲信
崔守傑
崔淹
洪春陽
洪順興
金末守
金訖守
崔碩男
咸克諧
權仇里金
李文里福
李雲
崔鶴
嚴世
洪承京
金順己
洪良京
李尚白

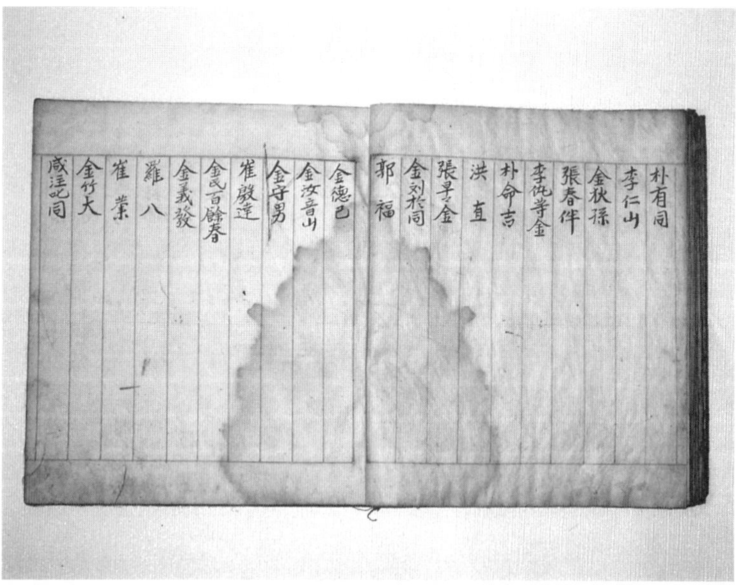
朴有同
李仁山
金秋孫
張春伴
李仇音金
朴命吉
洪直
張早金
金刘於同
郭福
金德已
金汝音山
金守男
崔發達
金乙百餘春
金義發
羅八
崔業
金竹大
咸注叱同

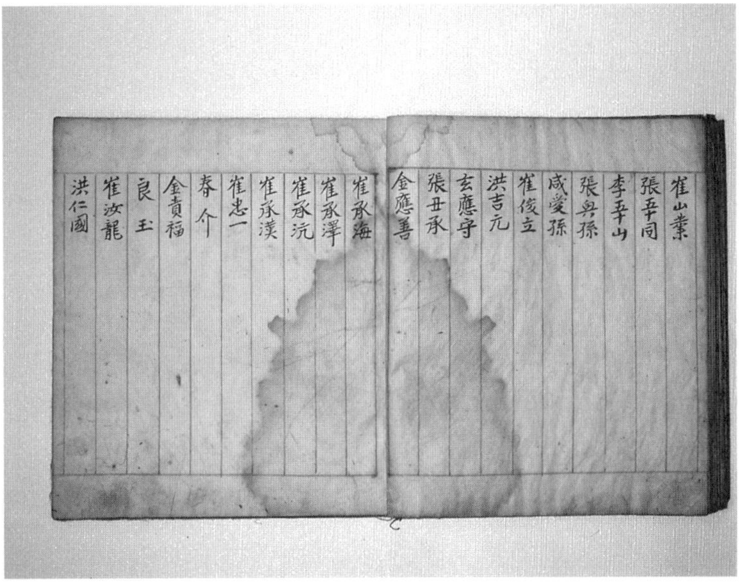
崔山業
張乭同
李乭山
張與孫
咸愛孫
崔俊立
洪吉元
玄應守
張丑承
金應善
崔承海
崔承澤
崔承沆
崔承漢
崔忠一
春介
金貴福
良玉
崔汝龍
洪仁國

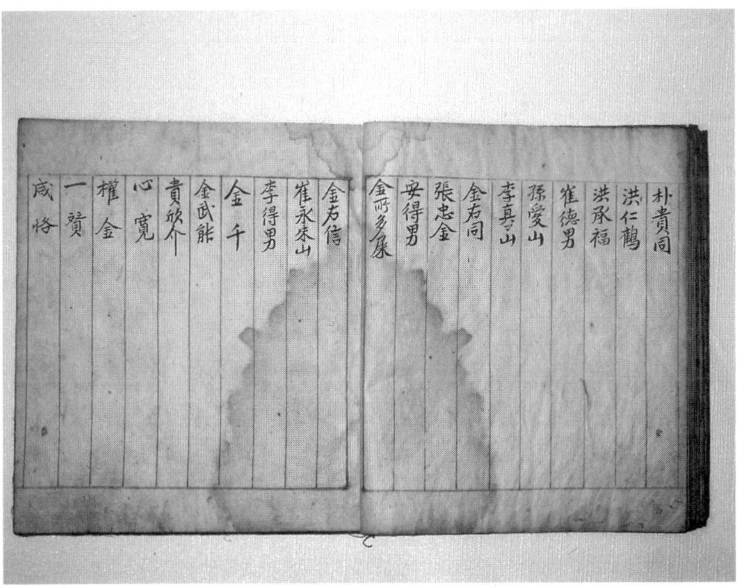
朴貴同
洪仁鶴
洪承福
崔德男
孫愛山
李真乙山
金右同
張忠金
安得男
金所多康
金右信
崔永來山
李得男
金千
金武能
貴欣介
心寬
權金
一贇
咸恪

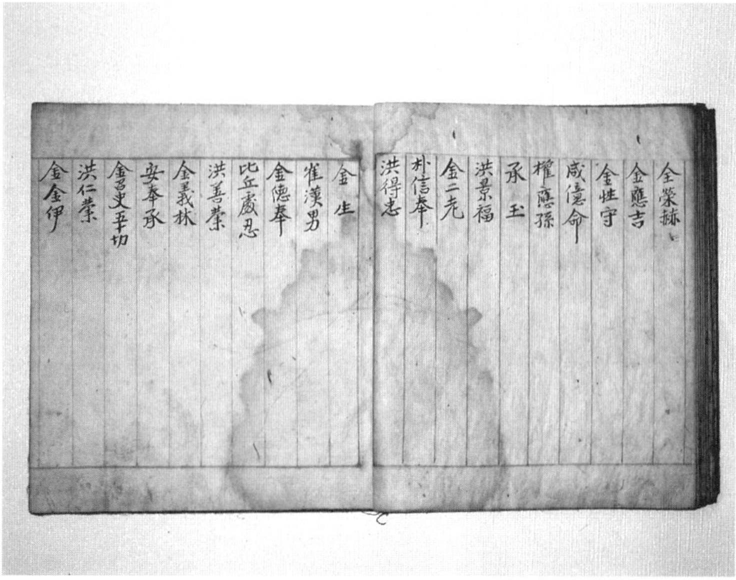
全業赫
金應吉
金性守
咸億命
權應孫
承玉
洪景福
金二光
朴信奉
洪得忠
金生
崔漢男
金德奉
比丘處忍
洪善業
金義林
安奉承
金召史平切
洪仁業
金金伊

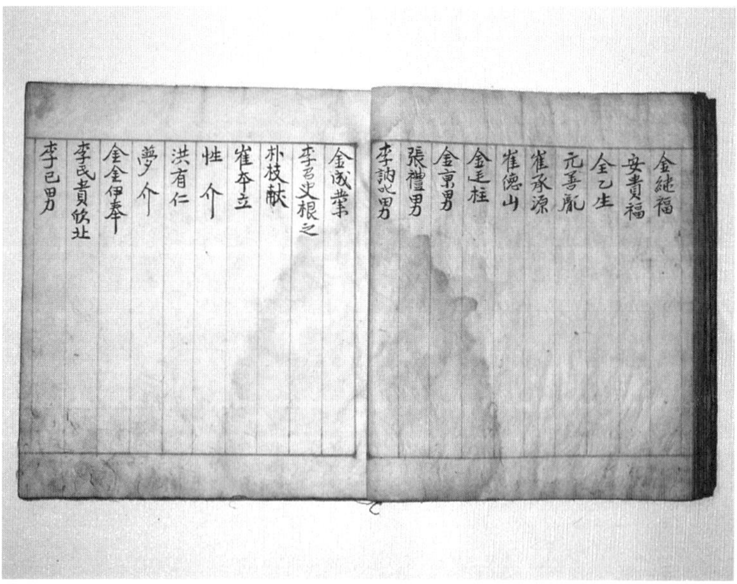
金継福
安貴福
全乙生
元善龍
崔承源
崔德山
金廷柱
金京男
張禮男
李訥叱男
金成業
李召史根之
朴枝献
崔奉立
性介
洪有仁
夢介
全金伊奉
李氏貴欣丈
李已男

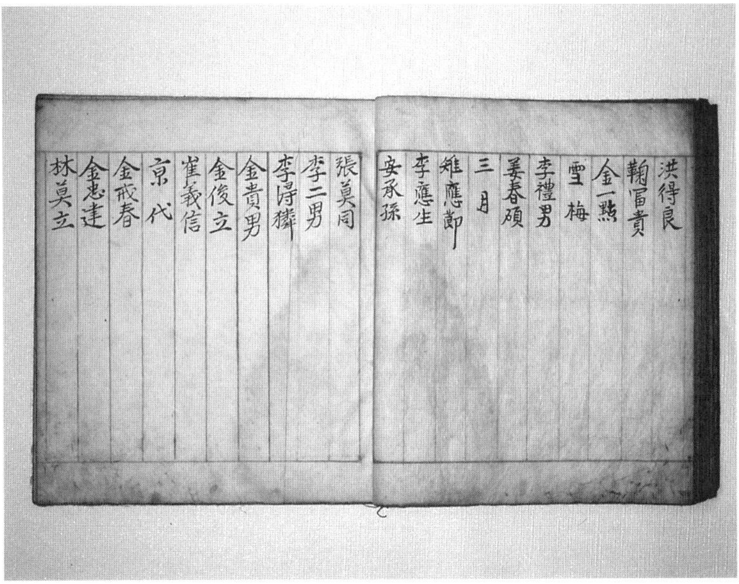

洪得良
鞠冨貴
金一點
雪梅
李禮男
姜春碩
三月
雉應節
李應生
安承孫
張莫同
李二男
李得獜
金貴男
金俊立
崔義信
京代
金戒春
金忠達
林莫立

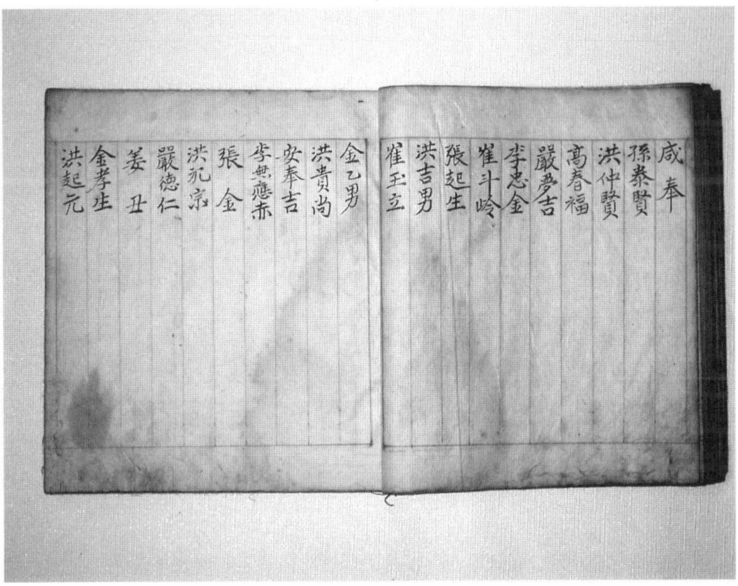

咸奉
孫恭賢
洪仲賢
高春福
嚴夢吉
李忠金
崔斗岭
張起生
洪吉男
崔玉立
金乙男
洪貴尚
安奉吉
李無應赤
張金
洪允宗
嚴德仁
姜丑
金孝生
洪起元

比丘懷信
洪承益
洪允雲
朴承業
李召史浮礼
洪士龍
金特孟
洪召史順礼
孫奉
崔今孫
崔崙
崔德亨
元善一
比丘智暇
張承賢
洪天成
洪仲海
蔡猷
金廷漢
慶鉄

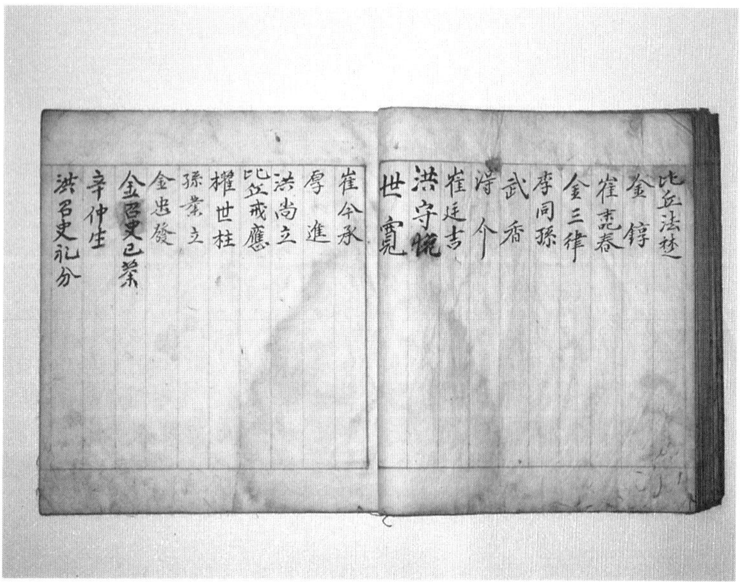

比丘法楚
金錞
崔起春
金三律
李同孫
武香
浮介
崔廷吉
洪守悅
世寬
崔今承
廓進
洪尚立
比丘戒應
權世柱
孫業立
金忠發
金召史己業
辛仲生
洪召史礼分

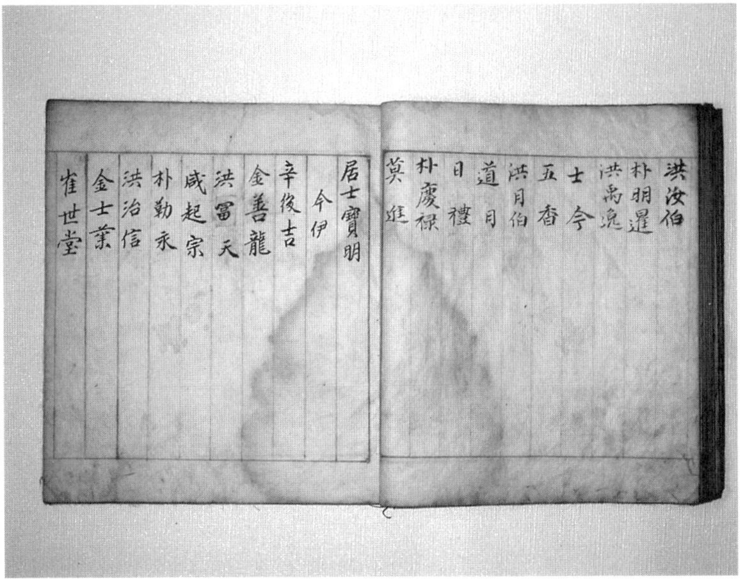
洪汝伯
朴朋遅
洪禹逸
士今
五香
洪日伯
道日
日禮
朴慶祿
莫進
居士寶明
今伊
辛後吉
金善龍
洪富天
咸起宗
朴勤永
洪治信
金士業
崔世堂

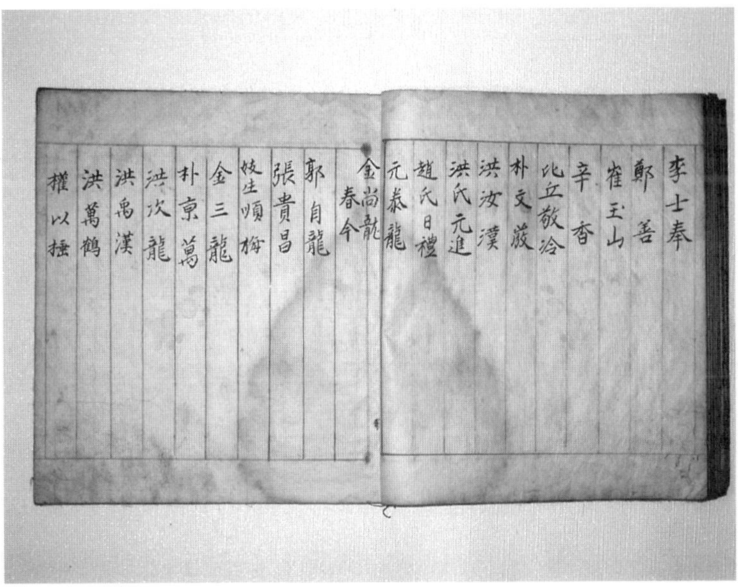
李士奉
鄭善
崔玉山
辛香
比丘敬洽
朴文嚴
洪汝漢
洪氏元進
趙氏日禮
元泰龍
金尙龍
春今
郭自龍
張貴昌
妓生順梅
金三龍
朴京萬
洪次龍
洪禹漢
洪萬鶴
權以捶

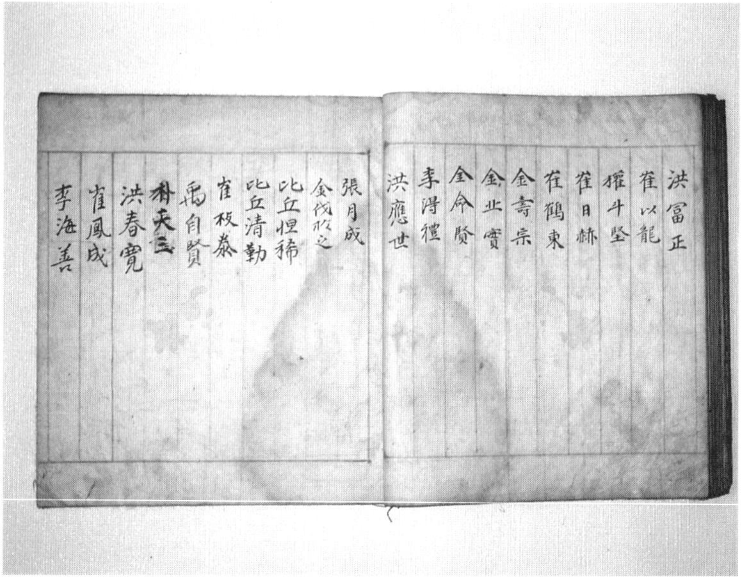

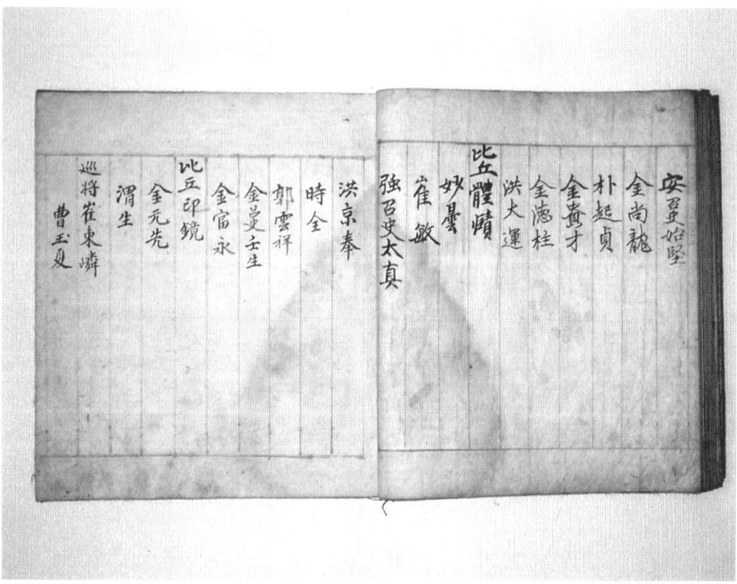

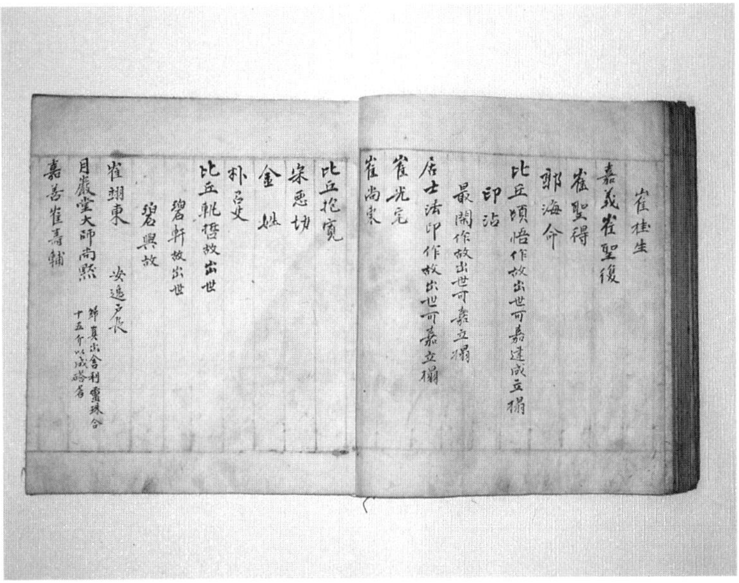

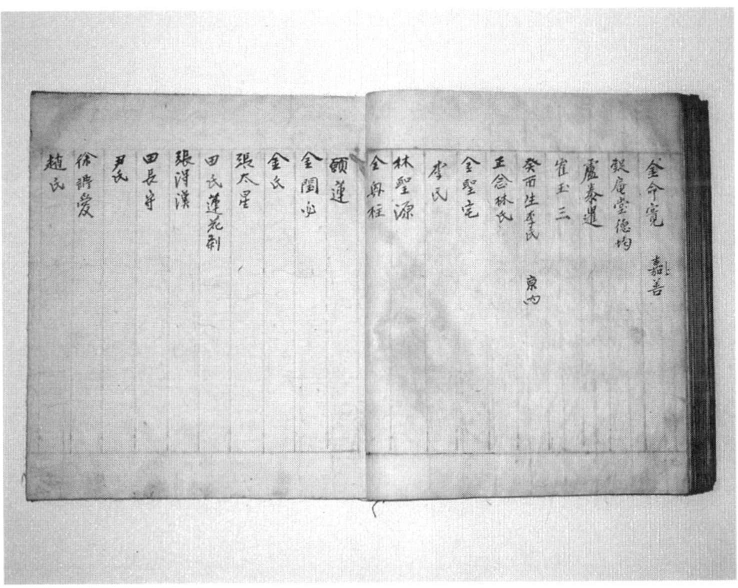

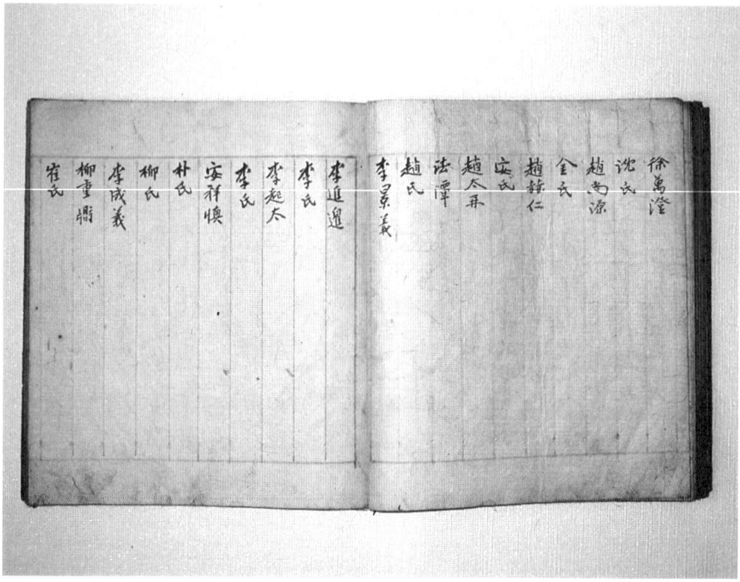

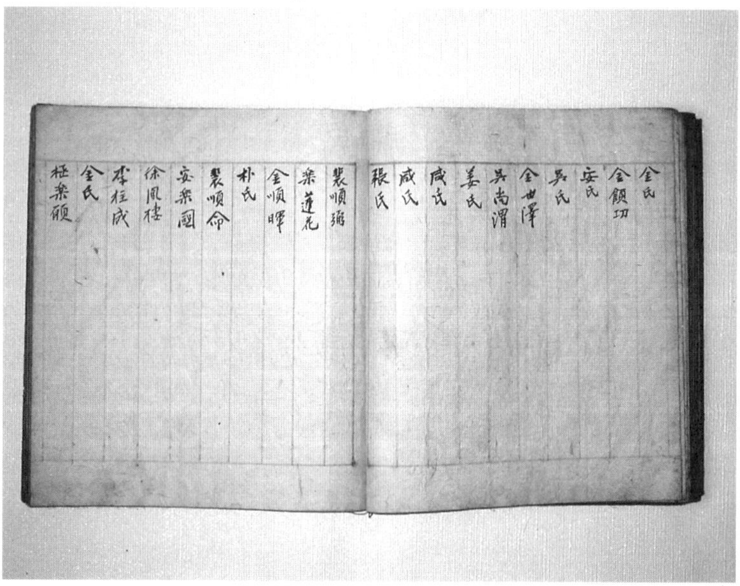

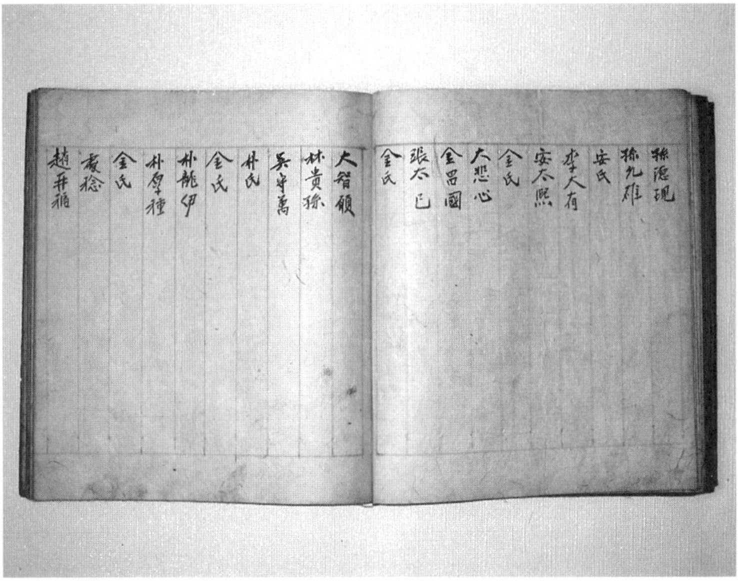

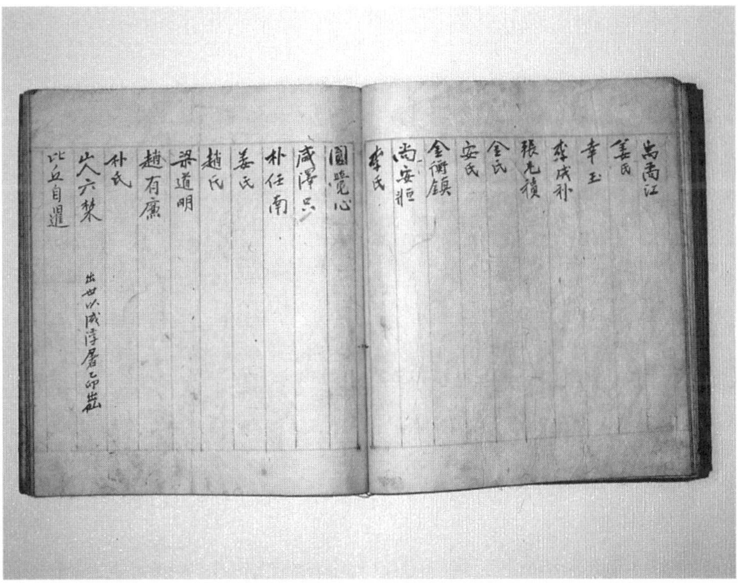

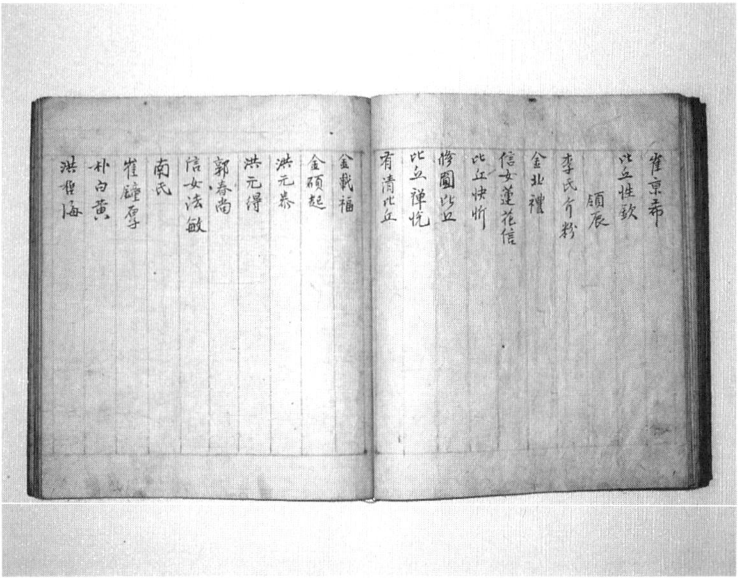

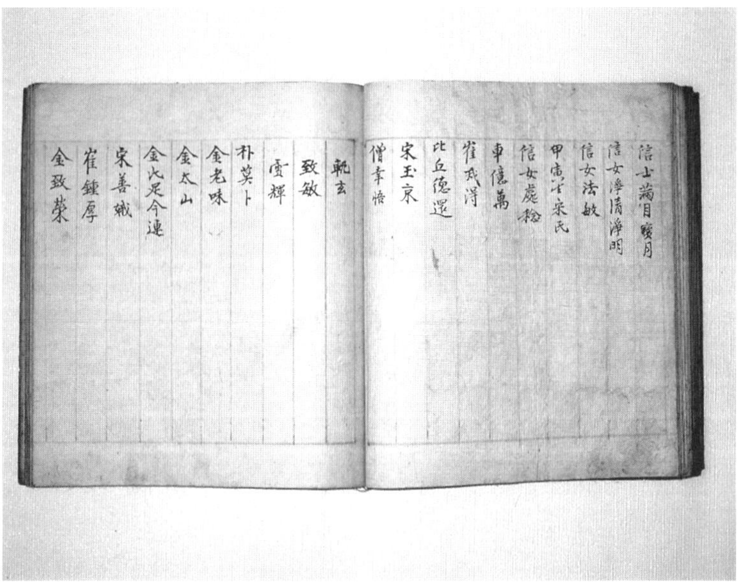

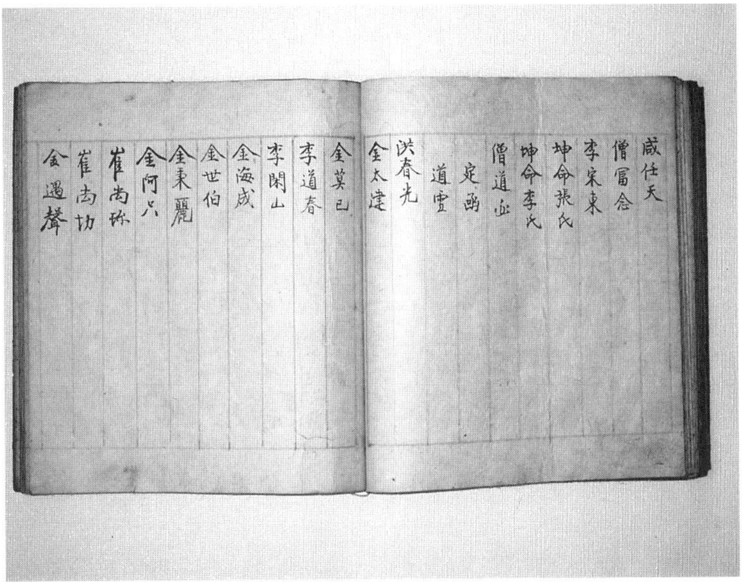

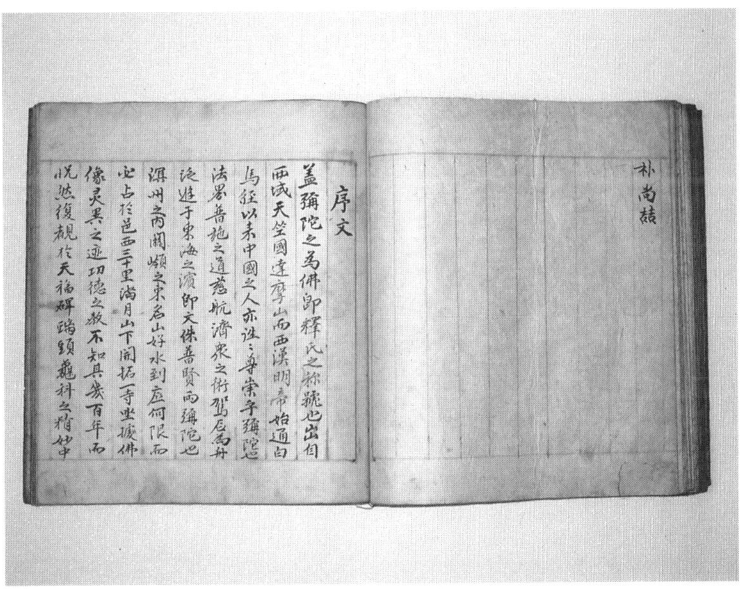

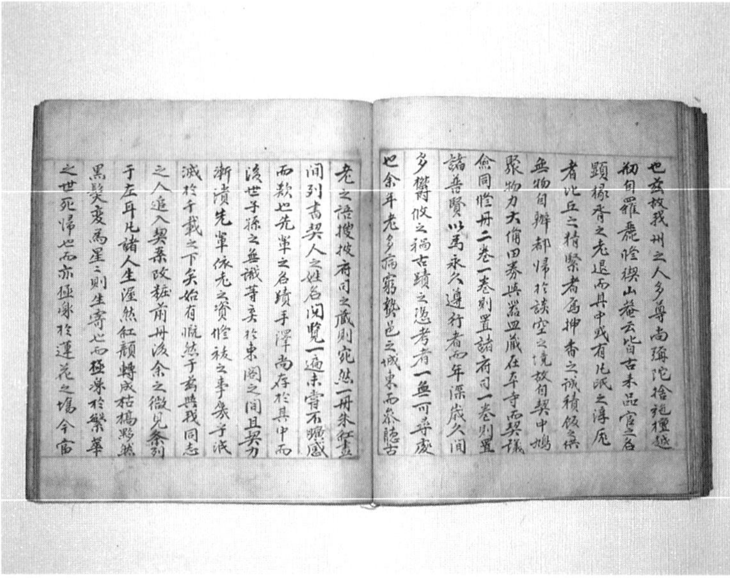

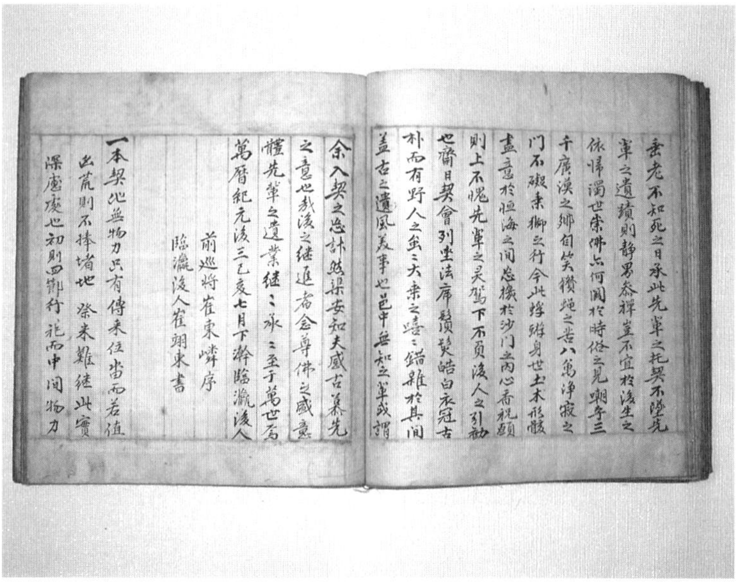

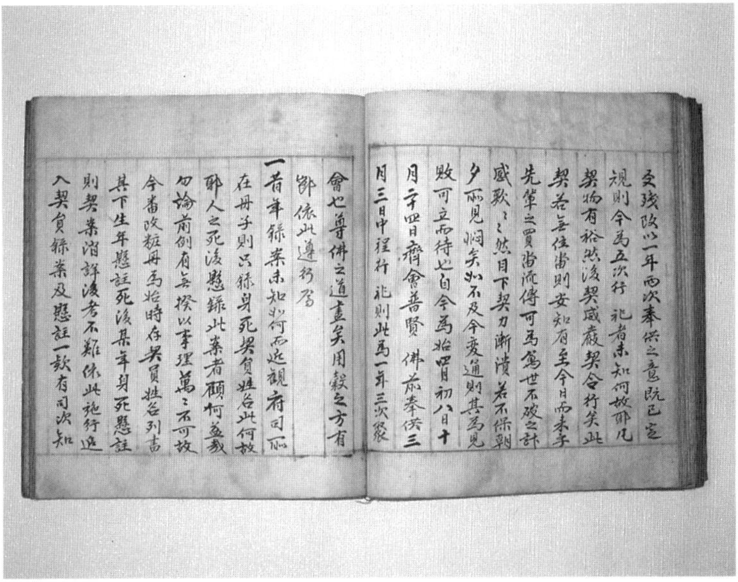
交殘敗以一年兩次奉供之意旣已定
規則今爲五次行 祀者未知何故耶凡
契物有裕然後契威嚴契令行矣此
契若無位當則安知有至今日而來乎
先輩之買沓流傳可爲萬世不破之計
感歎感歎然目下契力漸潰若不保朝
夕而見惘矣如不及今變通則其爲見
敗可立而待也自今爲始四月初八日十
月三十日齊會善賢 佛前奉供三
月三日中程行 祀則此爲一年三次祭
會也尊佛之道盡矣用穀之方有
節依此遵行爲
一昔年錄案未知以何而延覩有司所
在冊子則只錄身死契員姓名此何故
耶人之死後懸錄此案者顧何益哉
勿論前例有無揆以事理萬萬不可故
今番改粧冊爲始時存契員姓名列書
其下生年懸註死後某年身死懸註
則契案消詳後考不難依此施行延
入契員錄案及懸註一款有司次知

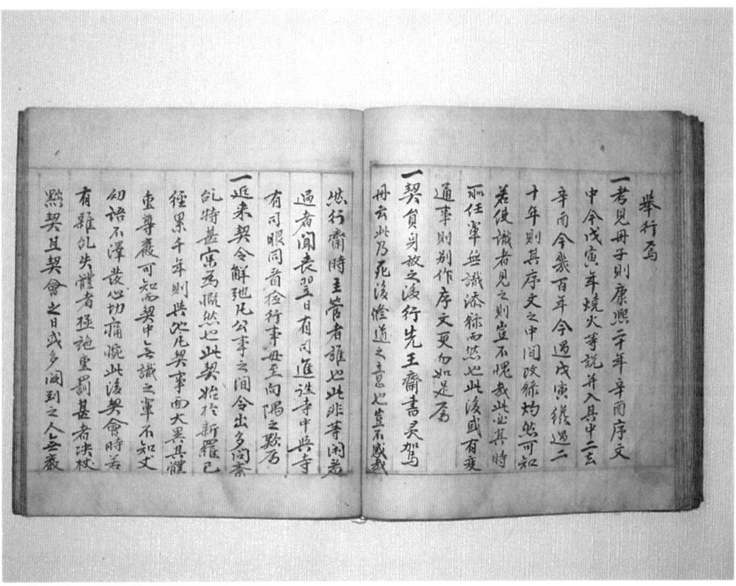
舉行爲
一考見冊子則康熙二十年辛酉序文
中今戊寅年燒火等說幷入其中云云
辛酉今幾百年今過戊寅後過二
十年則其序文之中間改錄灼然可知
若使識者見之則豈不愧哉此必其時
所任掌無識添錄而然也此後或有變
通事則別作序文更勿如是爲
一契員身故之後行先王齋書吳駕
冊云此乃死後修道之意也豈不感哉
然行齋時主管者誰也此非等閑者
遍者聞表望日有司進詣寺中興寺
有司眼同着檢行事毋至向隅之歎爲
一近來契令解弛凡公事之間令出多門紊
亂特甚寔爲慨然也此契始於新羅已
經累千年則其他凡契事而大異其體
重尊嚴可知而契中無識之輩不知文
勿語不擇發心切痛惋此後契會時若
有雜亂失體者極施重罰甚者決杖
黜契且契會之日或多闕到之人無義

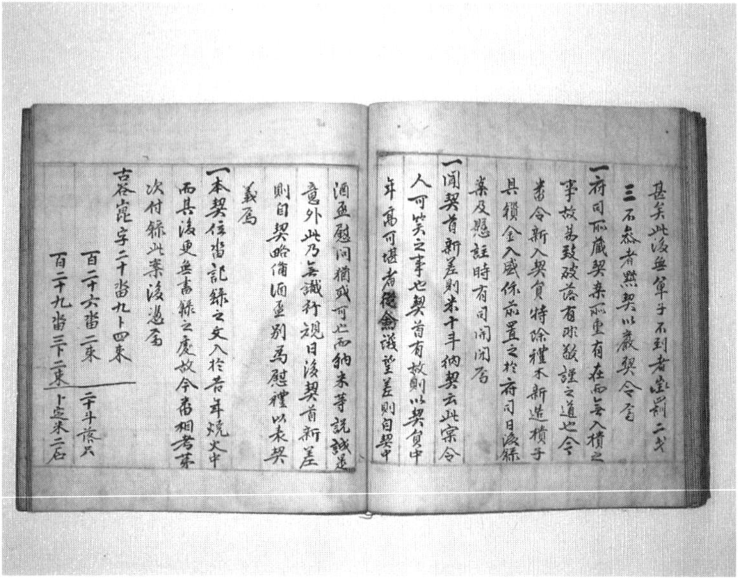

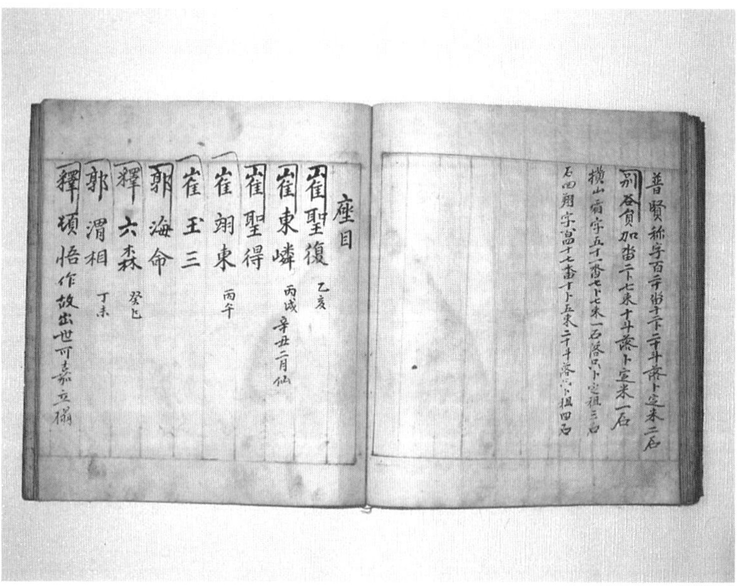

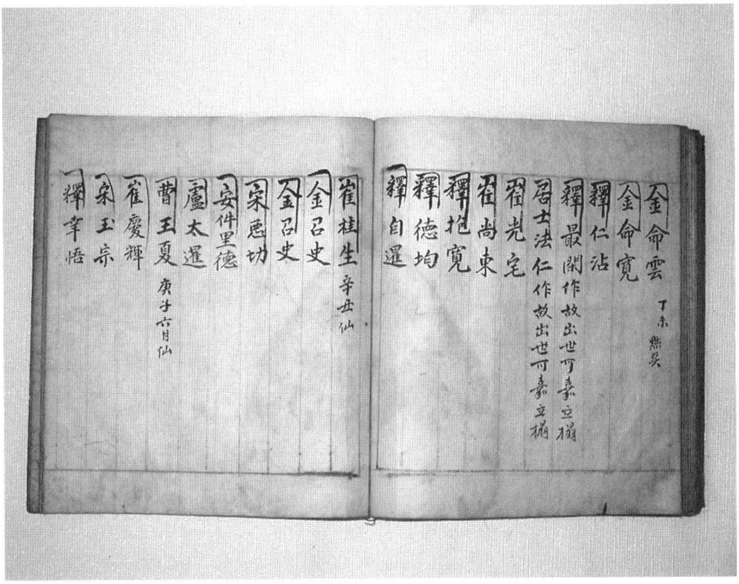

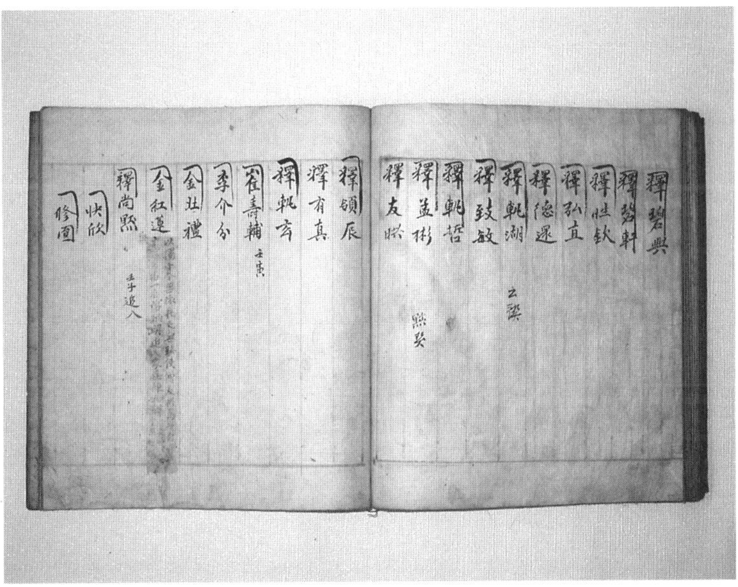

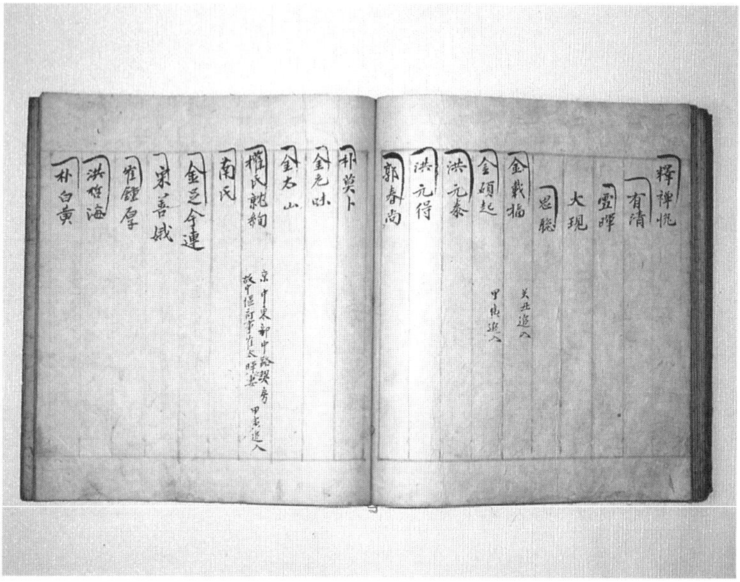

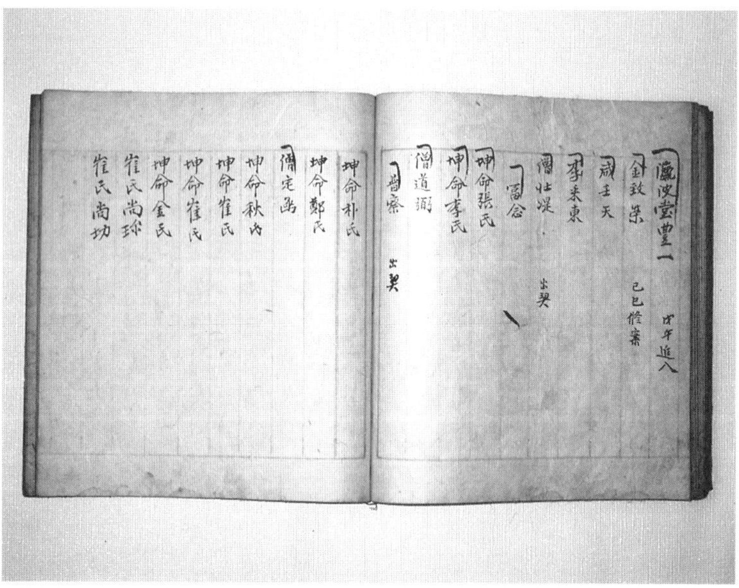

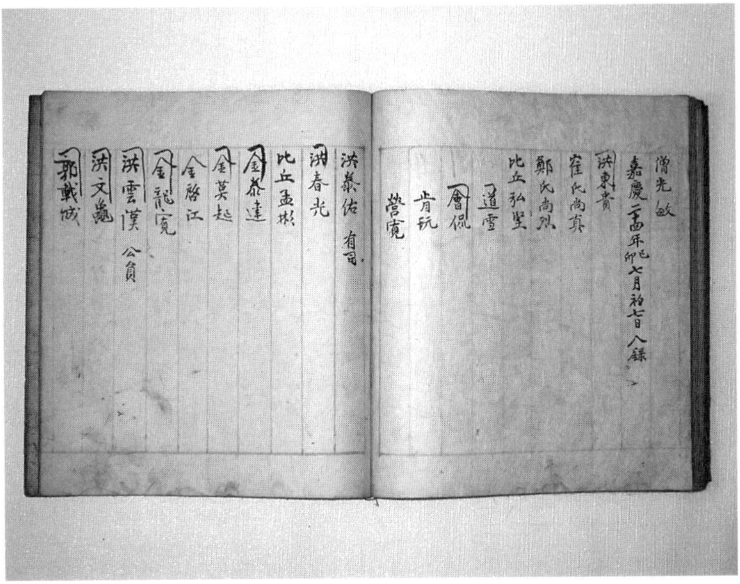

僧光敏
嘉慶二十四年己卯七月初七日入錄
洪東貴
崔氏尚眞
鄭氏尚烈
比丘弘堅
道雲
曾侃
肯玩
營寬
洪恭佑 有司
洪春光
比丘孟彬
金恭達
金莫起
金啓江
金龍寬
洪雲漢 公員
洪文龜
郭載成

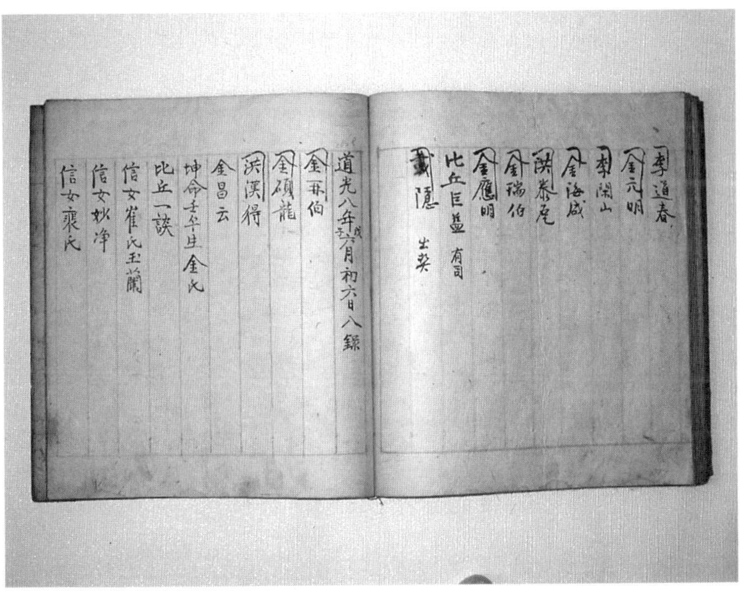

李道春
金元明
李開山
金海成
洪泰彦
金瑞伯
金應明
比丘巨益 有司
戴隱 出契
道光八年戊子六月初六日入錄
金再伯
金碩龍
洪漢得
金昌云
坤命壬午生金氏
比丘一談
信女崔氏玉蘭
信女妙淨
信女乘氏

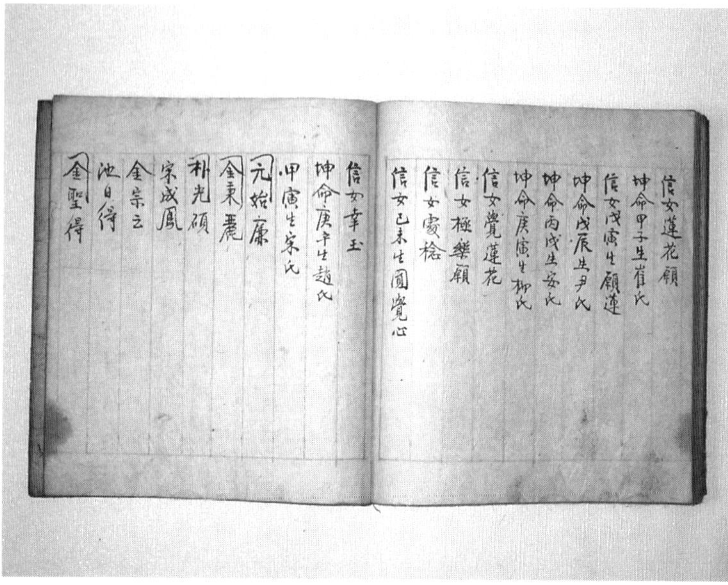
信女蓮花願
坤命甲子生崔氏
信女戊寅生願蓮
坤命戊辰生尹氏
坤命丙戌生安氏
坤命庚寅生柳氏
信女覺蓮花
信女極樂願
信女己未生圓覺心
信女幸玉
坤命庚午生趙氏
甲寅生宋氏
金東麗
朴光碩
宋成鳳
金宗立
池日得
金聖得

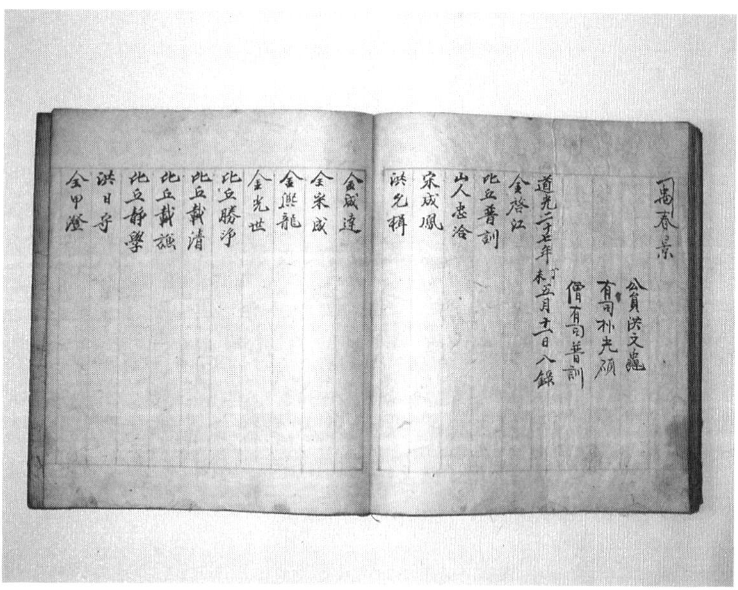
禹春景
公員洪文龜
有司朴光碩
僧有司普訓
道光二十七年丁未五月十一日入錄
金啓江
比丘普訓
山人忠洽
宋成鳳
金成達
金宋成
金興龍
金光世
比丘勝淨
比丘戴清
比丘戴誠
比丘靜學
洪日守
金甲澄

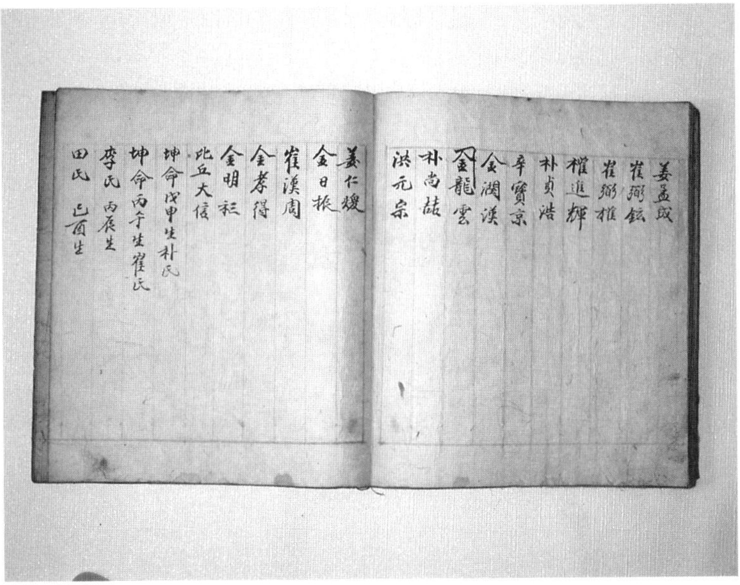

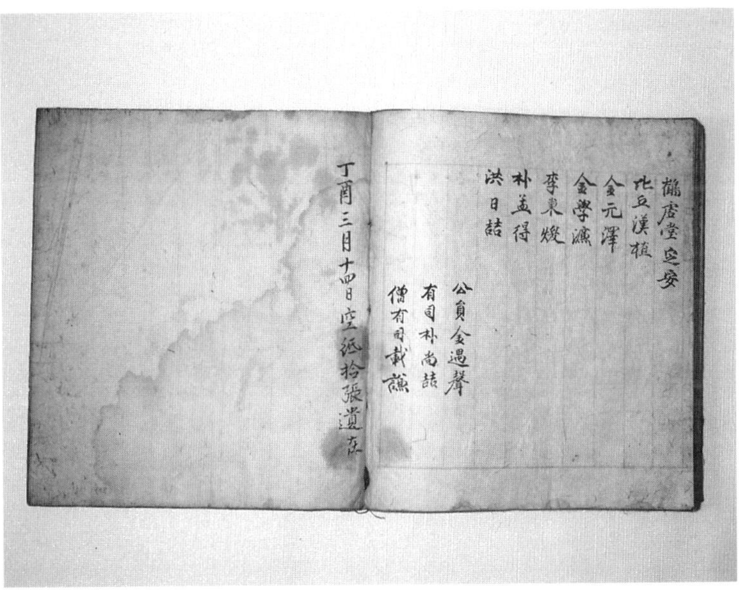

상릉단오제의 사회사 연구

초판 1쇄 발행 2016년 12월 20일

지은이 이규대
펴낸이 김정일
펴낸곳 신구문화사

등록 1968. 6. 10. 제1-205호
주소 경기도 성남시 중원구 광명로 377, 1층(금광동, 우촌학사)
전화 031-741-3055~6
팩스 031-741-3054
이메일 shingupub@naver.com
홈페이지 www.shingubook.com

ISBN 978-89-7668-225-3 93910

* 지은이와 협의에 따라 인지는 생략합니다.
* 값은 뒤표지에 있습니다.